bőhlauWien

Gusti Wolf

erzählt aus ihrem Leben

Herausgegeben

von

DAGMAR SAVAL

BÖHLAU VERLAG WIEN · KÖLN · WEIMAR

Mein größter Dank gehört Dagmar Saval für ihre Geduld und Hilfe,
meine Vergangenheit wieder lebendig werden zu lassen.
Mein besonderer Dank gilt meiner langjährigen Freundin
Margarethe Gutherz für ihre liebevolle Unterstützung.
Dr. Edda Fuhrich vom Institut für Theaterwissenschaft und
Peter Kraus-Kautzky, ORF, Wien danke ich für wertvolle Hinweise.

Die Deutsche Bibliothek – CIP-Einheitsaufnahme

Der Titeldatensatz für diese Publikation ist bei
Der Deutschen Bibliothek erhältlich

ISBN 3-205-99171-0

© 2001 by Böhlau Verlag Ges. m. b. H, und Co. KG,
Wien · Köln · Weimar
http://www.boehlau.at

Gedruckt auf umweltfreundlichem, chlor- und säurefreiem Papier.

Druck: Manz Crossmedia, A-1050 Wien

Inhalt

All' diesen Kollegen
danke ich für die vielen schönen
Jahre der Zusammenarbeit
am Burgtheater

1 Das traditionelle Fischessen des Burgtheaters am Karfreitag, 1956

2 Meine Mutter, Hermine Hocke,
Tochter des Ober-Conditors Hermann Hocke

3 Das Erinnerungsphoto meines Vaters
mit meinen Brüdern, als er uns 1914 verlassen mußte,
um an die Front zu gehen

Meine Kindheit

Mein Vater hat mir immer erzählt, daß ich ein Sonntagskind sei; stimmt gar nicht, er wollte mir nur damit eine Freude machen. Der 11. April 1912, an dem ich in Wien im 10. Bezirk zur Welt gekommen bin, war ein Donnerstag. Als ich 16 Monate alt war, starb meine Mutter; ich habe keine Erinnerung an sie. Zwei Brüder waren schon da, ich war das dritte Kind: ein Wunschmäderl, wie auch mein Vater gesagt hat.

Bei Ausbruch des Ersten Weltkriegs wurde mein Vater trotz seiner drei Kinder gleich eingezogen. Damals begannen erst meine Erinnerungen. Meine beiden Brüder, Willi und Otto, und ich, wir kamen zur Großmutter, die auch im 10. Bezirk, in der Laxenburger Straße 44, gewohnt hat. Wawo haben wir sie gerufen; das kommt aus dem Tschechischen. Wir liebten sie heiß. Sie war wie aus einem Märchenbuch, voll Güte; ich kann mich an kein böses Wort erinnern.

Man erzählte, sie wäre als Mädchen barfuß aus Böhmen nach Wien gekommen. Sie war dann mit Wenzel Wolf verheiratet, der aber früh gestorben ist. Auch ein Onkel, ein Bruder meines Vaters, wohnte mit uns in der Zimmer-Küche-Wohnung. Es gab für uns alle einen Laib Brot am Tag; das Brot war aus Kukuruzmehl gebacken, die Rinde schmeckte wunderbar. Der Laib wurde in der Früh auf den Tisch gelegt und geteilt: Die Erwachsenen bekamen einen viertel und die Kinder je einen achtel Laib Brot. Ich, als die Kleinste, nur ein kleines Achtel. Mittags holten meine Brüder aus der Ausspeisung das Mittagessen. Es war meistens Dörrgemüse, Karotten oder Rüben; Wrucken nannte man diese weißen Rüben, die die Grundnahrung bildeten, aus denen alles gemacht wurde. Großmutter machte sogar Platzki, eine Art Plinij, auf der heißen Ofenplatte daraus. Beim Essen saßen wir meistens auf dem Fensterbrett, und wenn gerade niemand schaute, schleuderten wir den vollen Löffelinhalt auf die Straße; ob er jemandem auf den Kopf fiel oder nicht, war uns egal.

Meine Brüder mußten natürlich auf mich aufpassen. Sie haben mich überall mit hingeschleppt. Da ich noch nicht so gut und schnell laufen konnte, setzten sie mich in ein umgekehrtes Kindersesserl, banden einen Strick an ein Sesselbein und zogen mich die ganze Laxenburger Straße bis zur Spinnerin am Kreuz, die damals noch ganz allein auf einem unbebauten Hügel stand und mir riesengroß vorkam. Die Laxenburger Wiese mit ihren Ziegelteichen war einer der beliebtesten Kinderspielplätze. Beim Fußballspiel mußte ich die Goalstange sein; das „Fetzenlaberl" hab' ich oft ins Gesicht bekommen. Die Großmutter hat das sogenannte „Fetzenlaberl" aus alten Strümpfen und Fetzen, fest wie einen Ball, zusammengenäht. Man konnte damals auf der Straße spielen, es gab kaum ein Auto; und wenn ein Pferdewagen oder gar der Spritzwagen kam, dann hängten wir uns hinten an und schleiften barfuß mit, bis wir pudelnaß waren – das war eine Riesenhetz!

Ein anderes beliebtes Spiel war das „Stierlngehn". Mit langen Stöcken ausgerüstet, gingen wir, eine ganze Schar Kinder, auf den Markt, krochen unter die Standln und fischten alles hervor, was zu finden war. Kohlblätter, Kartoffeln, wenn ein Apfel dabei war, war es ein Glücksfall. Dann ging's mit Siegesgeschrei zur Großmutter, und sie mußte uns etwas daraus kochen.

Wir waren arm, wir hatten oft Hunger und trommelten an die Küchentür: „Hunger, Hunger, Hunger!" Wir waren nicht die einzigen! Es ging vielen Leuten schlecht, aber wir Kinder empfanden das nicht. Wir waren fröhlich, lustig und erfanden die schönsten Spiele, Kugerlscheiben, Diabolo, Tempelhupfen, Blindekuh, Versteckerlspielen; wir hockten gern in den Kastanienbäumen, die damals die Laxenburger Straße einsäumten.

Abends saßen wir im finsteren Zimmer um den kleinen eingeheizten eisernen Ofen herum, das war unsere Beleuchtung, denn Petroleum war teuer, und elektrisches Licht hatten wir nicht. Es war aber sehr romantisch, und wir erfanden einer nach dem anderen Geschichten; aber sie mußten gruselig sein. Ich hatte den Ehrgeiz, immer das Schauerlichste zu erfinden, und ließ einem schlimmen Kind mit dem Reibeisen den Rücken abreiben. Das war ein großer Erfolg, und wir fingen an, uns in der Dunkelheit zu

4 Mein Vater mit meinen Brüdern und unserer
Großmutter, unserer „Wawo"

fürchten. Wenn es ans Schlafen ging, betete ich immer kniend ein Vaterunser; Großmutter saß mit dem Kopftuch und ihren vielen Röcken auf dem
Bettrand, mit ihrem Achterl Wein, das ich jeden Abend für sie aus dem
Wirtshaus geholt habe. Ich gab ihr einen Gutenachtkuß und sagte: „Gell,
Wawo, du stirbst net?!" Davor hatte ich eine riesige Angst. Das spielte sich
jeden Abend so ab; und es tut mir heute noch leid, daß ich in meiner kindlichen Liebe sie immer abends an den Tod erinnert habe. Die Angst, sie zu
verlieren, war zu groß. Sie wurde 82 Jahre alt.

Wir Kinder hatten nie das Gefühl, daß wir arm wären; das hat es nie gegeben. Man hatte halt nicht mehr, und man kannte es nicht anders. Das war alles. Ich habe mit Freuden kleine Botengänge im Haus gemacht: Zum Beispiel gab es damals noch Maggi offen zu kaufen, heimlich habe ich am Heimweg davon geschleckt. Als Belohnung bekam ich einen Kreuzer, den ich der Großmutter gab. Meinem Bruder, der einmal um Zucker angestellt war – es gab Lebensmittel nur auf Marken –, passierte etwas Entsetzliches. Jemand sagte zu ihm: „Geh, Kleiner, hol mir was, ich halt dir derweil das Packerl", und dann war der Zucker für den ganzen Monat, für uns alle, weg.

Auch mir wäre fast etwas Schreckliches passiert. Ein Mann auf der Straße sagte zu mir: „Geh, Kleine, hol mir was!", und ich bin mitgegangen. Als er mich bis zur Favoritenstraße führte, wurde mir immer bang und bänger. „Wo denn, wo, soll ich was holen?" fragte ich. „Komm nur", sagte er leise und führte mich in ein Haus, auf eine finstere Wendeltreppe. Ich fing zu weinen an, da drückte er mir ein paar Kreuzer in die Hand und fuchtelte an mir herum. Ich dachte: „Jetzt bringt er mich um!" In diesem Augenblick kam jemand bei der Haustüre unten herein, ich flüchtete hinunter und er über die Stiegen hinauf. Das war mein Glück. Ich hatte Angst, mein Vater könnte es erfahren, er hätte mich dafür geprügelt. Weinend erzählte ich Großmutter alles; aber sie hat nichts verraten.

Taschengeld kannten wir nicht. Einmal gab es Kirschen zu kaufen, auch beim Zuckerbäcker ist mir das gelungen: Ich stellte mich mit sehnsuchtsvollen Augen hin, schaute fasziniert die Kirschen an, bis jemand kam und mir ein paar schenkte. Vielleicht hat sich da schon mein Talent, meine Suggestionskraft gezeigt, die fürs Theater von so großer Wichtigkeit ist.

Mein Vater kam verletzt aus dem Krieg zurück und wurde, Gott sei Dank, bei der Südbahn angestellt. Aber wie drei Kinder satt kriegen? Die Nachkriegszeiten waren schwer. Es gab eine Möglichkeit, in den Schulferien Waisenkinder und arme Kinder zu verschicken, z. B. aufs Land, zu Bauern oder in die Schweiz, wo einer meiner Brüder hinkam. Ich wurde nach Deutschland, nach Jagstfeld am Neckar, geschickt. Wir Kinder fanden das herrlich, wir waren ohne Angst, ohne Heimweh, sehr neugierig und sicher, daß es uns dort nur gutgehen kann. Ich könnte nie sagen, daß ich eine schwere Jugend gehabt hätte; Kinder empfinden alles ganz anders, als es sich die Erwachsenen vorstellen.

Meine schönen langen, blonden Locken mußten fallen; eine Vorsichtsmaßnahme wegen der Läuse, auch das hab' ich ganz selbstverständlich hingenommen. Es war eine lange Eisenbahnfahrt; zuletzt waren nur noch ich und ein anderes Mädchen im Zug. „Jetzt kommt euer Ort, und hier werdet ihr abgeholt", hieß es vom Schaffner. Auf dem kleinen Bahnhof, wo der Zug hielt, standen zwei Frauen: eine in einer Blaudruckschürze und die andere mit Hut und Rotfuchs über ihren Schultern. Heimlich dachte ich: „Wie schön wäre es, wenn mich die mit dem Fuchs nehmen würde!" Aber es war genau umgekehrt; hinter der Absperrung am Bahnhof wartete schon eine Riesenbande Kinder, die mich mit einem großen Hallo empfingen und mich gleich als die Ihre aufnahmen. Ein herrlicher Empfang! Das Kind bei der bepelzten Frau hat es nicht so gut getroffen und oft aus Heimweh geweint.

Es begann eine wunderschöne Zeit für mich. Ich durfte jeden Tag eine Schürze eindreckeln, das war für mich der Inbegriff von Reichtum. In Wien, in der Schule, war nur eine, die so reich war, und der half ich oft bei der Rechenschularbeit, für ein Stück von ihrem Butterbrot. Ich war damals sechs Jahre alt. Der Pflegevater in Jagstfeld war Bahnhofvorsteher. Wir hatten einen weißen Hund, einen kleinen Spitz. Wenn ich etwas einkaufen ging, beim Fleischhauer oder beim Kaufmann, bekam ich entweder ein Radel Wurst oder ein Zuckerl. Das war sensationell!

Vor dem Bahnhof, in dem auch die Wohnung war, befand sich eine riesige Müllhalde. Genau das richtige für uns! Da konnte man so richtig stierln gehn! Wie die Goldgräber kamen wir uns vor, und immer fanden wir etwas, einen Löffel oder ein kleines Geschirr, das wir zum Kocherlspielen brauchen konnten. Wir spielten auf der Straße, der Staub, der Sand war unser Mehl.

Die freien Zeiten verflogen nur zu schnell. Ich wäre gerne für immer dort geblieben, so glücklich fühlte ich mich. Die Pflegeeltern wollten mich auch behalten, und der Pflegevater fuhr eigens nach Wien zu meinem Vater, um darüber mit ihm zu sprechen, aber er gab mich nicht her. Mein Vater hatte in der Zwischenzeit meine zweite Mutter kennen- und lieben gelernt, und sie war einverstanden, daß neben meinen beiden Brüdern auch noch ein Mädchen vorhanden war, das mein Vater bis dahin verschwiegen hatte, um sie nicht zu verlieren; aber sie war auch mit mir einverstanden. Ich mußte also zurück, und trotzdem brachte mir mein Pflegevater ein Dirndlkleidchen aus Österreich mit. Das war für mich fast unbegreiflich und machte mir den Abschied noch schwerer.

5 Abschied von meinen Freundinnen im
neuen Dirndlkleid

6 Meine schöne zweite Mutter,
geborene Leopoldine Pichler

Meine neue Mutter war sehr schön und vor allem ungeheuer lieb. Wir Kinder waren sofort vertraut und glücklich mit ihr, und auch mein Vater war es. Eine Familie entstand, was neu und wunderbar für uns war. Wenn man ohne Mutterliebe aufwachsen muß, vermißt man sie im ganzen Leben; das sollte sich nun ändern. Auch unsere Großmutter blieb bei uns bis zu ihrem Tod.

Ich wuchs heran, mußte viel im Haushalt mithelfen, wofür ich heute sehr dankbar bin. Mein Vater erklärte mir: „Du wirst einen Mann heiraten, am besten einen Fixangestellten, einen Eisenbahner oder einen Schaffner bei der Straßenbahn. Hübsch bist du, kochen, stricken und Haushalt führen lernst du von der Mama." So war es auch. Wir wurden sehr streng erzogen.

Ich hatte nur Volks- und Bürgerschule, war die Beste im Gedichteaufsagen und eine gute Zeichnerin. Beides waren meine Lieblingsbeschäftigungen. Wenn mein Vater abends müde nach Hause kam, mußten wir still sein. Wir saßen um den Tisch, Vater las die Zeitung und ich malte. Aber ich wollte mehr vom Leben! Ich war sehr aufgeschlossen für alles, neugierig und voller Phantasie!

Ich fing an, mir Blusen zu nähen; meine erste Mutter war Schneiderin, erzählte man mir. Vielleicht habe ich für Mode, für die Schneiderei Talent? Aber das war es nicht! Ich wollte freiwillig englisch lernen, am Nachmittag in der Schule, aber das erlaubte mein Vater nicht: „Du bist ein Arbeiterkind! Und Flausen im Kopf, das gibt es nicht!" Das bedaure ich heute noch sehr.

Damals war der Bubikopf modern, aber ich durfte meinen langen Zopf nicht abschneiden; so habe ich mir jeden Tag ein bißchen an den Schläfen abgeschnitten, bis es vorne wie ein Bubikopf aussah, und den Zopf steckte ich hinten in das Kleid oder in den Mantel.

So vergingen einige Jahre, und ich hatte noch keinen Beruf. „Malerin", dachte ich immer, „das wär's!" Bleistifte, Farben, Papier sind nicht teuer. Aber Schauspielerin, daran war nicht zu denken, das kann nur für reiche Leute etwas sein! Meine Lehrerin in der Schule meinte, ich hätte dazu Talent. Aber ich hatte bis dahin noch nicht einmal ein wirkliches Theater von innen gesehen. Daran nur zu denken, erschien mir vermessen.

7 Mit dem Zopf, den ich meistens versteckte

Der Zufall spielte oft eine große Rolle in meinem Leben. Um ein bißchen Geld zu verdienen, ging ich im Sommer als Babysitter mit einer Familie und ihren zwei Kindern in die Steiermark. In derselben Pension verbrachte auch der berühmte Maler Felix A. Harta mit seiner Familie den Urlaub. Das war kein Zufall! Es war das größte Glück für mich. Seine Tochter Eva war in meinem Alter, und Claudi, ihr Bruder, war noch ein kleiner Bub. Eva ging in die Graphische Lehr- und Versuchsanstalt. Wir waren im Nu die besten Freundinnen. Ich erzählte, daß ich Malerin werden wollte, zeigte meine bis dahin gemachten Arbeiten, erklärte auch, daß ich alles tun würde, wenn ich nur Gelegenheit bekäme, diesen Beruf zu erlernen.

8 Der berühmte Maler Felix A. Harta,
mein Ziehvater

Familie Harta.
Ein neues Leben beginnt

Am Ende der Ferien zog ich zur Familie Harta in die Mariahilfer Straße. Wir waren in der Zwischenzeit so vertraut geworden, daß es wie eine Selbstverständlichkeit war. Für mich tat sich eine neue Welt auf. Ich wurde in ihr Haus aufgenommen, mit Herzlichkeit umgeben, als wäre ich ihr drittes Kind. Mein Vater machte keine Einwände, denn er spürte, wie glücklich ich war, welche große Chance es für mich und vielleicht für meinen Wunsch, Malerin zu werden, sein könnte. Außerdem war ein Esser weniger im Haus, was in dieser schweren Zeit der dreißiger Jahre eine große Rolle spielte.

Ich kam aus dem Staunen nicht heraus. Alles war für mich neu und von ungeheuren Eindrücken, die ich wie ein Schwamm in mich einsog. Meine Freude, meine Neugier und mein Wissensdurst dürften Hartas gefallen haben, denn nur so kann ich mir ihre Liebe und Zuneigung und vor allem ihren Beistand zu meiner Weiterbildung erklären. Alles war von einer unglaublichen Großzügigkeit.

Sie legten den Grundstein für mein ganzes Leben, dessen bin ich mir voll bewußt, und ich werde ewig dankbar dafür sein. Vielleicht war ich mit meinem Tatendrang für Eva ein kleiner Ansporn. Was sie in ihrer Schule Neues lernte, versuchte ich, wenn sie heimkam, nachzumachen und es auch zu erlernen. Eva war sehr begabt, und sie hatte alle Voraussetzungen, eine große Künstlerin zu werden.

Es waren wundervolle Jahre in dieser hochkünstlerischen Atmosphäre. Ich lernte sehen, empfinden und Kunst verstehen. Diese Jahre waren für meine Entwicklung von allergrößtem Wert. Mit viel Liebe und Behutsamkeit wurden alle meine künstlerischen Ambitionen unterstützt und gepflegt.

Das Haus Mariahilfer Straße 36 reichte bis in die Lindengasse und war ein Ausstellungshaus der großen Möbelfirma Herrmann, die der Familie von Frau Harta gehörte. Der Eingang in das Haus war nur ein kleines einstöckiges Haus in der Mariahilfer Straße, wo die Portierloge war und oben im Stock die Portierwohnung, sonst waren alle Wohnungen nur als Schauräume eingerichtet. Im Hinterhof war ein vierstöckiges Haus, in dem wir im dritten Stock zwei zusammengelegte Wohnungen bewohnten, und im vierten Stock war das Atelier. Hartas waren die gütigsten und vertrauensvollsten Menschen, die ich je getroffen habe.

Wir lebten wie in einem Museum, mit den herrlichsten Dingen eingerichtet; aber wir besaßen keine Schlüssel, es wurde nie abgesperrt. Einmal hörte ich aus Claudius' Zimmer ein merkwürdiges Geräusch; als ich nachsah, bemerkte ich, daß er und sein Freund, der Sohn des Portiers, mit Bolzen auf die Bilder eines großen, traumhaft bemalten Bauernschranks schossen. Papa Harta, man erlaubte mir, ihn so zu nennen, meinte auf mein Entsetzen hin nur: „Laß sie, sind halt ein bißchen mehr Mehlwurmlöcher im Schrank."

Die Großmutter, die Mutter von Frau Harta, Frau Herrmann, war eine große, schöne Dame. Sie trug immer einen schmalen, schwarzen Lüstermantel bis zu den Knöcheln und einen schwarzen Hut, weiß eingefaßt zu ihrem weißen Haar. Ich hatte sie nie anders gesehen. Sie wurde die „Gräfin von Mariahilf" genannt. Felix Hartas Mutter, Frau Hirsch, war blind und wohnte mit uns. Ich habe nie ein Wort der Klage gehört, im Gegenteil. Sie ließ sich jeden Morgen einen buddhistischen Spruch vorlesen, und damit verlebte sie den Tag. Ich war sehr von ihr beeindruckt. Da die Herrmann-Großmutter wunderbar Klavier spielte und Harta ein herrlicher Violinspieler war, fand jede Woche Kammermusik statt.

Ich machte mich selbstverständlich, wo ich nur konnte, nützlich, um meine Dankbarkeit zu zeigen. Es war eine wunderbare Zeit. Abends gingen Hartas oft in ein kleines Café in der Kirchengasse, es hieß Café Daniel, dort war ein interessanter Stammtisch mit vielen Künstlern. Felix A. Harta war

9 Das 1935 gemalte Portrait von Felix A. Harta wurde 1996 in die
Ehrengalerie des Burgtheaters aufgenommen

10 Wien 1930

Professor und Vizedirektor der Kunstvereinigung „Hagenbund"; so lernte ich viele Maler kennen, u. a. Josef Dobrowski, Ernst Huber, Willi Klier. Eva und ich durften abends oft ins Apollokino gehen und anschließend an den interessanten Gesprächen im Café teilnehmen.

Eva und ich lernten jeden Schlager aus den Filmen auswendig, wobei Eva die viel bessere Stimme hatte. Ich vergrößerte die Autogrammpostkarten meiner Filmlieblinge auf Lebensgröße und tapezierte meine Zimmerwand damit aus. Von meinem Taschengeld gab ich immer einen Teil meinen Eltern. Meine beiden Brüder waren arbeitslos, und es sollte eine kleine Zubuße sein. Ich hatte fast ein schlechtes Gewissen, weil es mir so gutging.

Im Jahr 1934 malte Harta mich zum ersten Mal; ich war riesig stolz darüber. Es war ein Aquarell und fand sehr bald einen Käufer; auch das erste Ölbild von mir von 1934 nahm ein Ofensetzer statt einer Bezahlung. Er war ein großer Sammler und hatte seine Schätze in seinem Geschäft am Parkring mitten unter seinen Kachelöfen ausgestellt. Später ging dieses Bild in die Ordination eines Zahnarztes über, so erzählte man mir. Ich habe es nach dem Krieg im Dorotheum erworben, und es hängt jetzt in meiner Wohnung über meinem Schreibtisch.

Eine Eisenbahnfahrt kann entscheidend sein

Den Sommer verbrachten wir immer in einem kleinen, gemütlichen Holzhäuschen in Salzburg, am Wallersee. Hartas waren schon vorausgefahren. Ich brachte noch in der Wohnung alles in Ordnung für die langen Sommermonate unserer Abwesenheit, dann nahm ich den Nachtzug nach Salzburg.

Mein Sechser-Abteil, 3. Klasse, war gleich mit jungen Burschen voll, die sich über einen zusammengekrümmten Schlafenden mokierten. Aber es dauerte nicht lange, schliefen auch sie. Da richtete sich der gekrümmte junge Mann auf und bedankte sich bei mir für meine Rücksichtnahme, ihn nicht zu stören; er hatte nicht wirklich geschlafen. Wir kamen ins Gespräch, und er erzählte mir, daß er Eleve am Volkstheater wäre. Ich wußte damals noch nicht, daß ein Eleve ein Schüler ist. Wir standen die ganze Nacht im Gang, beim Fenster. Er erzählte mir vom Theater und ich von meinen Auftritten in der Schule, daß ich die Beste im Gedichtaufsagen war, daß ich bei den Abschlußprüfungen der höheren Klassen immer mitspielen durfte; aber auch davon, daß ich in meiner Lage an meinen größten Wunsch, Schauspielerin zu werden, nicht denken dürfe.

Das war das erste Mal, daß ich überhaupt über Theater Näheres erfuhr. Und als mir Oskar Weber, so hieß mein nächtlicher Begleiter, erzählte, daß es auch eine Möglichkeit gäbe, sogar ohne Geld diesen Beruf zu ergreifen, daß Direktor Rudolf Beer vom Volkstheater begabte Schüler in seine Schauspielschule aufnähme, ohne Geld zu verlangen, daß er selbst so ein Schüler sei, war ich so aufgeregt, konnte es nicht fassen, kaum glauben und steigerte mich immer mehr ins Erzählen und Fragen, wollte alles wissen, wie und was man tun müsse, um auch diese Chance zu bekommen. Die ganze Nacht sah mich Oskar Weber nur fasziniert an. In Salzburg angekommen, meinte er, nach meinen Erzählungen müßte ich sehr begabt sein.

Für mich stand fest: ICH WERDE SCHAUSPIELERIN.

Von dem Moment an rührte ich keinen Pinsel mehr an. Ich war wie besessen. Oskar riet mir, zum Vorsprechen drei Rollen zu lernen. Ich entschied mich für den Puck aus Shakespeares „Sommernachtstraum", dann für die Titelrolle aus „Hanneles Himmelfahrt" von Gerhart Hauptmann und aus dem „Talisman" von Nestroy für die rothaarige Salome Pockerl. Wenn abends bei Hartas Gesellschaft war und ein leerer Moment aufkam, hieß es meistens: „Gusti, mach uns was vor!", und schon tobte ich als Puck durchs Zimmer, bekam Tränen in den Augen als krankes Hannele, die ich statt in einem Bett in einem Sessel liegend vormachte, und wurde ganz kratzbürstig, wenn ich als arme Salome Pockerl meine roten Haare zu verteidigen hatte.

26

Das waren wunderbare Übungen für mich, ich kannte keine Scheu, im Gegenteil, mich machte es glücklich. So entwickelte ich immer mehr Nuancen, lernte immer besser, mich in die Rollen einzuleben.

Aus dem Vorsprechen bei Direktor Rudolf Beer am Volkstheater wurde nichts; Beer gab die Direktion und die Elevenklasse 1932 auf, weil er von Max Reinhardt gemeinsam mit Karl-Heinz Martin für fünf Jahre das Deutsche Theater und die Kammerspiele gepachtet hatte und deswegen nach Berlin ging. Für mich war das der erste Tiefschlag in meinem Leben. Ich dachte, meine Welt bricht zusammen. Oskar Weber war wieder mein Retter. Er gab mir den Rat, mich an Karl Forest zu wenden. Karl Forest, ein Typ Emil Jannings, war ein ganz großer Schauspieler am Volkstheater, und er unterrichtete privat auch kostenlos begabte junge Leute.

Felix Harta, mein verständnisvoller Ziehvater, der meine untröstliche Verzweiflung ernst nahm, packte ein schönes Aquarell unter den Arm und fuhr mit mir nach Kritzendorf bei Wien zu Karl Forest, um mich prüfen zu lassen. Forest lebte in Kritzendorf mit seiner jungen Frau und seinen zwei Kindern. Sein Urteil lautete: „Begabt, aber mehr kann man erst sagen, wenn sie etwas erlebt haben wird; doch es ist eine große Freude zur Bewegung da, und das ist schon viel." Danach wurden Stunden vereinbart, aber aus dem Unterricht wurde außer drei Stunden nichts, dann war leider Schluß. – Seine Frau hatte ihn verlassen. Er war untröstlich und trank sehr viel. Aber dieses Erlebnis war eine gute Schule für mich.

Er gab mir das Rautendelein aus der „Versunkenen Glocke" von Gerhart Hauptmann als Aufgabe. Als der alte Mann mir beim Rollenstudium half und mir das zarte Rautendelein vorspielte, war ich von ihm so beeindruckt und befangen, daß ich in ihm nur die zarte Gestalt, am Brunnen sitzend, vor mir sah und sie sprechen hörte:

> Du Sumserin von Gold, wo kommst du her?
> Du Zuckerschlürferin, Wachsmacherlein
> Du Sonnenvögelchen, bedräng mich nicht!

„Nie", dachte ich, „würde ich diesen Zauber hervorbringen können." Ich bekam zum ersten Mal Hemmungen, die ich mit viel Kraft überwinden mußte. Seine Worte prägten sich mir tief ein: „… und wenn sie erst etwas erlebt haben wird! Erlebtes umsetzen, aus dem Erlebten lernen, wenn es auch hart sein sollte."

„Wenn du eine Figur spielst", sagte er, „muß man sie schon an deinen Zehenspitzen erkennen. Dein ganzer Körper muß die Figur sein." Das war auch ein Satz von ihm, den ich nie vergessen werde, der für mein ganzes Leben wertvoll war. Wenn meine ganze Ausbildung nur diese drei Tage waren, so gaben sie mir vielleicht mehr, als ich in einer Schule hätte lernen können.

Später hätte ich auch Gelegenheit gehabt, in das berühmte Reinhardt-Seminar zu kommen. Aber ich hatte Scheu davor, wahrscheinlich hätte ich mich zurückgesetzt gefühlt, ich hätte mir z. B. keine Zigaretten leisten können und bei den Partys nicht mithalten können. Ich hätte mich eingeengt gefühlt und mich dadurch nicht frei entwickeln können; damals begann ich zu lernen, mich auf eigene Füße zu stellen. Heute staune ich über meinen Mut.

„Schmiere" –
Meine ersten Erlebnisse am Theater

Ich ging mit meinen drei gelernten Monologen einfach zu der damaligen Theateragentur Starka in der Mariahilfer Straße und sprach vor. Schon am nächsten Tag gab es eine Vakanz für das Rollenfach der Naiven für das Theater in Mährisch-Trübau in der Tschechoslowakei. Als Schauspielerin aus Österreich benötigte man allerdings eine Spielerlaubnis für die Tschechoslowakei; doch die Direktion bekam für die Naive aus Österreich keine Auftrittsgenehmigung. Aber einen Tag später war eine neue Vakanz: für das Theater in Böhmisch-Krumau, Direktion Steiner.

Die deutschsprachigen Theater in der Tschechoslowakei waren das Sprung-brett für viele junge Schauspieler. Es gab fast in jedem kleinen Ort ein Theater. Verträge wurden mit Fachbezeichnung abgeschlossen; die Dauer einer Saison ging meistens von September bis Ostern. Die Gage war minimal, vertraglich war man verpflichtet, eigene Garderobe mitzubringen. Da ich eine Ausstat-tung brauchte, aber nur wenig Geld besaß, habe ich mir mit einer kleinen Schneiderin Verwandlungskleider ausgedacht und entworfen. Ich konnte ein Kleid siebenmal verändern: Das Grundkleid war ärmellos, schwarz, dazu er-gänzend kamen diverse Krägen, Spitzenkrägen, große Rundkrägen oder Steh-krägen, verschiedene Ärmel in verschiedenen Farben, Gürtel und Jäckchen.

Die Fahrt nach Krumau war meine erste größere Reise und noch dazu ins Ausland. Fürsorglich erklärte mir Felix Harta, mein Ziehvater: „Am Bahnhof nimmst du ein Taxi und läßt dich ins Grandhotel fahren, dann gehst du in die Rezeption und sagst, wer du bist, du hättest ein Zimmer bestellt." Als ich in Krumau aus dem Zug stieg, stand da tatsächlich ein Taxi am kleinen Bahnhof, vielleicht das einzige. Wir fuhren ziemlich weit durch Felder und Wiesen, oder kam es mir in meiner gespannten Erwartung nur so vor wie eine Ewigkeit? Endlich waren wir am Hauptplatz angekommen. Das Taxi blieb vor einem Gasthof stehen, mit Kästen voll Efeu, das war wie in einem Schanigarten beim Heurigen. „Nein, nein, ins Hotel", sagte ich. „Ja, das ist unser Hotel", erklärte mir der Taxichauffeur. Schon ein wenig erstaunt, ging ich hinein. Keine Spur von einer Rezeption. Nach meinen „Hallo"-Rufen kam endlich vom oberen Stockwerk ein Mädchen in weißer Schürze herun-ter, und ich bekam mein bestelltes Zimmer. Es war sehr klein, ein Bett, ein Tisch, ein Stuhl und ein eiserner Waschtisch, Lavoir mit einem Krug Wasser. Alles war ein wenig anders, als ich es mir vorgestellt hatte, wie es sein würde. Aber ich war glücklich wie noch nie in meinem Leben.

Krumau ist ein wunderschöner Ort, der Marktplatz umstellt von hin-reißenden kleinen alten Häusern, alles noch mit Kopfsteinpflaster, die Gassen sehr eng, an den Häuserfronten waren von den beladenen Wagen, die schwer durchkonnten, die Spuren zu sehen. Meistens liefen die Menschen schnell in ein Haustor, wenn ein Wagen kam. Man war wie verzaubert, und erst das Theater! Ganz mit Fresken bemalt, ich glaube gotische – damals verstand ich noch nicht viel davon, aber es war ein Traum. Zwischen Bühnenraum und Zuschauerraum stand ein riesiger Eisenofen, der das Theater beheizen sollte.

Die Tage waren ausgefüllt mit Proben, Text lernen. Wir spielten in einer Woche drei Stücke: ein Schauspiel, ein Märchen, eine Operette. Probiert wurde wenig, es war kaum Zeit dazu, man mußte gut im Stegreifspielen sein und im Improvisieren. Oft spielte einer auch zwei oder drei Rollen in der Vorstellung. Die Frau Direktor spielte die komische Alte und verwaltete in zwei riesigen Strohreisekörben Kostüme und Requisiten. Vom Schminken hatte ich keine Ahnung, aber das zeigte mir auch die Frau Direktor. Das Puder war weißes Reismehl und wurde mit einer Hasenpfote aufgetragen; der Teint war noch in Stangen. Es war alles so spannend und aufregend für mich. Die Truppe setzte sich aus dem Sohn des Direktors, der die Lieb-haberrollen spielte und den Buffo sang, der Tochter, die Soubrette und Lieb-haberin war, sowie aus wenigen engagierten Schauspielern, die ebenfalls sin-gen mußten, und einem Spielleiter zusammen.

Einmal kam eine Sängerin, Fritzi Marini, als Gast aus Wien für die Operette „Der letzte Walzer" von Oscar Straus, in der sie auftreten sollte. Sie war für zwei Abende angesetzt. Aber wir spielten nur einmal.

Die Kollegen wohnten alle in dem einzigen Hotel, und die Gage war so klein, daß man davon nur einmal am Tag essen konnte; das Hotel bot einen Mittagstisch für fünf Kronen. Es schmeckte herrlich; den Hasenbraten mit den Serviettenknödeln in Rahmsauce – diesen wunderbaren Geschmack habe ich bis heute nicht vergessen und seither nie wieder so wunderbar empfunden.

Wir hatten wenig Publikum. Ich fragte an der Kassa: „Wieso? Die Sängerin aus Wien war doch hervorragend?" – „Ja, aber die hat Blau auf den Augen, das wollen wir nicht!" war die Antwort. Ich verstand damals noch nichts vom Schminken und dachte, vielleicht ist das eine neue Mode in Wien, denn mir gefiel es sehr gut.

11 Ich trete mein erstes Engagement in Böhmisch-Krumau an

Ich wußte damals gar nichts von Politik, nichts von den politischen Ereignissen, die 1933/34 begonnen hatten, die Landkarte Europas zu verändern. Im Hause Harta wurde nie politisiert, vielleicht auch nur nicht in Gegenwart der Kinder; ich weiß es nicht. Ich jedenfalls war nur vom Theater besessen und hatte für nichts anderes Augen und Ohren. Umso härter traf mich dann das Ereignis in Krumau, als ich von meinen Kollegen erfuhr, daß etwas Schreckliches nachts passiert war und daß das auch wahrscheinlich der Grund wäre für den schlechten Besuch.

Auf den Plakaten war über Nacht zum Namen des Direktors Steiner „Jude" geschrieben worden. Es handelte sich um einen politischen Boykott gegen uns. Wenn ich das heute schreibe, kann ich es nicht begreifen, daß so etwas möglich war.

Ich habe oft gehört, man muß an einer Schmiere angefangen haben, da lernt man am meisten. Ich glaube, daß das eine Schmiere war.

Aber wir alle waren glücklich und spielten drauflos, dachten, es wird schon alles besser werden, doch das Mißgeschick verfolgte uns. Wir spielten auch in den Nachbardörfern, und wir hatten wieder Pech, denn als wir mit Sack und Pack im Nachbardorf ankamen, hieß es, das Theater sei baufällig; es wäre verboten, es zu betreten. Wir dachten nur an die Einnahmen, denn bis dahin hatte noch niemand einen Groschen gesehen. Was blieb uns übrig? Wir brauchten eine Bühne, wir mußten spielen. Alle halfen mit. Im Wirtshaussaal stellten wir Tische und Schragen zusammen, legten darauf Bretter, und schon hatten wir, was wir brauchten, eine Bühne. Ein hochgestellter Waschtrog war der Souffleurkasten, das Allerwichtigste. Zwei Leintücher rechts und links sollten den Vorhang ergeben, aber die ließen sich nicht zuziehen.

Wir spielten das Stück „Ehe in Dosen". Zwischen den drei Akten mußten die Möbel umgestellt werden. Da ich das Dienstmädchen spielte, hieß es: „Das kann die Gusti tun!" Mir konnte nichts Besseres passieren. Nach dem ersten Akt war ich schon auf der Bühne, rückte die Möbel hin und her und redete zum Publikum; plauderte über das Ehepaar, über ihre Verhältnisse, über ihre ehelichen Auseinandersetzungen. Die Leute lachten, und das

Stadt-Theater B.-Krumau
Direktion: Fritz Steiner.

Mittwoch, den 25. Oktober abends 8 Uhr
Gastspiel des I. Charakterkomikers ERNSTNOWAK
Krumau lacht, jubelt und jauchzt!

DER WAHRE JAKOB
Ein Schwank in 3 Akten von Arnold und Bach.　　Spielleitung: Georg Braun.

Personen:

Peter Struve, Stadtrat . . . . . Ernst Nowak als Gast | Helmut, Graf von Birkstedt . . . . . Georg Braun | Hummel, Logenschließer . . . . . Fritz Irrgwül
Milla, seine Frau in der zweiten Ehe . . . Agnes Steiner | Fred, sein Neffe . . . . . Fritz Steiner jun. | Anna, Dienstmädchen bei Struve . . . Hesi Steiner
Lotte, seine Tochter aus der ersten Ehe . . Gusti Wolf | James Wilson . . . . . Edgar Methardt | Ein Dienstmann . . . . . Rolf Stubich
Geheimrat Eduard Stelzwagel, Stirnus Schwager . Walter Stanwoll | Heinrich Büchlein, Verlagsbuchhändler . . . Adolf Fülcher | Ort der Handlung:
Yvette . . . . . Ilse Müller | Elise Hildebrand, Yvettes Zeruabia . . . Vera Bergner | 1. Akt Berlin, 2. und 3. Akt Klothsombach a. d. Ploiha.

Schauspielpreise: Mittelloge 10 Kč. Seitenloge 8 Kč, Logensperrsitz 7·50, Sperrsitz I. 6·50, Sperrsitz II. 7, Parkett 6 Kč, Parterre I. 5·50 Kč. Parterre II. 5 Kč, Mittelgalerie 3·50, Seitengalerie 3 Kč, Stehplatz 2·50. Galeriestehplatz und Studentenkarte 2 Kč.

Samstag, 28. Oktober abds. 8 Uhr (Staatsf.)
Die hervorragende, weltberühmte musikalische Neuheit!

Das Veilchen von Montmartre
Große Operette in 3 Akten von Emmerich Kálmann.　　(Komponist v. Gräfin Mariza, Hollandweibchen und Czardasfürstin u. s. w.)
Musikalische Leitung: Peter W. Marx.　　Spielleitung: Ferry Löring.

Personen:

Renal de la Cruiz Moter . . . . . Ferry Löring | Parigi, ihr Vormund . . . . . Georg Braun | Maurice, Theaterdiener . . . . . Walter Stanwoll
Henry Murger, Dichter . . . . . Edgar Methardt | Baron Jakob Rothschild . . . . . Hans May | Valette . . . . . Gusti Wolf
Florimond Herve, Musiker . . . Fritz Steiner jun. | Francois Pigaudquinnty . . . Hans Mollen | Ulachette . . . . . Ilse Müller
Ninon . . . . Mizzi Haufen als Gast (Troppau) | Camille, Blume . . . . . Hans Sternhyll | Florette . . . . . Vera Tichernau
General Pipo . . . . . Adolf Fülcher | . . . . . Richard Rubesch | Ort der Handlung: Paris.
Violetta Caroline, gen. Das Veilchen von Montmartre . . Nelli Steiner | Sefrette Leblanc . . . . . Hans Gerard | Zeit: Zweite Hälfte des vorigen Jahrhunderts.

Einige der entzückenden Gesangsnummern: Das Veilchen v. Montmartre, das im Verborgenen blüht / Warum sollen wir nicht fröhlich sein.
Heut Nacht hab ich geträumt von dir / Ein Kuß i. Frühling / Ihr klein. Chrisettchen, ihr seid einmal so / Was weiß ein niegeküßter Rosenmund
Im 2. Akt Balletteinlage: Frl. Ilse Müller und Vera Bergner

OPERETTENPREISE: Mittelloge 12 Kč, Seitenloge 10 Kč, Logensperrsitz 9·- Kč, Sperrsitz I. 7·50 Kč, Sperrsitz II. 8·50, Parkett 8 Kč, Parterre I. 7 Kč, Parterre II. 6 Kč, Mittelgalerie 4 Kč, Seitengalerie 3·50 Kč, Stehplatz Parkett 3 Kč, Stehplatz Galerie 2·50 Kč.　　Studentenkarte 2·- Kč.

Sonntag, den 29. Oktober 1933 nachmittag um 3½ Uhr
Erste große Familien- und Kindervorstellung.

ASCHENBRÖDEL (Der gläserne Pantoffel)
Märchen mit Gesang, Musik u. Tanz in 6 Aufzügen v. C. Görner
Preise der Plätze: Mittelloge 5 Kč. Seitenl. 4·50, Logensperrsitz 5·50, Sperrsitz 4, Parkett 3·50, Parterre 3, Mittelgal. 3, Seitengal. 2·50, Stehparterre 2, Stehgal. 1·50 Kč.

Sonntag, den 29. Oktober abends um 8 Uhr
Zum zweiten und letzten Male.

Das Veilchen v. Montmartre
In Vorbereitung: Alt-Heidelberg, Scharzwaldmädel, Aufgang nur für Herrschaften, Der letzte Walzer, Mädi, Walzer aus Wien, Die Blume von Hawai.

Buchdruckerei Ed. Bayand's Nachfolger.

12　Plakat des Stadt-Theaters in Böhmisch-Krumau mit dem
Repertoire vom 25. bis 29. 10. 1933

regte mich immer mehr an. Ich hatte einen großen Erfolg, und ich wollte gar nicht mehr von der Bühne herunter. Wenn man mich nicht gerufen hätte: „Komm endlich herunter!", hätte ich das Stück wahrscheinlich allein zu Ende gespielt.

Für mich waren das alles wunderbare Erlebnisse, ich war nur glücklich, hatte nie das Gefühl, es müßte doch ganz anders sein, ich genoß es. Das Wichtigste war: Ich bin an einem Theater. Ich hatte auch kein Heimweh, nicht nach meinem Zuhause, auch nicht nach meinem zweiten Zuhause bei Hartas. Ich war seit meiner Kindheit gewöhnt, mich unter fremden Menschen zurechtzufinden, was für mein ganzes Leben ein Vorteil war; und es waren auch alle sehr lieb zu mir.

An einem der nächsten Tage sollten wir nachmittags in einem anderen Dorf das Märchen spielen. Wir kamen ins Dorf, und zu unserem Erstaunen war es schwarz beflaggt. Große Trauer. Was war geschehen? – Auf dem Marktplatz tummelten sich viele Kinder; wenn die alle in unsere Vorstellung gekommen wären, wäre das unsere finanzielle Rettung gewesen. Doch das Schicksal wollte es anders. Der Dorfpfarrer war nachts mit einer Kerze, in betrunkenem Zustand, im Klo verbrannt. Das war unser Todesstoß. Keine Vorstellung, keine Einnahmen, keine Gage. Was blieb übrig, wir mußten absammeln gehen. Ich und der Liebhaber wurden dazu bestimmt – und wir gingen mit einer Liste in der Hand vom Bürgermeister bis zu den Hausmeistern sammeln für das Fahrgeld nach Wien, für die armen Schauspieler.

Unser Schicksal schien sich in der Gegend herumgesprochen zu haben, denn ich bekam, was für ein Glücksfall, einen Vertrag aus Mährisch-Trübau zugeschickt, aus der ursprünglichen ersten Vakanz. Die tschechische Naive reichte nicht aus, ich sollte kommen und ihre Rolle übernehmen. Das war für mich wie ein Wunder. Als ich in Trübau ankam, bekam ich ein Zimmer in einem kleinen, neu gebauten Haus am Rande des Dorfes. Kitty Matfus-Klingenbeck, eine Kollegin, die nach 1945 als große Schauspielerin aus Amerika zurückkam und die ich später wieder getroffen habe, hat auch dort gewohnt.

Es war der schlimmste Winter, den man sich vorstellen konnte. In Wien war sogar die Donau zugefroren, bei mir im Zimmer war in der Früh das Wasser im Krug eingefroren. Einheizen, dazu reichte der Vorschuß, um den ich beim Unterzeichnen des Vertrages gebeten hatte, nicht aus. Ich übernahm die Rolle meiner Vorgängerin, und es kam zur Generalprobe. Ich fühlte mich sehr schwach, aber nie im Leben hätte ich mir etwas anmerken lassen, umso mehr als ich dieses Engagement als einen großen Erfolg empfand. Die Premiere konnte nicht stattfinden, denn ich wachte im Krankenhaus in der Isolierabteilung mit hohem Fieber auf – Diphtherie. Während der Generalprobe soll ich plötzlich ohnmächtig auf dem Boden gelegen sein.

Von meinen Kollegen aus Krumau bekam ich einen Brief, ich soll nicht böse sein, sie wären mit dem gesammelten Geld nicht nach Wien gefahren, wo die Saison doch schon im Gange war und sie daher keine Chance gehabt hätten, ein neues Engagement zu finden; sie hätten eine Wandermärchenbühne aufgemacht, also den „Grünen Wagen“, wie man es auch heute noch nennt. Aber auch sie waren nach einem Monat pleite.

Es waren schwere Zeiten. Ich war in der Isolierstation, um mich herum hauptsächlich kleine Kinder, die meisten waren am ganzen Körper schwarz eingeschmiert. Sie sahen aus wie kleine Mohren, anscheinend hatten sie eine ansteckende Hautkrankheit. Es war Weihnachten – Stephan, ein lieber Freund von mir und Eva Harta, mit dem wir immer tanzen gingen, kam mich überraschend besuchen. Er war nicht wenig erstaunt, als er mich in der Isolierstation nur durch ein winzig kleines, verschlossenes Glasfenster sprechen konnte. Er wollte mir eine Freude machen und brachte mir ein kleines goldenes Kreuz als Geschenk mit. Er hatte die Nacht, die er geblieben war, in meinem Zimmer geschlafen und den kleinen eisernen Ofen zum ersten Mal eingeheizt. Später erzählte er mir, in der Früh wäre an den Wänden das Wasser heruntergelaufen; also waren die Wände vom Bauen noch gar nicht ausgetrocknet gewesen, und ich hatte in einem Eiskasten geschlafen. Das erklärte auch meine Krankheit. Als mein Ziehvater Harta den Bericht von Stephan hörte, schrieb er mir, ich soll so schnell als möglich zurückkommen, es wäre genug.

13 Wien 1934

Wien entdeckt junge Filmtalente

Vor einer Woche erst wurden die zum ersten Male in Wien abgehaltenen „Internationalen Film-Festwochen" durch den Bundespräsidenten feierlich eröffnet.

14 Wiener Sonn- und Montags-Zeitung, Juni 1934

Der Filmpreis

Die sehr bekannte Filmzeitschrift „Mein Film" veranstaltete in dieser Zeit eine Prüfung für junge Talente im Rahmen der Film-Festwochen im Juni 1934; dazu hatten sich 2000 Bewerber gemeldet, u. a. Josef Meinrad und Robert Lindner. Die Prüfung fand im Großen Musikvereinssaal statt. Sie dauerte drei Tage. Ich hatte mich natürlich auch beworben, und mein Auftreten war erst für den dritten Tag eingeteilt. Die Prüfer waren berühmte Schauspieler, zum großen Teil Burgschauspieler und Theaterdirektoren, wie zum Beispiel Rudolf Beer vom Volkstheater und Joe Pasternak, der bekannte Filmregisseur, der aus Ungarn kam und eine Soubrette als Bewerberin mitbrachte.

Noch bevor ich an die Reihe kam, hörte ich schon das Gerücht, daß ein gewisses Fräulein Evi Panzner die größten Chancen hätte, Direktor Beer vom Volkstheater würde sie favorisieren. Als ich am letzten Tag an die Reihe kam, war meine Stimmung angesichts dieser Gerüchte nicht mehr so optimistisch wie am ersten Tag. Aber ich ließ mich davon nicht beeindrucken und sprach meine drei eingelernten Monologe vor, den Puck aus „Ein Sommernachtstraum", das Hannele aus „Hanneles Himmelfahrt" und die Salome Pockerl aus „Der Talisman".

Das Büro dieser Veranstaltung war im ehemaligen k. u. k. Offizierscasino am Schwarzenbergplatz; heute spielt das Burgtheater in diesen Räumen, die auch als Probenbühne benützt werden. Am Tag nach meiner Prüfung ging ich in dieses Büro nachfragen, wie ich wohl abgeschnitten hätte, natürlich ganz ohne jede Hoffnung bei dieser enormen Anzahl von Bewerberinnen.

Mein Film

Film-Festwochen-Wettbewerbe entschieden

Sieger unserer Filmprüfungen gewinnen die ersten Preise im Wettbewerb für Filmdarstellung — Amerikanischer Film an der Spitze der preisgekrönten Werke der Weltfilmproduktion. — Der Verlauf der letzten Film-Festwoche. — Carl Laemmle in Wien. — Zwei Wettbewerbsieger von der „Universal" engagiert.

Obere Reihe: Dr. Rudolf Wanka, Gusti Wolf, Walter Szurovy, Josef Kepplinger. Mittlere Reihe: Imola Szentgyörgyi, Evi Panzner, Theoda Moretti. Links unten: Hanna Maria Eisenkolb. Rechts unten: Harald Tauber.

15 Die Preisträger – aus der Zeitschrift „Mein Film", Juni 1934

16 Der 2. Preis. Diplom der Internationalen Filmfestwochen, Juni 1934

17 Im Kreis der Preisträger und Juroren, Gusti Wolf, zweite von links, Leopold Kramer, Evi
Panzner, Clari Fodor, Joe Pasternak, Walter Szurovy, Rolf Wanka, Fritz Grünbaum

Aber als ich meinen Namen nannte, sprangen die Angestellten auf und umarmten mich, schrieen: „Sie sind der erste Preis!" Einer kam und zeigte mir ein Paket Geldscheine, das ich bei der Verleihung bekommen sollte, die anderen zeigten mir eine silberne Schale, und dann sagte man mir, daß ich die Hauptrolle in einem Film mit Josef Schmidt spielen würde. Mir wurde ganz schwindlig, ganz benommen stotterte ich: „… aber Fräulein Panzner soll doch den 1. Preis bekommen!" – „Nein, die hatte an ihrem Tag der Prüfung ja nur neun Jurorenstimmen, Sie aber hatten elf!" Ich stürzte hinunter an die Ecke vom Schwarzenbergplatz, dort steht noch immer das Telephonhäuschen, und rief sofort bei Hartas an: „Erster Preis! Erster Preis!!!"

Drei Tage später sollte die Preisverleihung im Filmatelier am Rosenhügel stattfinden. Was anziehen war die große Frage. Ich ging zu Gerngroß, neben dem wir ja wohnten, kaufte mir zwei Bahnen hellgrauen Chiffon mit farbigen Punkten. Meine kleine Schneiderin nähte sie mir rechts und links zusammen, oben drei Volants je zehn Zentimeter breit um Hals und Schultern, zwei am Rocksaum, ein Band in der Mitte als Gürtel. Nachdem ich 45 kg Gewicht hatte, sah es aus ein bißchen wie „Arm wie eine Kirchenmaus" – so hieß in dieser Zeit ein großes Erfolgsstück am Burgtheater, in dem die angebetete Alma Seidler Triumphe feierte. „Ein erster Preis", dachte ich, „soll lieber bescheiden wirken, als aufgeputzt dastehen." Ich war so aufgeregt, mein Herz klopfte zum Zerspringen, als ich durch den Gang ging, bevor die Zeremonie begann. Da kam mir Direktor Rudolf Beer entgegen und sagte: „Na, Kleine, freust du dich? Bekommst den 2. Preis!" Ich: „Ich bekomme doch den 1. Preis!" Er: „Den bekommt die Evi Panzner." Ich: „Aber die hatte doch nur neun Juroren und ich elf!" Er: „Aber die hat auch gesungen, bist vielleicht nicht zufrieden?" Mir stürzten nur noch die Tränen herunter, und ich stammelte, ich hätte ja auch gesungen, wenn man es von mir verlangt hätte. Er ließ mich einfach stehen.

Alle Preisträger sollten auf die Bühne kommen, und ich war nicht fähig, mich zu beherrschen, die Tränen liefen mir in Strömen übers Gesicht. Vielleicht hat es jemand für Freudentränen gehalten. Die Preisverleihung war letztlich ganz anders ausgefallen, als man mir erzählt hatte. Den Ehrenpreis der Stadt Wien, das war die silberne Schale, erhielt Klara Fodor, die Soubrette aus Budapest, den Ehrenpreis für Herren Dr. Rolf Wanka. Zwei erste Preise, Goldene Medaille und je 500 Schilling: Evi Panzner und Walter Szurovy, mit dem ich später in Mährisch-Ostrau engagiert war. Zwei zweite Preise, Silberne Medaille und je 300 Schilling: Gusti Wolf und Josef Kepplinger. Vier dritte Preise, Bronzene Medaille und je 100 Schilling: Theoda Moretti, Maria Skolbin, Imola Szentgyörgyi und Harald Tauber.

Damals war ich noch so jung und unerfahren, ich glaubte alles, was man mir sagte, daher auch die tiefe Enttäuschung. Zum Abschluß sollte zwei Tage später mit den Gewinnern eine Fiakerfahrt durch Wien zum Heurigen statt-finden. Meine Reaktion auf die Enttäuschung: Ich nahm die 300 Schilling und kaufte mir bei Ida Reich, einem ganz noblen Modegeschäft auf der Mariahilfer Straße, für die Fiakerfahrt ein Abendkleid aus Organza, hellrosa, mit großen, bauschigen Puffärmeln, natürlich viel zu overdressed, aber meine Seele war getröstet. Mitten unter den Neugierigen, die dem Fiaker-zug mit den Preisträgern applaudierten, standen auch mein Vater und meine Mutter; Vater schrie: „Gusti! Gusti!" und an die Umstehenden stolz gewen-det: „Das ist meine Tochter! Meine Tochter!"

Gusti Wolf vom Burgtheater (2. Preis) und Leopold Kramer.   *Evi Panzner und Walter Szurovy, die sich den ersten Preis (je 500·— S) teilten.*

18 Die Fiakerfahrt

19 An das Burgtheater verpflichtet, Telegraf, 28. 4. 1934

Das erste Mal am Burgtheater mit
Werner Krauss in „Richard III."

Später stellte sich heraus, daß ich einen viel größeren Preis gewonnen hatte als alle anderen. Unter den Juroren der Filmprüfung war auch Franz Herterich. Er war Schauspieler und Regisseur, auch einmal Burgtheaterdirektor gewesen. Er war gerade bei den Vorbereitungen zu seiner Inszenierung „Richard III." von Shakespeare, mit Werner Krauss in der Titelrolle. Die Premiere war für 5. Dezember 1934 angesetzt. Er engagierte mich für den kleinen Prinzen York, der zweite, Prinz of Wales, war besetzt mit der Burgschauspielerin Julia Janssen. Nach Krumau und Trübau – das Burgtheater! Das Höchste, was man erreichen kann. Zu Hause wurde ich bewundert und bekam den Kakao ans Bett serviert.

Es kam zur ersten Kostümprobe. Julia und ich bekamen lange schwarze Trikots und ein kurzes schwarzes Samtwams. Meine blonden Haare wurden zu einem Bubikopf eingedreht. Alles ging wunderbar, und ich fühlte mich überglücklich.

Werner Krauss spielte mit Buckel, langen, zottigen roten Haaren und einem mannshohen Schwert, mit dem er mich in den Rücken stieß, um die Ermordung der beiden Prinzen anzudeuten. Er war einer der Größten, er hatte eine diabolische Ausstrahlung, der man sich nicht entziehen konnte, Richard III. lag ihm besonders. Ich stand immer in der Kulisse und konnte nicht genug bekommen vom Zusehen, konnte es immer noch nicht fassen, daß ich am Burgtheater war. Ich war voller Ehrfurcht und wagte auch nicht, das Wort zu ergreifen, trotzdem alle zu mir lieb waren und an meiner Darstellung auch nichts auszusetzen hatten. Die Kostümprobe war für mich etwas ganz Neues, ein Erlebnis. Sie ging zu Ende, keine Kritik.

Am nächsten Tag ging das Telephon, ich wollte gerade ins Theater gehen. Erhard Buschbeck, die graue Eminenz des Burgtheaters, war am Telephon: „Es kommt jemand und holt die Rolle ab. Sie werden den Prinzen nicht spielen. Herr Herterich wird Ihnen nach der Probe alles erklären."

Ich war wie vom Blitz getroffen und einer Ohnmacht nahe, konnte gar nicht weinen, obwohl mir sonst die Tränen sehr nahe sind. Was war geschehen? Herterich traf ich nach Schluß der zweiten Kostümprobe. Er erklärte mir, Julia Janssen, die damals kein junges Mädchen mehr war, hätte in den schwarzen Trikots zu weibliche Oberschenkel. Werner Krauss meinte, daß es in dieser Zeit nicht mehr tragbar wäre, daß Mädchen Knaben spielen. Beide Prinzen, die ja auch Knaben im Alter von 14 und 16 Jahren darstellen sollen, wurden also vor der Premiere umbesetzt. Der junge Sohn des herrlichen Komikers Reinhold Häussermann, Ernst, wurde Prinz of Wales, und meine Rolle bekam ein Ensemblemitglied, vielleicht das jüngste, Heinz Wilfried. Aber Heinz Wilfried war schon erwachsen, oder er konnte nicht jung genug spielen, ich weiß es nicht, kannte ihn auch nicht. Wie so etwas passieren konnte, verstehe ich heute noch nicht.

Die Presse verriß Heinz Wilfried in jeder Zeitung – als zu groß und zu erwachsen, falsch besetzt! Einen Tag nach der Presse, die sonst die Vorstellung triumphal besprochen hatte, wurde ich wieder angerufen von Erhard Buschbeck und gebeten, zur Probe zu kommen, um wieder den Prinzen York zu übernehmen. Aber für mich waren damit die Kritiken verloren. Wir spielten das Stück fast zwei Jahre.

Es war bekannt, daß Werner Krauss gerne einen Jux machte und oft einen teuflischen Humor hatte. Eines Tages soll er, mit Hut und Mantel direkt vom Bahnhof kommend, in einer laufenden Vorstellung aufgetreten sein und kurz mitgespielt haben. Mein kindlicher Eifer scheint ihn auch gereizt zu haben, denn er versuchte, mich während der Vorstellung immer wieder aus meiner Rolle zu bringen. Wenn ich zum Beispiel auf den Stups mit dem Schwert in den Rücken wartete, den wir ja über dreißigmal probiert hatten und Krauss mich ansprechen sollte: „… und wie geht es meinem edlen Vetter York?" und ich mit einer kecken Kopfbewegung zu ihm antworten mußte:

„… Ich dank Euch, lieber Oheim! Mylord!
Ihr sagtet unnütz Kraut, das wachse schnell.
Der Prinz, mein Bruder, wuchs mir übern Kopf, …"

so war er wohl zu hören, aber nicht zu sehen. Er hatte sich hinter einem der herumstehenden Lords versteckt; oder er streichelte sanft mein Haar, und während ich, wie es eingelernt war, meinen Kopf keß zu ihm wenden sollte, ging es nicht, weil er meinen Kopf an den Haaren festhielt. Aber ich war durch nichts aus der Fassung zu bringen, bis auf das letzte Mal, wo es ihm fast gelungen wäre. Er schlich um mich herum, sah mich von oben bis unten an und flüsterte mir zu: „Ein Loch ist im Trikot!" Er wendete sich zu den anderen Lords und zischte auch ihnen zu. „Sie hat ein Loch im Trikot!" Mir wurde heiß und kalt. Als wir beide, Haeusserman – Wales und ich – York, stolz erhobenen Hauptes, wie es vorgesehen war, in den Tower abgingen, suchte ich verzweifelt nach dem Loch. Tatsächlich war in der Kniekehle ein kleines Lückerl, nicht größer als eine Linse. Mir fiel ein Stein vom Herzen.

Kammerspiele
in der Rotenturmstraße in Wien

Auch Direktor Erich Ziegel war in der Jury der Filmprüfung gewesen; er engagierte mich für die neueröffneten Kammerspiele. Er war mit seiner Frau, der Schauspielerin Miriam Horwitz, von Hamburg, wo er eines der besten Theater, das Thalia-Theater, geleitet hatte, nach Österreich gekommen; er mußte 1933 Deutschland verlassen.

Im September 1934 begann mein Engagement bei Erich Ziegel. Wir waren ein tolles Ensemble. Erich Ziegel hatte Karl-Heinz Schroth und Herbert Berghof aus Hamburg mitgebracht. Herbert Berghof war ein vielseitig begabter Schauspieler und Regisseur, der 1938 nach New York emigrierte; er hat dann nach dem Krieg in New York seine berühmte Theaterschule gegründet. Er inszenierte und spielte auch im Kabarett „Der liebe Augustin". Er wurde mein Regisseur im „Lieben Augustin".

Mit Erich Ziegel kam auch die wunderbare Luise Rainer; sie erhielt später in Hollywood für die Verfilmung „Die gute Erde" nach Pearl S. Buck einen Oscar. Sie war eine der wenigen deutschsprachigen Schauspielerinnen, die eine Weltkarriere machte. Zum Ensemble gehörten Peter Preses, Frauke Lauterbach als Salondame, Irene Seidner für das alte Fach; Miriam Horwitz, die Frau von Erich Ziegel. Ich war als Elevin engagiert. Ziegel hatte vor, literarisches Theater zu machen, zu seinem Spielplanvorhaben gehörte u. a. auch August Strindberg.

Er eröffnete mit „Scherz, Satire, Ironie und tiefere Bedeutung" von Christian D. Grabbe. Ich spielte die Rolle des Gottliebchens, einen etwas zurückgebliebenen Bauernbuben. „Meine erste Charakterrolle", dachte ich! Ich liebte sie und steigerte mich ganz in die Figur hinein, bis eine Kollegin zu mir sagte „Du machst ja eine klinische Studie aus der Rolle!" In meiner Naivität sagte ich auf der Probe zu Erich Ziegel, der Regie führte: „…

20 Meine erste Rolle: Gottliebchen in „Scherz, Satire, Ironie und tiefere Bedeutung"
von Chr. D. Grabbe, am 20. September 1934

man sagt mir, ich sei eine klinische Studie!" Er: „So? Dann machen Sie etwas
anderes!" Ich war verzweifelt; doch mit etwas weniger Druck ging dann alles
gut.

Meine nächste Rolle war das Stubenmädchen in „Ein glückliches Leben"
von Barbara Bosch. Erich Ziegel spielte in dem Stück einen großen Dichter.
Ich dachte mir aus: Ich werde nur auf Zehenspitzen gehen, um ihn bei seiner
Arbeit ja nicht zu stören. Text hatte ich fast keinen – nur immer etwas zu
bringen oder abzuservieren. Umso toller fand ich, daß eine Zeitung schrieb:
„Die kleine Gusti Wolf fiel im ersten Akt abendfüllend auf!" Die Presse un-
terstützte damals junge Talente sehr. Bei mir schrieb man meistens: „Die
quirlige, oder die drollige, putzige, süße, kleine …" Es war mir gar nicht

46

21 Karl Farkas und Fritz Grünbaum,
die beiden Neffen und die Autoren der
Revue „Bediene dich selbst",
Kammerspiele, Wien 1934

recht, ich wollte doch eine ernstgenommene Schauspielerin werden. Damals mußte ich mir oft anhören: „Du bist die ideale Naive, du wirst es schwer haben, dieser Typ ist heute nicht mehr gefragt. Vamps wie Jean Harlow, Joan Crawford, Greta Garbo – ein großer Mund, das ist die Devise!"

Erich Ziegels Spielplan lockte wenig Leute ins Theater. Man war in diesem Theater leichte Kost gewöhnt – so entschloß sich Ziegel, Karl Farkas und Fritz Grünbaum zu engagieren. Sie sollten eine Revue für das Haus schreiben und auch selbst darin spielen. Das geschah auch. Die Revue hieß: „Bediene Dich selbst! Geschichte einer Familie am laufenden Band in 20 Episoden." Die Idee der Rahmenhandlung war: Eine Familie macht alles selber, das Stück schreiben und auch spielen. Der Inhalt: das Mittelstück war die Revue, in der alles vorkommen sollte, was an den Kammerspielen jemals gespielt worden war, von der Tragödie, Komödie bis zum Kindermärchen. Die Darsteller der Rahmenhandlung waren Irene Seidner als Mutter, Peter Preses der Vater, Farkas und Grünbaum spielten die Neffen, die auch die Revue schreiben sollten, und ich, „die Gusti", das Nesthäkchen. Immer, wenn es interessant wurde, hieß es zu einer Melodie: „Gusti, hol ein Glas Wasser!" Darauf ich: „Immer, wenn's schön wird, schickt man mich hinaus!" Farkas und Grünbaum hatten mich im Kabarett „Der Liebe Augustin" gesehen und schrieben mir daraufhin die Hauptrolle in der Revue; es waren acht verschiedene Szenen.

Eine Szene spielte in einem Krankenzimmer. Ich war ein kranker „Friedensengel", lag im Bett und bekam eine „braune Suppe" zu essen; daraufhin entstieg ich gerüstet als „Krieg" aus dem Bett. Dann hatte ich ein Chanson unter einer Laterne zu singen à la Lilli Marlen.

Von dem bestehenden Ensemble waren nicht viele für dieses Genre geeignet, das war mein Vorteil, und außerdem kostete ich als Elevin fast nichts. Wir probierten, und meine Rolle wurde immer größer, denn alles entstand auf der Probe. Zur Rahmenhandlung gehörte auch, daß ich in der Pause im Zuschauerraum Zuckerln verkaufte, während die Neffen, Farkas und Grünbaum, ihre berühmte Doppelconférence hielten. Irene Seidner spielte die Souffleuse. Mit Fritz Grünbaum spielte ich auch das „Kindermärchen", er war ein Eaton Boy, ich ein kleines Mädchen.

Ich durfte meinen Applaus mit der Melodie „Who is afraid of the big bad Wolf" entgegennehmen. Selbst die Kritik über die Aufführung schrieb der Neffe Farkas und las sie in einer Ecke der Bühne dem Publikum vor. Das Publikum war begeistert!

Eines Tages, während der Probenzeit, kam der geschäftliche Leiter in die Damengarderobe und fragte, wer von uns einen Mann oder Freund hätte, der dem Theater als Überbrückung bis zur Premiere soviel Geld leihen würde, daß die Bühnenarbeiter ihre Fahrkarten ins Theater kaufen könnten. Sonst müßten wir zusperren! Frauke Lauterbach hatte als „schöne Liebhaberin" geradezu die Verpflichtung, so jemanden zu kennen. Und so waren wir gerettet. Die Revue schlug enorm ein, wir spielten sie 150mal. Dann wurde eine neue geschrieben. In dieser hatte ich auch eine große, schöne Rolle – aber es war nicht die weibliche Hauptrolle.

Alfred Kunz, der jedesmal die Dekorationen und die Kostüme entwarf, sagte zu mir: „Mach dir nichts draus, Kleine – von mir bekommst du die schönsten Kostüme!" Alfred Kunz war ein allererster Mann auf seinem Gebiet, er hat auch die Meisterschule für Mode in Hetzendorf ins Leben gerufen. Einmal lud er mich in sein Atelier ein. Dort hatte er große, schmale Glasschränke mit Innenbeleuchtung und voll mit Spielsachen aus dem

1 Felix A. Harta, Mädchen, Aquarell, 1934

2 Das erste Ölportrait, das Felix A. Harta von mir gemalt hat, 1934

3 Solo aus der Revue „Bediene dich selbst", Kammerspiele, Wien
Aquarell von Felix A. Harta, 1934

4 Plakat für meinen ersten Film

22 Mit Anne Mertens und Fritz Grünbaum in „Kindermärchen",
in der Revue „Bediene dich selbst". Kammerspiele, Wien 1934

Riesengebirge und aus dem Erzgebirge. Oft ganz primitive Figuren, die im
Winter von den Bauern für ihre Kinder aus einem Stückchen Holz ge-
schnitzt wurden, bunt bemalt, und meistens konnte man mit ihnen pfeifen
oder trommeln. Ich war begeistert, denn ich hatte als Kind nie Spielsachen
gehabt, und ich konnte mich daran kaum satt sehen. Da war ein Glas-
schrank mit einem Ast als Baum in der Mitte, auf dessen Zweigen lauter
bunte Glasvögel saßen. Ich glaube, daß sie damals in Gablonz hergestellt
wurden. Es sah traumhaft aus! Weil ich mich vor Begeisterung nicht fassen
konnte, schenkte er mir zum Abschied ein paar Häuschen, Holzmännchen
und Pferdchen. Mit diesen Holzfigürchen begann meine Sammelleidenschaft. Auch Felix Harta war entzückt von diesen Schnitzereien; es entstanden ein paar wunderbare Ölbilder mit Kinderspielsachen und mit Puppen.

Die zweite Revue: „Die gestohlene Revue" von Karl Farkas und Fritz
Grünbaum war auch ein ganz großer Erfolg; für mich vor allem, denn ich

49

wurde von fünf verschiedenen Filmfirmen zu Probeaufnahmen eingeladen. Aber nachdem ich keine Theaterschule besucht hatte, wußte ich auch nicht, wie man sich vor einer Kamera bewegt. Man erklärte mir, daß der Mann, der ziemlich weit hinten in einem Glaskasten saß, der Mann sei, der den Ton aufnimmt. So trug ich auch meinen Text in großer Lautstärke vor, damit er ihn ja gut hören konnte, ungefähr so, wie für die vierte Galerie im Burgtheater; niemand hat mir gesagt, daß ein Mikrophon über meinem Kopf hängt, das den Ton aufnimmt, ich könnte ganz normal sprechen.

Ein anderes Mal war ich zu Probeaufnahmen nach Budapest eingeladen. Ich ließ mir vorher noch Dauerwellen machen, damit ich recht schön wäre, und das war wieder mein Verhängnis. Der Maskenbildner ging mit der Brennschere auf mein Haar los, und es wurde immer mehr und mehr, bis es zum Schluß gar nicht mehr zu bändigen war. Da steckte er es einfach mit Klammern zusammen und preßte es mir rund um den Kopf. Das Foto, das man mir danach zeigte, war furchtbar! Ich sah darauf wie die alte Rosa Valetti aus. Ich hatte mich, nachdem auch die anderen drei Probeaufnahmen kein Erfolg waren, damit abgefunden, daß ich für den Film wahrscheinlich nicht geeignet wäre.

Wichtig war für mich das Theater. Mein Instinkt, nach dem ich mich mein ganzes Leben gerichtet habe, sagte mir: Ich will nicht nur Revue spielen. Ich muß lernen, ich muß Theater spielen. Ich kann ja bis jetzt noch gar nichts. Jugend, Begabung, Spielfreude allein genügen nicht! Wichtig ist, sprechen zu lernen, eine Rolle zu gestalten. Lernen, lernen, lernen durch viel Spielen. Das kann man nur in der Provinz, wo man jeden Tag auf der Bühne steht und die verschiedensten Aufgaben bekommt und damit fertig werden muß. So erschien mir das Angebot, für eine Saison nach Mährisch-Ostrau, an eine der besten tschechisch-deutschen Bühnen zu gehen, richtig.

23 Wien 1935

Das literarische Kabarett – „Der Liebe Augustin"

In dieser Zeit, 1934/35, gab es in Wien viele Kleinkunstbühnen, die meisten waren in den Kellern der Kaffeehäuser untergebracht; sie waren für viele Schauspieler das Sprungbrett für ihre Karriere. „Meinrad, Josef", so nannte er sich meistens selbst, kam vom literarischen Kabarett ABC, das war das Café City im Alsergrund, im neunten Bezirk. Direktor Leon Epp holte ihn von dort an seine Bühne „Die Insel" in der Johannesgasse im ersten Wiener

Gemeindebezirk. Hilde Krahl trat im Kabarett „Literatur am Naschmarkt", im Café Dobner, auf; von dort wurde sie von dem Produzenten Haas zum Film geholt. Ich wurde an den „Lieben Augustin" engagiert, der sein Domizil im Café Prückel am Stubenring hatte. Dann gab es noch das „Theater für 49", unter Ernst Jubal, deswegen so benannt, weil bei 49 Besuchern ohne Konzession gespielt werden durfte. In diesem „Theater für 49" spielte ich in einem Stück von Honoré de Balzac „Herr Mercadet", und hier traf ich zum ersten Mal mit Rudolf Steinboeck zusammen.

„Der liebe Augustin" wurde von Stella Kadmon geleitet; ihre Mutter saß mit ihrem Hündchen auf dem Schoß immer an der Kassa. Wir spielten auf Teilung, manchmal war es nur ein Schilling pro Vorstellung; dafür bekam man aber im Quisisanna auf der Mariahilfer Straße ein kleines Schnitzel mit Kartoffelsalat und ein Stück Mehlspeise.

Wir machten unsere Kostüme meistens selbst, trugen die Dekorationsstücke für die eigene Szene an ihren Platz. Wir waren alle jung, voller Begeisterung, Idealismus und viel Phantasie – die das Kabarett auch verlangt. Die Texte wurden uns zum Teil auf den Leib geschrieben – von später sehr berühmten Autoren wie Hans Weigel, Peter Hammerschlag, Gerhart Herrmann Mostar, Wilhelm Hufnagl, Rudolf Weys. Wir spielten auch andere Stücke, z. B. „Lysistrata" von Aristophanes in einer aktualisierten Bearbeitung von Gerhart Herrmann Mostar.

Das Ensemble bestand aus begabten jungen Schauspielern, allen voran Rudolf Steinboeck. Später hatte ich das große Glück, viele Male unter seiner Regie am Burgtheater zu spielen; er war einer der bedeutendsten Regisseure seiner Zeit. Von Mai 1945 bis Ende 1953 war er auch Direktor des Theaters in der Josefstadt. Wir waren seit damals bis zu seinem Tod 1998 die besten Freunde.

Auch Herbert Berghof gehörte zum Ensemble, Manfred Inger, der später mit mir am Burgtheater engagiert war; Franz Böheim – er spielte am Burgtheater, im Theater in der Josefstadt, an der Volksoper; Lisl Kinast spielte am Josefstädter Theater und am Burgtheater; die köstliche, einmalige

24 Solo „Das Madönnchen vom Naschmarkt" in „Kleine Legende" von G. H. Mostar,
aus meiner Zeit beim literarischen Kabarett „Der Liebe Augustin", Wien, 11. 1. 1935

Traute Witt, die leider sehr früh gestorben ist. Sie alle sind ein Beweis dafür, wie entscheidend und wichtig diese Kleinkunstbühnen für die Entwicklung der jungen Talente waren.

Ich war nur in einem Programm beschäftigt – das konnte ich neben meinem Engagement an den Kammerspielen zeitlich noch dazuspielen.

In „Lysistrata" spielte ich die Hermia. Charlotte Reichert war die Lysistrata. Aber meine größte Freude und mein schönster Erfolg war das Solo „Das Madönnchen vom Naschmarkt" von G. H. Mostar.

Das Kostüm dafür hatte ich mir wieder allein zusammengestellt: ein Stück blaues Tuch, viereckig, eine Ecke eingeschlagen – so wurde es ein herrlicher Capemantel, darunter ein weißes Spitzenhemd. Als Heiligenschein nahm ich einen Brustschmuck aus Messing, den Felix Harta sich für ein Künstlerfest hatte anfertigen lassen. Den echten Barockengel nahm ich von der Zimmerwand; er hängt heute in meiner Wiener Wohnung über meinem Bett. Die Szene war ganz in blaues Licht getaucht. Der Vorhang war nur so weit geöffnet, daß es aussah, als stünde ich in einer Nische. Man erzählte mir, eine Frau hätte sich bekreuzigt, als der Vorhang aufging – das machte mich sehr stolz.

Dieses Programm war ein ganz besonders großer Erfolg und fast immer ausverkauft. Charlotte Reichert, unsere Lysistrata, war verwandt mit dem berühmten Maler Georg Jung, Mitglied der Künstlervereinigung „Hagenbund". Er hatte die Briefmarken für die österreichischen Bundesländer entworfen: „Mädchen in den jeweiligen Landestrachten". Der Maler Georg Jung und seine Frau besaßen das riesige Hotel am Bahnhof in der Stadt Salzburg; es wurde im Krieg von den Bomben zerstört. Georg Jung und seine Frau luden uns, das gesamte Kabarett-Ensemble, ein, dieses erfolgreiche Programm während der Salzburger Festspiele in der hauseigenen Hotelbar zu spielen. Er bot uns als Gage an: freies Quartier in der Hoteldependance, freies Frühstück und wahrscheinlich auch einen kleinen Teil der Einnahmen. Ich weiß es nicht, denn soweit kam es gar nicht. Das Hotel war ausgebucht, die Festspiele total ausverkauft, so daß wir sehr bald unsere Zimmer in der

Dependance verlassen und die Zimmer, in denen sonst die Chauffeure wohnten, zu dritt beziehen mußten. Das Frühstück bekamen wir in einem kleinen Nebenraum, die Ober riefen nur in die Küche: „Das Frühstück für die ‚Atletten‘!“ Es bestand aus einem Berg Semmeln, mit denen wir unsere Taschen für den ganzen Tag füllten, und Kakao, der besser sättigte als Kaffee oder Tee. Wir trugen selbstgemachte Werbezettel, die wirklich schön waren – mit zwei Freikarten zusammen in diverse Geschäfte aus –, aber es kam niemand. Der Weg war scheinbar zu weit, und wir waren nicht populär genug.

Es war der Sommer 1935, als Marlene Dietrich zum ersten Mal in schwarzen Seidenhosen die Festspielpremieren besuchte und die Tochter von Fjodor Schaljapin barfuß, mit rot lackierten Zehennägeln ins Café Bazar kam. Das waren Sensationen – Stadtgespräche! Max Reinhardt inszenierte in der Felsenreitschule die Faust-Wiederholung vom Jahre 1933 mit Paula Wessely als Gretchen. Eine ungeheure Aufregung und Spannung war in der ganzen Stadt zu spüren. Wenn der berühmte Dirigent Arturo Toscanini, er wohnte im selben Hotel wie wir, im Garten spazierenging, kam sofort jemand gelaufen, und wir mußten unsere Probe unterbrechen, denn er könnte uns hören und gestört sein, obwohl wir weit weg waren. Wir spielten oft nur vor vier oder fünf Personen – aber wir waren glücklich! Es waren Ferien, und keiner von uns hätte sich einen Aufenthalt während der Festspiele in Salzburg leisten können. So saßen wir fast immer im Café Bazar bei einem kleinen Braunen und aßen unsere Semmeln, meistens mit Senf, wenn es für eine Knackwurst nicht mehr reichte, auch Maggi auf der Semmel war köstlich, und wir genossen die Meldungen, die von den Proben durch die Mitspieler zu uns herangetragen wurden. Es war eine wunderbare, aufregende Zeit. Der berühmte Ober Fritz sah uns mit schiefen Augen an, wenn wir immer wieder Wasser bestellten – das aber störte uns wenig.

Mein Instinkt hat recht gehabt!

Zu der Zeit, als ich den Prinzen York in „Richard III." spielte, war Hermann Röbbeling Direktor am Burgtheater. Röbbeling bot mir damals einen Jahresvertrag; da war es mein Instinkt, der mich vor dieser Verlockung warnte, diesen Vertrag anzunehmen, sonst hätte ich nie Karriere gemacht und würde vielleicht heute noch Dienstmädchen und kleinste Rollen am Burgtheater spielen. Ich ging mit Freuden nach Mährisch-Ostrau, es war von allen deutschsprachigen Theatern das interessanteste. Das Ensemble bestand aus vielen hervorragenden Schauspielern aus Berlin und anderen deutschen Städten, die Deutschland als Verfolgte des Nationalsozialismus verlassen mußten. Rudolf Zeisel war der Direktor, und was ich erst viel später erfuhr, er engagierte Schauspieler auch zum Teil für den jeweiligen Geschmack der Sponsoren. Die Saison dauerte nur bis Ende April. Wir spielten im Deutschen Haus, das richtige schöne Theater wurde tschechisch bespielt.

Meine Unterkunft war bei Frau Gedultig, einer netten Frau, die Schneiderin war. Ein kleines Zimmer mit gelben Schleiflackmöbeln und mit lila Stoff bezogenen Stühlen. Vor mir wohnte meine Vorgängerin, Hansi Knotek, bei ihr, die später eine sehr bekannte Filmschauspielerin, besonders in Heimatfilmen, wurde. Meine Wohnung lag genau gegenüber dem Deutschen Theater und dem Parkhotel; wenn wir keine Proben hatten, die meistens vormittags und ab drei Uhr nachmittags bis knapp vor der Vorstellung stattfanden, hielten wir uns fast die ganze freie Zeit im Café des Hotels auf.

Mährisch-Ostrau war eine sehr reiche Stadt, man nannte sie auch „Klein-Paris". Man war am Theater interessiert, liebte auch die Schauspieler. Es gab viele Einladungen und Feste, aber ich hatte nichts anderes im Kopf als meine Rollen, und sie waren auch wunderbar. Wir Schauspieler wurden sehr verwöhnt, bei den Premieren wurden wir mit Blumen überschüttet, und wie man mir erzählte, soll nicht selten ein Diadem darin versteckt gewesen sein.

Das hab' ich allerdings nicht mehr erlebt; diese Zeiten waren schon vorbei. Ich war immer noch sehr naiv und sehr unerfahren; drei Kollegen haben über mich gewacht. Auch das erfuhr ich viel später, als ich fast im Begriff war, mich in den Buffo zu verlieben.

Ich bekam die schönsten Rollen zu spielen und stand jeden Abend auf der Bühne. Es fiel mir alles leicht, und ich spürte, wie sehr dieser Beruf mein Leben ist. Ich war glücklich. Auch die Presse verwöhnte mich. Das war für mich ein großer Ansporn. Die Kollegen waren schnell eine Familie, man mochte sich und respektierte einander. Ich wurde absolut für vollwertig angesehen, und von meinem Spieleifer, meinem Einfallsreichtum bei den Proben ließen sie sich hinreißen. So wurde fast jede Vorstellung, trotz kurzer Probenzeit, zu einem schönen Erfolg. Wir spielten auch musikalische Komödien und Operetten; der Buffo Otto Dewald war auch der Regisseur. Unter seiner Anleitung sang und tanzte ich, ohne es je gelernt zu haben. Es stimmt, daß man Bäume ausreißen kann, wenn man glücklich ist. Privatleben gab es nicht; auch im Parkhotel, wo wir die kurze Freizeit verbrachten, ging es bei mir hauptsächlich um das Theater. Die aus Deutschland emigrierten Kollegen erzählten viel vom deutschen Theater. Das war für mich neu, und ich konnte nicht genug darüber erfahren.

Eines Tages kam Rudolf Beer vom Wiener Volkstheater, wahrscheinlich auf Talentsuche, zu uns in die Vorstellung. Ich spielte gerade in „Scampolo" von Dario Nicodemi die Hauptrolle. Am nächsten Tag rief mich Direktor Zeisel in sein Büro und erzählte mir, Beer hätte ihm ein wunderbares Stück für mich gegeben, es hieß „Die unentschuldigte Stunde" von Stephan Békeffi. Dolly Haas hätte bei ihm die Rolle spielen sollen; sie hatte aber abgesagt und war nach New York emigriert. Wäre Rudolf Beer nur auch so vernünftig gewesen und hätte Österreich rechtzeitig verlassen! Nach dem Anschluß Österreichs, am 12. März 1938, wurde er umgebracht. Aber wer konnte es zu dieser Zeit ahnen, daß auch in Österreich so schreckliche Dinge passieren würden. „Die unentschuldigte Stunde" war die deutschsprachige Erstaufführung; ich bin diesem Stück später noch öfter begegnet.

> Dies alles muß man in der unvergleichlichen Darstellung Gusti Wolfs gesehen und sozusagen miterlebt haben. Man hat schon lange nicht von der ersten Szene bis zum letzten Vorhang so herzhaft lachen und so frohgestimmt mitgehen können, wie gestern abend, da Gusti Wolf mit ihrer übersprudelnden Kindlichkeit, ihrem unbeschwerten Temperament und ihrer naseweisen Naivität die Szene beherrschte. Wir können der strebsamen jungen Künstlerin, die von ursprünglicher Natürlichkeit beseelt ist und dem Leben trefflicher nachformt, nur neuerlich eine vielversprechende Laufbahn voraussagen. Sie stattet den forschen und dabei herzensguten Schulfratzen mit Herzenswärme und Klugheit aus und ist als Frau Hofrat von überwältigend komischer Unsicherheit und Unbeholfenheit. Diese hervorragende Leistung bewundert zu haben, darf kein Freund eines gesunden, jugendfrischen Humors versäumen. Gusti Wolf erntete stürmischen, wohlverdienten Beifall.

25 Kritik zu „Die unentschuldigte Stunde", Ostrauer Zeitung, 3. 1. 1936

Bei dem Gespräch im Büro machte mich Direktor Zeisel darauf aufmerksam, daß diese Rolle wohl für mich wunderbar sei, aber sie braucht viel gute Garderobe, und das mit meiner kleinen Gage? „Du hast doch sicher in der Mitte der ersten Reihe den charmanten Herrn gesehen, der dir immer die tollen roten Rosen schickt, dem würdest du eine große Freude machen, wenn er dich für dieses Stück einkleiden dürfte!"

Ich fiel aus allen Wolken. „Nein! Meine Frau Gedultig und ich, wir werden das schon hinkriegen", war meine Antwort. „Den Pelz, den kann man sich ausborgen." So war es dann auch. Stoffe waren in Mährisch-Ostrau sehr billig, in Neutitschein wurden Stoffe hergestellt, und ich wollte die Kleider ja auch danach, privat, für mich behalten. Ich entwarf mir ein weißes Abendkleid aus Satin mit Plissee und einen rosafarbenen Morgenmantel.

Das Schulkleidchen war kein Problem, das war billig zu kaufen. Frau Geduldig freute sich über meinen Auftrag, nachdem ich ihr erzählt hatte, worum es ging; nicht ohne zu bemerken, was für eine dumme Gans ich sei, bei ihren früheren Mieterinnen hätten die Tausender in der Tischlade nur so herumgelegen. Die Aufführung war ein Riesenerfolg. Die Presse überschlug sich, und die Vorstellungen waren ständig ausverkauft.

Eines Tages kam ich von der Probe nach Hause, und in meinem Zimmer saßen zwei Damen, die auf mich gewartet hatten. Die eine Dame war eine Abonnentin und hatte mich anscheinend in allen Rollen gesehen, die andere war ihre Schwester aus Wien, deren Mann eine Filmfirma hatte. Sie ging abends in die Vorstellung und meinte danach, ich müsse unbedingt für ihren Mann in Berlin Probeaufnahmen für den Film machen. Ich dachte: „Was kann sein – ich schau' mir halt drei Tage Berlin an, das ist es auf jeden Fall wert."

Ich hatte das Gefühl, ich eigne mich gar nicht für den Film, und so fuhr ich ganz gelassen nach Berlin, um mir wenigstens die Stadt anzusehen. Als ich bei der TOBIS-Film ankam, um die Probeaufnahmen zu machen, lernte ich die Besetzungschefin kennen, die mir sofort sagte, man wolle aus mir eine zweite Anni Ondra machen. „Warum?" fragte ich, „es gibt doch schon eine!" Darauf kam aber keine Antwort, ich nahm das alles gar nicht sehr ernst, und mein Vorsprechen ging schnell vorüber; aber nicht, ohne daß man mir dicke schwarze Wimpern klebte. Ich sollte auch etwas singen; nun hatte ich ja durch meine Singspiele und Operetten einiges im Repertoire, also setzte ich mich ganz ungeniert auf das Klavier und trällerte etwas herunter, locker, leicht, ohne Krampf. Ich wußte ja inzwischen, das Mikrophon hängt über meinem Kopf! Das Ganze war für mich ein kleines Abenteuer und eine Abwechslung. Vor Berlin hatte ich fast ein bißchen Angst, da fühlte ich mich plötzlich sehr allein und verlassen. Besonders die U-Bahn, die es in Berlin schon gab, war mir in ihrer Schnelligkeit unheimlich.

26 München 1936

Volkstheater in München

Wieder zurück in Mährisch-Ostrau fand ich einen Brief vor von einem mir unbekannten Bühnenverlag. Man schrieb mir, man hätte mich schon in Wien gesehen und meinen Werdegang verfolgt, man wäre der Meinung, für meine weitere Entwicklung, besonders im Sprachlichen, wären ein paar Jahre an einem deutschen Theater von Nutzen; falls ich mich entschließen könnte, würde mir das Münchner Volkstheater, unter der Direktion Wilhelm Dörfler, sofort einen Vertrag schicken. Ich war etwas verblüfft. Ich zeigte diesen Brief den älteren Kollegen aus Deutschland, und zu meinem großen Erstaunen rieten mir alle dazu, den Vertrag anzunehmen. Ich konnte es nicht fassen. Sie selber hatten Deutschland verlassen müssen, und mir rieten sie hinzugehen, weil sie mir das Beste wünschten und es für richtig hielten.

Ich bekam sogar Adressen von ihren Freunden, die mir helfen sollten; eine davon war Margarethe Haagen, Fach Komische Alte, die sogar am Münchner Volkstheater engagiert war. Das war eine ganz tolle Empfehlung, denn Frau Haagen nahm sich meiner in der liebevollsten Weise an. Später sind wir sogar zusammengezogen, und von da an wurde sie für alle die Mutti Haagen.

Das Volkstheater in München war in der Josefspitalstraße 10a; es wurde im Krieg völlig zerstört. Heute heißt die Straße Schwanthalerstraße und das Theater „Deutsches Theater". An der rechten Ecke der Straße war damals ein Wirtshaus, und man erzählte mir, daß dort Hitlers Stammtisch war und dort angeblich die NSDAP entstanden wäre. Nach einer Probe wollte ich in das Café gegenüber dem Theater gehen. Als ich das Lokal betrat, war es voll mit Männern, die in einer senffarbenen Uniform mit erhobener Hand standen und ein Lied sangen; das war das Horst-Wessel-Lied, wie ich später erfuhr. Ich erschrak und schloß schnell die Türe. Das waren meine ersten Eindrücke von der Nationalsozialistischen Partei.

Das Volkstheater spielte damals hauptsächlich Volksstücke im bayerischen Dialekt, z. B. „Der Kampf mit dem Tatzelwurm", „Die drei Dorfheiligen", „Der Etappenhase". Weihnachten stand vor der Tür, und ich bekam die Rolle Quirlequietsch, das vom Himmel gefallene Engelein; es war ein Weihnachtsmärchen für Kinder. In der Stadt hingen überall kitschige Plakate mit mir als Engelein.

Wir spielten dieses Stück nachmittags; und auf einmal saß mitten in der ersten Reihe der berühmte, große Otto Falckenberg, Direktor der Münchner Kammerspiele, mit seinem Oberspielleiter Friedrich Domin. Gott sei Dank erfuhr ich das erst nach der Vorstellung, denn mir wäre sonst die Spucke weggeblieben vor Schreck und Aufregung. Falckenberg in der Vorstellung! Nach der Vorstellung bekam ich die Nachricht, ich möge am nächsten Tag vormittags in sein Büro kommen. Ich konnte es nicht fassen. Sollte sich mein höchster Traum erfüllen? Seit ich in München war, dachte ich an nichts anderes, als: „Zu Otto Falckenberg möchte ich kommen." Das war das höchste Ziel für einen Menschen, der den Beruf ernst nimmt. Die Münchner Kammerspiele waren das beste Theater, wo man alles lernen konnte, um diesen Beruf völlig zu beherrschen. Falckenberg war berühmt dafür, daß er spürte, wo eine Persönlichkeit steckt; wenn man von Falckenberg fortging, hatte man seine besten Fähigkeiten entwickelt, war herangewachsen und ausgebildet zu seinem ureigenstem Typ, war eine Persönlichkeit geworden; man wurde reif an seinem Theater. Er sammelte Persönlichkeiten. Fast jeder große Schauspieler dieser Zeit kam von Otto Falckenberg, allen voran Käthe Gold, Elisabeth Flickenschildt, die zauberhafte Maria Nicklisch, O. E. Hasse und viele andere mehr.

Ich bekam wirklich einen Vertrag für den Beginn der nächsten Spielzeit, September 1937. Dann überstürzten sich die Ereignisse. Plötzlich meldete sich die Filmfirma wieder, bei der ich in Berlin die letzten Probeaufnahmen gemacht hatte. Ich sollte die Hauptrolle in einem Robert-Stolz-Film spielen, mit Hermann Thimig als Partner, 3000 RM Gage. Da begann aber wieder das Problem mit der Arbeitsgenehmigung. Für Ausländer gab es

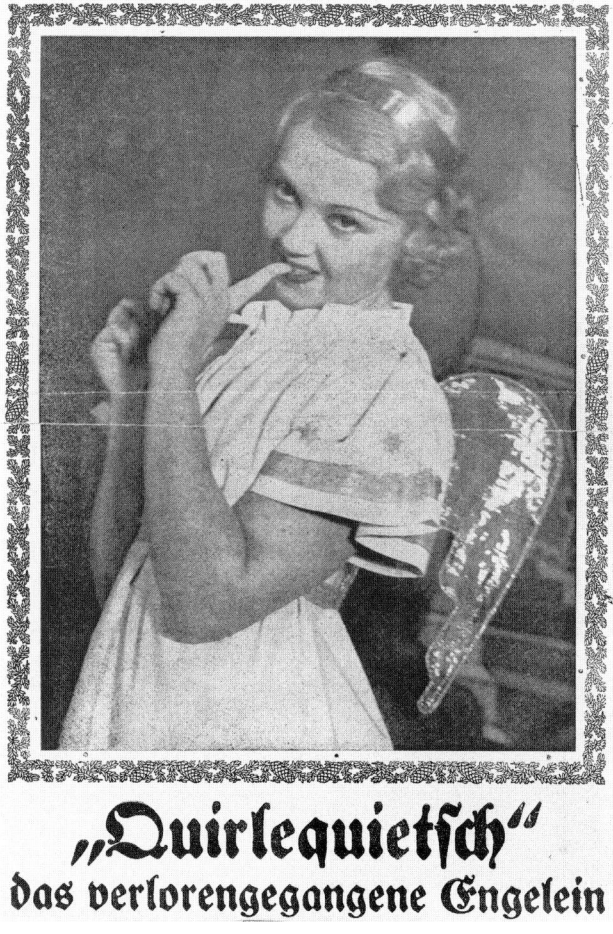

„Quirlequietsch"
das verlorengegangene Engelein

27 Plakat für das Weihnachtsstück im Volkstheater,
München 1936

nur eine Quote von 3 Prozent, und die hatte schon Paul Hörbiger, wenn
er besetzt war. Dieselbe Firma hatte schon früher bei mir wegen des Films
„Die Fiakermilli" angefragt, und das scheiterte damals an dem Problem der
Arbeitsgenehmigung. Dieses Mal rief mich die Firma an und fragte schlicht
und einfach: „Sie müssen doch einen deutschen Freund haben, der Sie
heiraten könnte; damit wäre das Problem gelöst."

Abends spielten wir „Der Etappenhase". Dolf Zenzen war mein Liebhaber in diesem Stück, ein sehr lieber, sehr hübscher junger Mann, der damals sogar schon ein Auto besaß! Er holte mich regelmäßig morgens mit dem Auto zur Probe ab, dabei erzählte er mir immer, daß er in der Nacht von mir geträumt hätte. Mehr zum Spaß als ernst gemeint, fragte ich ihn: „Dolfi, würdest du mich heiraten?", und er brüllte: „Ja! Laß uns in der Pause darüber reden." In der Pause erklärte ich ihm die Situation, daß es um die deutsche Staatsbürgerschaft ginge; er fand die ganze Geschichte so spannend und abenteuerlich, daß er nicht mehr losließ. Seine Bedingung war, seine Freundin durfte davon nichts erfahren, es mußte ganz geheim bleiben; meine Bedingung war, daß er mich wieder freigeben müsse, wenn ich es haben wollte. Ich erklärte ihm, ich sei viel zu jung und viel zu neugierig auf das Leben, daß ich mich noch nicht wirklich binden wollte. Er war mit allem einverstanden.

Als wir vier Wochen später mit „Der Etappenhase" in Stuttgart gastierten, vollzogen wir die Heirat vor dem Standesamt. Mein Ziehvater Harta kam sogar nach Stuttgart, um zu sehen, ob ich nicht die größte Dummheit meines Lebens beging. Heute frage ich mich oft, ob sein Kommen nach Deutschland, damals, nicht das viel größere Wagnis war. Es war das Jahr vor dem Anschluß; noch fühlte man sich frei und sicher.

Dolfi und ich lebten genauso weiter wie vorher, jeder in seiner Wohnung, jeder zahlte sein Kinogeld selbst, und es war eine wunderbare Freundschaft, die bis heute Gültigkeit hat. Nun war ich also deutsche Staatsbürgerin, aber das zweite Problem ließ nicht auf sich warten. Der Ariernachweis wurde von der Reichsfilmkammer gefordert.

Mein Vater wußte nur, daß sein Vater, Wenzel Wolf, also mein Großvater, ein lediges Kind von Maria Wolf, einer Gastwirtstochter, war und daß auch monatlich Alimente gezahlt wurden. Mein Vater erkannte, wie wichtig für mich dieser Nachweis war, und schrieb wiederholt an das Pfarrhaus von Kutná Hora, ohne eine Antwort zu bekommen. Meine Phantasie ließ viele Möglichkeiten aufkommen. Wer war der Vater des Kindes? Ein Reisender? Ein Gast im Wirtshaus? Es gab viele Möglichkeiten, meine Nervosität und

28 Mit Dolf Zenzen

29 Marie, mit Dolf Zenzen als Leutnant
in „Der Etappenhase" von K. Bunje,
Volkstheater, München, 2. 7. 1936

meine Ängste stiegen. Mein Vater, dem zwei Freikarten als Eisenbahnangestelltem jährlich zur Verfügung standen, entschloß sich kurzerhand, nach Kutná Hora zu fahren und selbst nachzuforschen. Am dortigen Pfarramt erklärte man ihm, es dürfe keine Auskunft gegeben werden. Nur durch den Druck der dortigen Gemeinde, die die Wichtigkeit einsah, erfuhr mein Vater, daß sein Großvater der Pfarrer der Gemeinde gewesen war, daß er auch beim Papst um eine Genehmigung zu einer Heirat eingereicht hatte, aber abgewiesen worden war. Es sollte ein Geheimnis bleiben, weil die Familie des Pfarrers wohlhabend und im Ort sehr angesehen war. Mein Vater besuchte den Friedhof dort und brachte mir in einem kleinen Niveadöschen ein bißchen Erde von der ansehnlichen Gruft der Familie mit. Das war so rührend und lieb, ganz mein geliebter Vater. Es war nur noch ein großes Aufatmen, und meinem Arbeiten in Deutschland stand nichts mehr im Wege.

Mein erster Film – „Die Austernlilli"

Ich konnte nun den angebotenen Vertrag der Filmfirma ALGEFA, die Hauptrolle in dem Film „Die Austernlilli" zu spielen, annehmen. Allerdings mußte ich meinem Direktor, Wilhelm Dörfler, vom Münchner Volkstheater von den 3000 RM Gage, die ich bekommen sollte, 1000 RM abgeben, damit er mich für die Zeit der Dreharbeiten freigäbe. 2000 RM waren sehr wenig für Hotel und Verpflegung für sechs Wochen in Berlin ohne Extra-Diäten, aber das spielte für mich keine Rolle, ich sah nur die einmalige große Chance. Später verstand ich die geringe Gage. Es wurde auch von anderen Firmen so gehandhabt; man engagierte einen jungen, begabten Menschen, er bekam nicht viel bezahlt, aber er wurde mit viel Reklame und Geldaufwand zu einem Star aufgebaut.

Ich selbst besitze ein großes Buch voll von Vorreklamen, Interviews, Photos in allen Lebenslagen – damals sammelte ich natürlich jede Zeile und freute mich darüber –, dazu kamen dann überlebensgroße Plakate. Diese große Freude und das Bewußtsein, was es bedeutet, eine solche Chance zu erhalten, überdeckte alle Schwierigkeiten, die nun auf mich zukamen. E. W. Emo, der auch Mitinhaber der ALGEFA-Film war, führte Regie; er war ein ausgezeichneter Fachmann, was die Optik und Technik betraf, aber Schauspielern konnte er nicht viel helfen. Das brauchte er aber auch nicht, denn er besetzte seine Filme nur mit den besten und bekanntesten Künstlern. So waren in meinem ersten Film allein fünf prominente Komiker: Theo Lingen, Oskar Sima, Harald Paulsen, Albert Florath, Heinz Salfner. Mein Partner war Hermann Thimig, der anfangs Bedenken äußerte: „Ich spiel' doch in dem Film keinen Kinderverzahrer!"

Es war nicht leicht, was auf mich zukam; was ich vorher gar nicht wußte, daß der ganze Film musikalisch war, ein Robert-Stolz-Film. Alles wurde gesungen, und das alles mit mir, einer jungen, unerfahrenen Schauspielerin,

30 „Die Austernlilli". Mein erster Film, 1937

31 Reklame für den Film „Die Austernlilli"

als einzige Frau unter den großen erwachsenen, berühmten Darstellern!
Meine Ängste und Hemmungen zu verbergen, mich zu beweisen, das
kostete viel Kraft. Es war auch eine große Anstrengung, sechs Wochen von
früh bis abends im Atelier zu stehen. Meine Kleider mußten dreimal enger
genäht werden, so hab' ich abgenommen; aber ich hielt durch und lernte

32 Mit Hermann Thimig als Austernkönig in „Die Austernlilli", 1937

von den Kollegen viel. Alle waren lieb zu mir. Auch Hermann Thimig hatte sich mit meinem jungen Aussehen abgefunden. Er erklärte mir, daß ich ihn nicht unbedingt ansehen müsse, wenn ich mit ihm spräche, weil der Kameramann immer rief: „Gusti, ich sehe nur Ihr linkes Ohr!" Es gibt eben auch Tricks vor der Kamera, und die habe ich bei diesem Film alle gelernt.

Die Premiere fand im Sommer 1937 in Wien im großen Buschkino am Praterstern im zweiten Bezirk statt. Überall hingen die lebensgroßen Plakate, ich war Gast, ich sollte mich am Ende des Films verneigen. Da ich im zweiten Bezirk zur Schule gegangen war, hatten sich alle meine Mitschüler und Freundinnen zu meinem Empfang eingefunden. Sie standen Spalier und schrieen bei meiner Ankunft: „Gusti! Gusti!" Darauf war ich natürlich gar nicht vorbereitet. Es machte auf mich fast einen märchenhaften Eindruck: „Ein armes Mädchen geht in die Welt und kommt als Filmstar zurück!" Auch als meine Mutter im Haus erzählte, daß ich zum Mittagessen zu ihr kommen

69

würde, standen alle Hausparteien am Fenster und bereiteten mir einen großen Empfang. Alles war wie nicht wirklich wahr. Dazu kam noch, daß die Filmfirma für mich im Imperial-Hotel die Fürstenzimmer bestellt hatte. Ich sollte eben ihr Star werden, das hatte einen rein geschäftlichen Sinn, wie ich erst später beurteilen konnte. Aber für mich war alles wie ein Wunder. Ein Märchen.

Münchner Kammerspiele und
mein zweiter Film – „Die unentschuldigte Stunde"

In dieser Zeit war ich schon an den Kammerspielen in München engagiert, hatte auch schon meine erste Premiere hinter mir – lustigerweise hieß das Stück „Das verwünschte Glück" und war auch kein Erfolg. Mein Partner war Willem Holzboer, mit dem ich dann sehr viel gespielt habe. Wir haben uns auch sehr gut verstanden; er hatte sehr viel gesunden Humor.

Auf der Rückfahrt von Wien nach München fuhr der Produzent der ALGEFA mit und machte mir ein neues Angebot. Ich soll „Die unentschuldigte Stunde" mit Gusti Huber drehen, allerdings nicht die Hauptrolle, die ich in Mährisch-Ostrau kreiert hatte, sondern die zweite, freche Schülerin, die Tilde Schreiber, auch Pospischil genannt.

1. Faden (Willem Holzboer), 2. Marina (Eva Lissa), 3. Nettel (Gusti Wolf), 3. Baron (Ott Brosin, 5. bis 7. Räuber (Carl Wery, Walter Lantzsch und Theodor Danegger)

33 Das verwünschte Glück, Zeichnung aus einer Münchner Zeitung

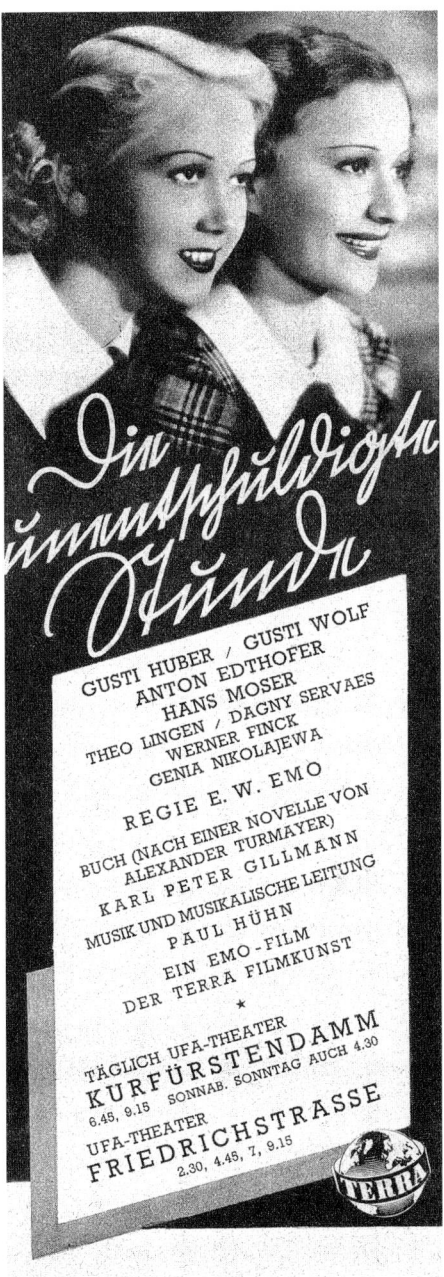

Ich freute mich sehr darauf, mit Gusti Huber, die ich sehr schätzte, zu spielen, und vor allem in einem Stück, das ich von vorn und von hinten genau kannte, wo ich alles, was ich inzwischen gelernt hatte, ohne Furcht und Hemmung einbringen konnte. Nur mit großer Freude drauflosspielen, dafür brauchte ich keine Regie. E. W. Emo machte auch diesen Film; man war vertraut, und es wurde auch eine überaus glückliche Zeit. Emo ging auf alle meine Vorschläge ein, und ich war richtig in meinem Element. Die Besetzung war großartig: Anton Edthofer – der Professor, Hans Moser – der Vater, Dagny Servaes – die Mutter, Theo Lingen spielte einen Lehrer usw.

Ich glaube, daß dieser Film „Die unentschuldigte Stunde" für mich ein größerer Erfolg war als die „Austernlilli". Jedenfalls bekam ich daraufhin von der ALGEFA-Film einen wunderbaren Vertrag: Zwei Filme im Jahr, einer sollte im Februar 1938 gedreht werden, der zweite im August 1938, pro Film eine Gage von 12.000 RM. Jeden Monat ein Akonto von 500 RM zu meiner kleinen Theater-

34 „Die beiden Gustis", Reklame für den Film „Die unentschuldigte Stunde"

71

gage von 300 RM. Was für mich aber das Höchste war, ich durfte nicht selbst verhandeln, falls man mir ein Angebot machte. Plötzlich war ich reich und konnte meine Familie besser unterstützen und mich ganz meinen Theateraufgaben hingeben, die mir trotz allen Verlockungen das Wichtigste waren. Viele meiner Kolleginnen hatten sich wegen des großen Verdienstes beim Film und der Popularität dazu verleiten lassen sich ganz für den Film zu entscheiden; davor hat mich mein Instinkt bewahrt.

35 Tilde Schreiber, mit Gusti Huber als Käthe Riedl
in dem Film „Die unentschuldigte Stunde"

Meine erste große Liebe

Theater war mir das Wichtigste, und wie wichtig es war, zeigte sich nach dem Krieg. Vom Film war es schwer, Anschluß zum Theater zu finden. Ich hatte aber auch das untrügliche Gefühl, ich kann nur am Theater lernen, und das kann man nie genug. Ich hatte noch dazu das Glück, in der besten Schule zu sein, an den Münchner Kammerspielen. Wir probierten ein Stück meistens nur drei Wochen, wichtig war immer der erste Akt. Da mußte man die Figur aufbauen, dann muß es von alleine rennen. Vor der Premiere war immer vormittags noch eine Durchsprechprobe, um den Text flüssig zu bekommen, und dann sagte Falckenberg: „So und jetzt freut euch nur aufs Spielen!" Ja, die Spielfreude überträgt sich, die Lockerheit, die Selbstverständlichkeit, das Spielerische, besonders im Boulevardstück ist wichtig, wie man den Dialog führt.

Ich lernte viel und bekam die schönsten Aufgaben. Unter anderem ein Stück „Die Primanerin" von Sigmund Graff. Das war nichts anderes als das manipulierte, getarnte Stück „Die unentschuldigte Stunde" des ungarisch-jüdischen Autors Stephan Békeffi. Da ich das Stück in Mährisch-Ostrau kreiert hatte, konnte ich genau feststellen, daß lediglich manche Auftritte von einer auf die andere Seite verlegt waren, aber kaum Textänderungen vorgenommen worden waren. So etwas war möglich in dieser Zeit. Ich kümmerte mich nicht um Politik, ich hätte auch keine Zeit dazu gehabt, aber vor allem verstand ich nichts davon, es interessierte mich auch nicht. Dazu kam, daß die Kammerspiele unter Falckenberg ganz unpolitisch waren, es wurde zum Beispiel nie mit dem sogenannten Deutschen Gruß gegrüßt.

Ich erinnere mich, als wir von einem Privattheater in ein städtisches Theater umgewandelt wurden, fand am 6. April 1938 im Hof eine Versammlung statt. Es wurde uns mitgeteilt, daß das Theater umgebaut und dann der Stadt unterstehen würde. Da Hitler aus den Kammerspielen ein ganz besonderes Theater machen wollte, sollte auch das Haus umgebaut werden; das Colosseum wurde zur Ausweichspielstätte bestimmt. Gott sei Dank, nur für kurze Zeit, denn der Umbau der Kammerspiele wurde durch den Kriegsausbruch verhindert.

Am Schluß der Versammlung sollte das Horst-Wessel-Lied gesungen werden, und es stellte sich heraus, daß niemand von uns mehr als die ersten Zeilen von dem Lied wußte. Der neu ernannte politische geschäftliche Leiter, Paul Wolfrum, beendete die Versammlung mit den Worten: „Ich seh', auch da muß eine neue Regie herein." Während wir so im Hof standen, um die neuen Informationen zu hören, hatte ich plötzlich das Gefühl: Ich muß mich umdrehen. Ein Kopf ragte aus der Menge heraus, und unsere Augen begegneten sich. Ich hörte gar nicht mehr, was gesprochen wurde, dachte nur, das muß der neue Kollege aus Bochum sein, der den Ferdinand in „Kabale und Liebe" spielen wird. Nach der Versammlung saßen wir Schauspieler aufgeregt über die schrecklichen Nachrichten in dem kleinen Café in der Herrengasse, und Horst Caspar, so hieß der junge, lange, schmale Mann, ging vorbei. Ich riß die Türe auf und sagte, er solle doch hereinkommen, wir säßen alle hier. Er wurde rot und stammelte etwas Unverständliches, worauf ich ihn zu meiner Geburtstagsfeier für den nächsten Tag in mein Atelier, das ich inzwischen mit Mutti Haagen bewohnte, einlud. Er kam.

So begann meine erste große Liebe. Meine Geburtstagseinladung war ein gelungenes Fest, viele Kollegen waren da, vor allem auch meine Freundin Melanie Horeschovsky, auch eine Wienerin, voll skurrilem Humor, eine sehr gute, bezaubernde Schauspielerin. Ich lernte sie an den Kammerspielen kennen und ahnte noch nicht, daß unsere Zuneigung ein ganzes Leben lang halten würde.

An meinen Geburtstagen ereignen sich fast immer die seltsamsten Dinge, so daß ich ängstlich werde und das Datum immer verschiebe. Es waren nicht immer, wie in diesem Jahr 1938, so glückliche Ereignisse, wie Horst Caspar zu begegnen.

36, 37 Horst Caspar

Melanie verließ mit Horst Caspar früher meine Party. Schon im nächsten Café wollte er mir eine Karte schreiben und mir einen Heiratsantrag stellen. Melanie klärte ihn über meine Bindung mit Dolf Zenzen auf, was uns nicht hinderte, uns täglich zu sehen und uns irrsinnig ineinander zu verlieben. Er behauptete, er hätte es schon getan, als er mich in Bochum im Kino gesehen hatte und er nur darauf gewartet hatte, mich in München zu treffen. Für mich war er ein hinreißender, strahlender, ausgelassener, phantasievoller, knabenhafter Mann. Er war zwei Meter lang und schmal. Ich mußte auf ein Stockerl steigen, wenn ich ihn umarmen wollte; wenn er seine Arme ausstreckte, konnte ich unten durchgehen. Wir lachten viel und waren wie die Kinder, unbeschwert und ganz und gar dem Theater hingegeben. Ich spielte gerade die Anitra in „Peer Gynt", Melanie Horeschovsky die Aase. Horst war in jeder Vorstellung, danach saßen wir bis spät in der Nacht in der Torkelstube und diskutierten über die Vorstellungen. Sehr oft setzte sich

Falckenberg zu uns; das war dann natürlich noch interessanter. Er hatte die Gewohnheit, wenn er nicht gerade inszenierte, immer erst ab sechs Uhr abends ins Theater zu kommen. Er liebte seine Schauspieler, und wir verehrten ihn. Wir waren eine große, herrliche Bande: Oft beendeten wir den Tag nachts am Bahnhof bei einer Hühnersuppe.

Dann war es soweit: Die Premiere von „Kabale und Liebe" mit Horst Caspar und Heidemarie Hatheyer, in der Inszenierung von Otto Falckenberg fand am 15. April 1938 statt. Ein Wunder tat sich auf; es läßt sich nicht schildern, dieser ungeheure Zauber, diese Einmaligkeit im Gefühl und Ausdruck, die wunderbare Sprache. Man spürte, hier steht ein Genie auf der Bühne. Man hielt den Atem an vor Glück, daß es so etwas gibt! Mir rannen die Tränen über die Wangen. Aber da war ich nicht die einzige, das ganze Publikum war erschüttert und sprachlos über diese ungeheure Begabung. Es war ein Erlebnis ohnegleichen. Es war ein Göttergeschenk. Niemand wollte nach Hause gehen, das Publikum klatschte und tobte vor Glück, fast eine Stunde lang; man mußte gewaltsam den Applaus abbrechen. Als ich in seine Garderobe kam, lachte er nur über den großen Erfolg und stürzte ein kleines Bier und einen Korn hinunter. Zwei Hemden hatte er naßgeschwitzt, und keine Müdigkeit war an ihm zu spüren.

Er hatte schon in Bochum unter Saladin Schmitt, der auch ein berühmter Schauspielererzieher war und den man heute leider gar nicht mehr kennt, viele große Klassiker gespielt. Saladin Schmitt war es auch, der Falckenberg schrieb, er möge sich Horst Caspars annehmen, bei ihm könne er nichts mehr lernen.

Natürlich verfiel jeder noch so verantwortungsbewußte Regisseur dieser einmaligen Begabung. So begannen die Proben zu „Der Prinz von Homburg" im Herbst 1938. Derselbe unbeschreibliche Erfolg! Das Publikum stürmte die Kassen, es war ungeheuerlich, aber man bekam mit dem großen Glück auch Angst um diesen zauberhaften Menschen. Wenn wir auf der Straße gingen, und wir waren sicher ein lustiges Paar, er so lang und ich so kurz, strahlten uns die Leute an. Viele blieben stehen und dankten Horst für den großen Abend, aber wir hörten auch oft: „Sie müssen sich schonen,

38 Horst Caspar, Titelrolle in „Der Prinz von Homburg" von H. von Kleist, München 1939

Sie sollten nicht soviel spielen! Sollen wir Ihrer Direktion schreiben, sie sollen Sie nicht so oft ansetzen." Kistenweise schickte man ihm Äpfel. Ich hatte längst bemerkt, daß Horst einfach aufs Essen vergaß, und so fing ich an, meine Kochkünste, die ich bei meiner Mutter gelernt hatte, einzusetzen. Meine Suppen hatten besonderen Erfolg, einmal sagte er: „Ich weiß nicht, was ich mehr lieb' – dich oder deine Suppen."

Er war von einer so hinreißenden Unbekümmertheit. Es konnte passieren, daß ich später in mein Atelier kam als vorgesehen und ihn schlafend vor meiner Türe, am Boden liegend, vorfand; oder er rief mitten in der Nacht zum Fenster herauf: „Gusti, wirf den Schlüssel herunter, ich will zu dir." Mutti Haagen hatte leider dafür wenig Humor; sie kniete vor ihm, was ich wieder ein bißchen übertrieben fand. Es waren himmlische Zeiten. Während Horst Caspar den Homburg, den Hamlet, Tasso, Gyges und sein Ring, mit Käthe Dorsch den Oswald in „Gespenster" spielte, war ich erfolgreich in meinen Stücken „Die Primanerin", „Die gefesselte Phantasie" von Ferdinand Raimund, „Der Lügner und die Nonne" von Curt Goetz, „Karl III. und Anna von Österreich" von Manfred Rößner und anderes mehr.

In meinen Verträgen hatte ich immer drei Monate Karenzurlaub für Film oder Gastspiel vorgesehen. Für „Karl III. und Anna von Österreich" von Rößner, ein zauberhaftes Zweipersonenstück, hatte ich ein Angebot nach Dresden an die Komödie, mit meinem Partner Alexander Ponto, der nichts mit dem berühmten Schauspieler Erich Ponto vom Dresdner Staatstheater zu tun hatte. Es reizte mich sehr, einmal selbst Unternehmer zu sein und nahm das Angebot an. Die Premiere war ein Riesenerfolg und total ausverkauft; auch die zweite Vorstellung. Der Vertrag lautete, daß 50 Prozent das Theater und 50 Prozent ich bekommen sollten, und davon sollte ich meinen Partner ausbezahlen. Bei der dritten Vorstellung, die auch ganz ausverkauft war, kam in der Pause die Abrechnung in meine Garderobe, wie es ausgemacht war. Aber es war nur ein Bruchteil der Gage vom Tag vorher, einer ausverkauften Vorstellung. Auf mein großes Erstaunen und meine Frage, wieso, war die Antwort, das halbe Haus sei mit der GESTAPO besetzt gewesen, das sei so üblich. Wenn man so etwas zu hören bekommt, erschrickt man nur bis auf die Knochen und schweigt. Aber ab diesem Tag saß ein von mir engagierter Student an der Kasse, und ohne meine Genehmigung gab es keine Freikarte mehr. Man hatte versucht, mich hereinzulegen und mir zu schaden. Ich war um eine Erfahrung reicher. Der Erfolg blieb uns treu; wir hätten statt einem Monat drei Monate ausverkauft spielen können. Mit diesem Stück ging ich auch zu den Soldaten nach Holland, aber davon später.

Es kam das Jahr 1938. Ich war schon lange nicht mehr innerlich politisch so unbefangen; immerhin hatte ich noch ein Jahr zuvor Eva Harta zu mir für vier Wochen lang nach München eingeladen, ohne eine Gefahr darin zu sehen. Natürlich waren wir auch weiter in ständiger Korrespondenz, Hartas und ich.

Der Februar ging vorbei, ohne daß eines von den vielen Filmangeboten, die nach dem Erfolg der „Unentschuldigten Stunde" an mich herangetragen worden waren und die ich an die Filmfirma weitergeleitet hatte, realisiert worden wären. Ich dachte mir nichts dabei, denn man sagte mir, es sei noch kein geeignetes Drehbuch dabei gewesen. Ich hatte viel zu spielen und den Filmvertrag, der ja für den August den zweiten Film vorsah; ich hatte auch die Akontozahlungen, die es mir ermöglichten, meine Familie weitgehend zu unterstützen. Was sollte ich noch mehr wünschen! Ich kaufte mir einen kleinen Wagen, ein Sportcabriolet, schwarz-weiß lackiert, und lernte Auto fahren. Damals waren noch sehr wenige Autos unterwegs; die Autobahn München – Salzburg war gerade gebaut worden. Auto fahren war noch ein reines Vergnügen, man sang dabei und flirtete mit den vorbeikommenden Wagen. Ich war eine schlechte Fahrerin. Am Stachus, im größten Verkehr, ließ ich vor Angst die Kupplung aus, und jedesmal kam es zu einem Stau und zu Schimpfereien.

Viel später, als wir schon längst die Reifen der Autos für die Kriegsindustrie hatten abgeben müssen, sagte ein Taxifahrer zu mir: „Sind Sie nicht das kleine Fräulein mit dem schwarz-weißen Sportcabriolet?" – „Ja", ich war ganz begeistert, daß er mich erkannt hatte. Er: „Weil wir Fahrer uns immer verständigten. Achtung! Die Kleine ist wieder unterwegs!" Lang hat das

Autovergnügen nicht gedauert, erst mußte man die Reifen abgeben, dann wurde mir das Auto gestohlen. Damals war ich übrigens die einzige an den Kammerspielen, die ein Auto hatte. So war ich auch über den Verlust nicht sonderlich traurig.

Die Zeit verging so schnell, plötzlich war der August da. Die Filmangebote wurden etwas seltener, und es kam zu keinem Abschluß. Das bedeutete, daß ich beide Filme, immerhin zweimal 12.000 RM, ausbezahlt bekommen sollte. Statt dessen kam ein Brief, ich „sei für den Film verboten und solle meine Akontozahlungen zurückzahlen". Ein Blitzschlag! Ich wußte mir keinen Rat. VERBOTEN sein war wie ein beruflicher Todesstoß. Das durfte man auch niemandem erzählen. Man wäre von einem abgerückt, es war nicht ungefährlich. In meiner fürchterlichen Ratlosigkeit ging ich zu Otto Falckenberg. Er war für mich der einzige vertrauenswürdige Mensch, und das war das Richtigste, was ich hatte tun können. Mein guter Instinkt oder mein Schutzengel, an den ich ganz fest glaube, gab mir den Rat. Ich erzählte ihm die ganze Geschichte, und da ereignete sich wieder ein Zufall. Falckenberg sagte: „Heut abend ist ein Herr von der Reichsfilmkammer im Theater, mit dem mache ich dich bekannt, und du erzählst ihm das alles. Er wird dir sagen können, ob die Sache stimmt." Und es stimmte nicht! Nach unserer Unterredung bekam ich von der Reichsfilmkammer einen Brief, daß nichts gegen mich vorläge. Man hat es wieder einmal versucht, mir zu schaden, und ich war um eine bittere Erfahrung reicher.

Um zu meinem Recht zu kommen, machte ich allerdings eine große Dummheit. Ich übergab den Fall dem Rechtsanwalt der TOBIS-Film, den ich nur flüchtig kannte. Ich wußte nicht, daß er der Gatte von Grete Weiser war, und ich wußte auch nicht, daß die TOBIS die Verleihfirma der ALGEFA war. Nach vielen Aufregungen, Tränen und schlaflosen Nächten ging die Geschichte dann doch einigermaßen nicht ganz so schlecht zu Ende. Die Firma ging in Konkurs, und ich mußte die Akontozahlungen, die bis dahin geleistet worden waren, nicht zurückzahlen; aber ein ganzes Jahr war vergangen, und mein schöner Erfolg blieb ungenützt. Wie ich erfahren

39 Magd Julie, mit Heidemarie Hatheyer,
während der Proben zu „Der Gigant" von
R. Billinger, München 1937

konnte, wollte man mich für viel Geld an andere Firmen verleihen, und ich war anscheinend noch nicht so viel wert. Langsam wurde mir klar, daß mein Beruf nicht allein darin besteht, sich abends auf der Bühne zu beweisen, sondern sehr viel Kraft für das Drumherum fordert. Ich mußte an die klugen Worte von Karl Forest denken: aus allem lernen, durchhalten und das Beste daraus machen. Nur so wird man zu einem Menschen, und nur dann kann man wieder Menschen darstellen.

Ich glaube, meine erlebte ärmliche Kindheit ist mir darin eine große Hilfe gewesen. Man muß verzichten können, umso größer ist die Freude, wenn man etwas bekommt. Und es kam im Film zu einem neuen Anfang. Hans Schweikart, Regisseur an den Münchner Kammerspielen, und Fritz Klotzsch waren Chefs der Münchner Bavaria-Film-Gesellschaft und engagierten mich wieder für einen Dreijahresvertrag, allerdings wieder nur mit 3000 RM Anfangsgage. Aber es war herrlich, ich konnte in meiner Wohnung sein und neben dem Drehen abends in den Kammerspielen meine Rollen spielen. Der erste Film war „Das kleine Bezirksgericht" mit Hans Moser, Ida Wüst, Lucie Englisch, Fritz Imhoff. Es war ein Film, der beim Publikum sehr gut ankam und heute noch oft im Fernsehen gezeigt wird. Damals, in München, in der Hauptstadt der Bewegung, hatte man das Gefühl, die Stimmung in der Politik wäre nicht mehr so euphorisch, oder ist es mir, die ich wenig Einblick hatte, nur so vorgekommen?

Otto Falckenberg probierte mit uns „Der Gigant" von Richard Billinger. Billinger wurde damals viel gespielt; am Staatstheater in Berlin spielte jede Uraufführung Käthe Gold, am Burgtheater oft Gusti Huber. Unsere Besetzung waren Heidemarie Hatheyer, ich und Melanie Horeschovsky. Drei Wienerinnen. Hitler marschierte am 12. März 1938 in Österreich ein. Die Lautsprecher in den Straßen dröhnten von Jubelgeschrei, und wir drei heulten wie die Schloßhunde, denn wir ahnten, was nun unserem Land bevorstehen wird. Falckenberg schickte uns nach Hause, mit uns war nichts mehr anzufangen, und er verstand unseren Schmerz.

Der Film „Das Abenteuer geht weiter"

Mein zweiter Film bei der Bavaria war „Das Abenteuer geht weiter" mit Johannes Heesters, Theo Lingen, Paul Kemp, Richard Romanowsky und mir in der weiblichen Hauptrolle. Der Regisseur war der Italiener Carmine Gallone. Er wollte mich kennenlernen und Probeaufnahmen von mir machen; dazu wurde ich nach Rom in die Cinecittà-Ateliers geschickt. Ein Traum! Zwei Tage Rom! Das Flugzeug, das damals noch ein Doppeldecker war, hatte nur ganz wenige Passagiere an Bord. Ich hatte keine Angst, war nur aufgeregt und zum Zerspringen voll Neugierde. Wir flogen über die Alpen, die ich noch nicht einmal von unten gesehen hatte. Es war ganz ungeheuer, aber das Tollste war der Flug über Venedig, eine rotglühende Stadt im tiefblauen Meer. Ich werde diesen Anblick nie vergessen, es war wie eine Fata Morgana, ganz unwirklich, ein Zauber, nicht zu beschreiben.

In Rom war ich in einem wunderschönen Hotel einquartiert. Es war Nachmittag, und ich wollte die Zeit nutzen und mir Rom ansehen. Am nächsten Vormittag sollten die Probeaufnahmen stattfinden. Ich zog mir ein weißes Kleid an, es war sehr heiß, und nahm mir eine offene Droschke. Der

40 Anni Heinzelbauer, mit Johannes Heesters als Heinz van Zeelen, in dem Film
„Das Abenteuer geht weiter", 1939

Hotelportier erklärte dem Fahrer, was ich wollte, denn ich konnte keine Fremdsprache, kein Wort Italienisch. Als wir durch die Straßen fuhren, wurde mir ganz unheimlich, denn die Männer riefen dauernd etwas zu mir herauf, auch die Autos schlossen sich unserem Wagen an oder fuhren auf der Seite mit und gestikulierten zu mir hin, oft fiel das Wort „amore". „Amore", in welchem Zusammenhang, das wußte ich nicht; wahrscheinlich waren meine langen, blonden Haare schuld. Ich zeigte nur dem Fahrer meinen Hotelschlüssel und sagte: „Hottelo, Hottelo!" Zum Glück verstand er mich, ich wagte mich nicht mehr allein auf die Straße.

Carmine Gallone war ein sehr netter, feiner Mann, wir verstanden uns gleich gut, und ich konnte mich auf unsere Zusammenarbeit freuen. Der

Film wurde zum Teil am Lago Maggiore gedreht, auf einer kleinen zauberhaften Insel. Meine Rolle machte mir großen Spaß: Es war ein Wirtshaustöchterlein, das zum Theater will und in dem Gast, der Konzertsänger ist – Johannes Heesters –, eine Chance sieht. Sie verliebt sich in ihn, auch er verliebt sich, und große Verwicklungen ergeben sich. Das Lied aus dem Film von Franz Grothe und Ernst Marischka „Jede Frau hat ein süßes Geheimnis" wurde sehr bekannt. Die Atelieraufnahmen zu dem Film wurden in Wien im Sieveringer Atelier gedreht.

Das war für mich ein großes Glück, da konnte ich nach langer Zeit Hartas wiedersehen, aber es wurde ein trauriges Wiedersehen. Die Geschwister Eva und Claudi hatten Österreich bereits verlassen, Professor Harta und seine Frau bereiteten die Flucht vor. Das Haus mußte zwangsverkauft werden, viele von den schönen Bildern und Antiquitäten auch; um jeden Käufer war er froh, denn das Land zu verlassen war sehr teuer. Die blinde Großmutter bekam kein Affidavit, auch die Mutter von Frau Harta, Frau Herrmann, blieb in Wien zurück.

Hartas hatten für die Tage, die ich in Wien zu drehen hatte, eine kleine Wohnung von einem befreundeten Ehepaar für mich gemietet, in der Capistrangasse, einer kleinen Seitengasse von der Mariahilfer Straße. Die Wohnung lag im vierten Stock, um einen kleinen Lichthof herum. Ich war gerade vor zwei Tagen eingezogen, da läutete es an der Türe, und als ich öffnete, stand ein jüngerer Mann da, stellte seinen Fuß zwischen die Türe, so daß ich nicht schließen konnte, und fragte: „Hier wohnt doch Gusti Wolf?" und war im nächsten Moment schon im Wohnzimmer. Als ich erstaunt fragte, was er denn wolle, antwortete er nur: „Geld." Ich weiß nicht, wieso ich so gefaßt blieb, auf dem Klavier lag meine Handtasche, ich war im Begriff gewesen wegzugehen, auch alle Schränke standen offen, an einer Wand stand eine Couch. Ich nahm mein Portemonnaie und sagte: „Alles, was ich habe, gebe ich Ihnen gerne, aber es ist leider nicht sehr viel." Er fing an zu erzählen, er wolle das Land verlassen, aber er sei kein Jude. Ich antwortete, „mein Gott, es gibt viele Gründe", und erzählte ihm, daß ich zwei arbeitslose Brüder hätte, meine Eltern Unterstützung brauchten, ich aber wenig verdiene, weil ich noch nicht so populär wäre; aber ich würde ihm einen Vorschlag machen, vielleicht könnte ich ihn beim Film als Komparse am nächsten Drehtag unterbringen, es wären immerhin 150 Schilling zu verdienen. In diesem Stil ging das Gespräch weiter, und ich dachte innerlich nur: „Hoffentlich tut er mir nichts, vielleicht will er mich nur aushorchen, vielleicht ist er ein Spitzel." Er mußte merken, daß ich in der Wohnung allein war. Ich war sehr freundlich und spielte ganz die Unbefangene, vielleicht hat mein Verhalten ihm den Wind aus den Segeln genommen, sicher war mein Schutzengel zur Stelle. Es verging eine ziemlich lange Zeit, dann sagte ich, daß ich verabredet sei: „Sie sehen, ich war im Begriff fortzugehen!", und damit begleitete ich ihn langsam zur Türe und fragte noch: „Woher wissen Sie, daß ich hier wohne?" Er: „Das hab' ich irgendwo gelesen!" – und fort war er. Es hatte nirgendwo gestanden. Das Geld ließ er liegen. Nun zitterte ich am ganzen Körper und war einer Ohnmacht nahe; bis heute kann ich mir diesen Vorfall nicht erklären. Ich wagte nicht, gleich die Wohnung zu verlassen, telephonierte aber Hartas, daß ich mich verspäten würde.

Es waren traurige Stunden, die wir noch vor dem großen Abschied verbringen konnten. Escamilla, eine angeheiratete Verwandte Hartas, ich hatte sie nur einmal gesehen und kannte sie daher kaum, wollte die blinde Frau Hirsch bei sich unterbringen, und ich versprach zu helfen, soviel ich nur konnte: Das waren anonyme Geldbeträge, die mir mit einem Brief von Escamilla und mit drei Kreuzen von der blinden Großmutter bestätigt wurden. Eines Tages blieben sie aus. Das war bitter. Ich wußte, was das bedeutete. Professor Harta unterrichtete in Cambridge und malte, um Geld zu verdienen, Kinderportraits. Wir waren weiter im Briefwechsel, was nicht ungefährlich war. Aber es war in dieser Zeit vieles gefährlich, man gewöhnte sich daran.

41 Ballettratte Hedi in dem Film „Fasching", 1939

Der Film „Fasching"

Noch im Jahr 1938 drehte ich den Film „Fasching" bei der Bavaria. Hans Schweikart war der Regisseur, und der später sehr bekannte Theater- und Opernregisseur Oscar Fritz Schuh war sein Regieassistent. Es wurde ein sehr lustiger Film; er spielte im echten Münchner Faschingstrubel. Meine Rolle war ein Ballettmädchen von der Oper, die von Ball zu Ball ging und immer beschwipst in der Früh nach Hause kam. Damals war in ganz München Fasching, jedes Geschäft war geschmückt, die ganze Stadt feierte, dadurch brauchte man keine Dekorationen im Atelier, die Stadt bot die besten Schauplätze. Während der Dreharbeiten zu diesem Film sah ich zum ersten Mal persönlich Joseph Goebbels. Es war bekannt, daß er sehr viel zu Film-aufnahmen ins Atelier kam. Ich versuchte mich im Hintergrund zu ver-drücken, denn ich hatte nur eine kurze, bunte Hose als Faschingskostüm an und vor der Brust ein großes, rotes Herz, der Rücken war frei, und ich ließ mir immer in großen Buchstaben meinen Filmnamen „Hedi" quer darüber schreiben. Mein Kostüm war für die damalige Zeit vielleicht ein bißchen zu sexy und deshalb nicht ganz ungefährlich.

Die Jahre in München gehören zu meinen schönsten, nicht nur getragen von meiner großen Liebe zu Horst Caspar, sondern auch von meiner unbe-schreiblichen Freude am Leben, die man so nur in der Jugend fühlen kann, die vielen durchtanzten Schuhe, die Sorglosigkeit, die ich zum ersten Mal richtig empfunden habe, eine eigene Wohnung zu haben, mit Mutti Haagen, einem lieben, mütterlichen Menschen zusammen, schöne, befriedigende Rol-len am besten Theater und Anerkennung meiner Arbeit, großartige Kollegen und viele Freunde führten dazu. Johannes Heesters, zum Beispiel, blieb nach unserem gemeinsamen Film „Das Abenteuer geht weiter" in München und probierte am Residenztheater den Danilo in der „Lustigen Witwe"; er war der beste Danilo, den ich je gesehen habe. Damals hatte er mit der deutschen

42 Anneliese, mit Gundel Thormann, in „Peterchens Mondfahrt"
von G. v. Bassewitz, Kammerspiele, München, 11. 12. 1937

Sprache, er ist Holländer, noch kleine Schwierigkeiten; da konnte ich helfen, was zu einer schönen, noch heute dauernden Freundschaft führte. Sein Danilo wurde zu einem der größten Erfolge und weit über hundertmal gespielt. Es war eine Sensation. Heesters Freund Lothar Brühne, der Komponist aller Filmschlager von Zarah Leander, „Yes, Sir" zum Beispiel, um nur einen zu nennen, war oft Gast bei uns. Er heiratete Mutti Haagens Tochter; wir führten ein offenes Haus. Auch die Filmleute, mit denen ich gearbeitet habe, kamen zum Tee und entdeckten Margarete Haagen; sie war auch im Leben eine sehr lustige und witzige Persönlichkeit, ist aber nie aus den bäuerlichen Rollen am Münchner Volkstheater herausgekommen. Jetzt wurde sie entdeckt und eine vielbeschäftigte, beliebte Filmschauspielerin.

Mir besonders nahestehende Freunde waren die Tochter des großen deutschen Impressionisten Max Slevogt und ihr Mann Eugen Lehmann. Neben ihrer Wohnung in München wohnten sie in Schloß Neukastel bei Landau in der Pfalz, wo Max Slevogt gelebt und die herrlichsten Bilder gemalt hatte. Ich war sehr oft dort eingeladen und bewunderte die Fresken im Musikzimmer und die großartigen Selbstportraits von ihm und die Portraits von seiner Frau, die heute fast nur noch in den Museen zu bewundern sind. Ein Zimmer hatte der berühmte Maler Anton Kolig ausgemalt. Heute lebt die Enkelin mit dem Urenkel dort, und sie führen ein Restaurant und machen Führungen durch das Schloß.

Im Theater waren mir die nächsten Freunde vor allem Melanie Horeschovsky und Gundel Thorman. Sie war die norddeutsche Naive, kam aus Lübeck, und ich war die süddeutsche aus Wien. Wir spielten oft zusammen, es gab nie eine Rivalität, im Gegenteil, wir waren innigst befreundet bis zu ihrem zu frühen Tod.

Neid oder Mißgunst habe ich, solange ich in Deutschland spielte, und es waren immerhin zehn Jahre, nie zu spüren bekommen, ganz im Gegenteil, ich fühlte mich sicher, geborgen und beliebt.

Berlin von 1939 bis zur
Theatersperre am 1. September 1944

Horst Caspar war schon in Berlin, am Schillertheater, Direktion Heinrich George. Berlin war die Metropole des Theaters. Ich hatte in Berlin, im Tauentzien-Palastkino Premiere von dem Film „Fasching", und ich sollte mich verneigen. Der Film gefiel sehr, er war sehr lustig. Er wurde deshalb nach drei Tagen abgesetzt; der Krieg war erklärt worden. Karl-Heinz Martin war auch ein echter Freund; ein großer Regisseur, auch an den Münchner Kammerspielen. Ich hatte ihm erzählt, daß ich eventuell nach Berlin gehen möchte, weil doch Horst jetzt dort sei.

Ich wohnte während der drei Tage meines Berliner Aufenthaltes bei einer Kollegin, Moje Forbach. Plötzlich ging das Telephon. Für mich: „Hier Klöpfer!" Ich lachte nur und hing ein. Wie sollte mich der große Eugen Klöpfer anrufen, der bekannte Schauspieler und Intendant der Volksbühne? Der Anruf wiederholte sich dreimal. Ich dachte, jemand erlaube sich einen Scherz mit mir. Erst als er sagte, daß Karl-Heinz Martin ihm erzählt hätte, ich würde gerne nach Berlin kommen, begriff ich. Wir vereinbarten einen Termin; es handelte sich um die Blandine in dem Stück „Der Diener zweier Herren" von Carlo Goldoni, mit René Deltgen als Truffaldino in der männlichen Hauptrolle. Ich war begeistert, fuhr nach München zurück und reichte um Urlaub für das Stück ein. René Deltgen spielte große Rollen auch im Film und war Ensemblemitglied an der Berliner Volksbühne, wie auch Liselotte Schreiner, Franz Schafheitlin, Lina Carstens, Ludwig Linkmann, Joachim Gottschalk. Es war ein wunderbares Ensemble.

Heinz Dietrich Kenter war der Regisseur der Aufführung, Willi Schmidt machte die Bühnenbilder und die Kostüme. Wir spielten in einer kleinen Bühne auf der Bühne, im Guckkasten. Kenter war auf alle meine Vorschläge eingegangen. Jeder Auftritt von mir war ein Tänzchen, von einer Melodie

43 Berlin 1940

Zeichnung: Inge Drexler-Hansmann

Joachim Gottschalk, Martina v. Dittmar, Gusti Wolf, René Deltgen und Anneliese Uhlig

44 BZ am Mittag, Berlin, 17. 1. 1941

begleitet. Nur das von Willi Schmidt entworfene Kostüm, lang bis zu den Knöcheln, paßte nicht mehr. Ich ließ es abschneiden bis zu den Knien und mit bunten Bändern rundherum benähen, so daß es einen Harlekincharakter bekam.

Willi Schmidt machte mir einen großen Krach deshalb; er hatte sich auch keine Probe angesehen, das war sein Fehler. Ich hatte später noch öfter Kostümprobleme mit ihm, konnte mich aber immer behaupten, und wir wurden sehr gute Freunde. Eugen Klöpfer bot mir nach dem Erfolg von „Der Diener zweier Herren" einen Fünfjahresvertrag an; auch das Volkstheater in Wien, damals unter der Direktion Paul Barnay, trat an mich heran. Ich blieb an der Volksbühne, ohne die leiseste Ahnung, was dies bedeuten könnte, nachdem der Krieg ausgebrochen war; für mich war die Nähe zu Horst das Wichtigste.

Diese ahnungslose Harmlosigkeit, dumme Gutgläubigkeit meinerseits ist mir heute unbegreiflich. Damals zogen schon viele Österreicher aus Deutschland nach Wien zurück, so auch Richard Billinger, mit dem meine Freundin

45 Blandine, mit René Deltgen als Truffaldino, in „Der Diener
zweier Herren" von C. Goldoni, Volksbühne, Berlin, 17. 1. 1941

Melanie Horeschovsky und Käthe Gold innigst befreundet waren. Alle drei
waren große Antiquitätensammler. Auch mich hatte diese Leidenschaft erfaßt, geprägt durch mein Leben im Haus Harta, wo sich mein Blick für Echtheit und Schönheit gebildet hatte. Damals war ich schon so klug und
wünschte mir zum Geburtstag oder zu Weihnachten, zu den jeweiligen Ge-
legenheiten immer eine Zeichnung oder ein Aquarell von Harta. Bescheiden
war das gerade nicht, aber so entstand meine heutige Graphiksammlung, auf

die ich sehr stolz bin. Sammeln ist eine wunderschöne Leidenschaft und bereichert das Leben, besonders wenn es um künstlerische Dinge geht.

46 … so hat meine Graphiksammlung begonnen …

Richard Billinger zog mit all seinen schönen Sachen nach Wien, und seine Wohnung in der Erdener Straße 8, im Grunewald, wurde frei. Melanie verschaffte sie mir; vielleicht war das auch ein Grund, daß ich in Berlin bleiben wollte.

Ich schloß mit der Volksbühne den Fünfjahresvertrag ab, mit einer Urlaubsklausel für Film und Gastspiele. Die Wohnung war ein ausgebautes Dachgeschoß in einer Villa; sie hatte vier Zimmer und war ursprünglich von den Autoren des S. Fischer-Verlages während ihres Berlin-Aufenthaltes benützt worden; einer der letzten Bewohner soll Gerhart Hauptmann gewesen sein.

Die Villa Erdener Straße 8 hatte einst dem großen Verleger Samuel Fischer gehört und war jahrelang das literarische Zentrum Berlins. Seine Tochter Brigitte Fischer, die später den Berman-Fischer-Verlag mit ihrem Mann Gottfried Bermann gründete, schrieb nach ihrer Rückkehr aus der Emigration ein bezauberndes Buch „Was aus meinem Poesiealbum wurde". In dieses Poesiealbum hatten sich alle Schriftsteller, die im Hause S. Fischer verkehrten, eingetragen; um nur einige zu nennen: Carl Zuckmayer, Gerhart Hauptmann, Hugo von Hofmannsthal, Arthur Schnitzler, Peter Altenberg, Thomas Mann, sein Bruder Heinrich Mann. So erfuhr ich erst, in welch berühmtes Haus ich damals eingezogen war. Viel später, schon am Burgtheater, erzählte mir Carl Zuckmayer bei den Proben zu seinem Stück „Des Teufels General", man hätte ihm erzählt, daß das Haus Samuel Fischers in der Erdener Straße 8 von den Flammen rundherum nur verschont geblieben wäre, weil jemand die Totenmaske von Samuel Fischer in das Dachgebälk gehängt hätte. „Ja, das stimmt", sagte ich, „das war ich."

Mit meinem gesparten Geld richtete ich die Wohnung ein. In München, auf der Dult, konnte man die schönsten Dinge für verhältnismäßig wenig Geld finden, wenn man, so wie ich, geübt im Stierln war. Ein geschnitzter Alpacher Schrank war so ein Fundstück; meinen großen Wunsch, eine Bauernküche, konnte ich mir erfüllen. Es machte viel Freude, das Suchen und Finden, manches war schwer zu bekommen, zum Beispiel ein Kochherd: Eine Küche war in der Wohnung nicht eingebaut, denn die großen Autoren kochten nicht. So mußte ich mich mit einer einzigen elektrischen Kochplatte abfinden, da kein Starkstrom eingeleitet worden war.

Mein zweites Stück an der Volksbühne war „Die Schmetterlingsschlacht" von Hermann Sudermann, wieder mit René Deltgen in der männlichen Hauptrolle, ich spielte die wunderbare Rolle der Rosi; Premiere war am 23. April 1941. Es war ein großer Erfolg. Wir wurden, da Deltgen Luxemburger war, eingeladen, das Stück auch dort als Gastspiel aufzuführen.

47 Roserl in „Die Schmetterlingsschlacht" von H. Sudermann,
Theater in der Saarlandstraße, Berlin, 23. 4. 1941

48 s'Regerl in „Der Hochtourist" von M. Neal, Theater in der Saarlandstraße, Berlin, 16. 3. 1942

49 Eva, mit Hans Quest als Gustav Heink, in „Das Prinzip" von H. Bahr, Theater in der Saarlandstraße, Berlin, 18. 11. 1941

René Deltgen war ein großartiger Koch und Wirtschafter; auf der Busfahrt nach Luxemburg blieben wir überall stehen, wo Töpfe und Hausratsdinge zu kaufen waren, denn in Berlin herrschte schon großer Mangel. Die Aufführung war ein großer Erfolg, aber René kam bei der Presse schlecht davon; die Politik griff immer mehr in unser Leben ein. Man nahm ihm übel, daß er in Deutschland lebte, dort ein großer Star war. So erntete ich den Haupterfolg, und bei dem anschließenden Dinner durfte ich einen Wunsch äußern: Ich wünschte mir einen Besen. Das war natürlich eine große Gaudi, aber es war auch mein Ernst, ich konnte nirgends einen finden. Am nächsten Morgen stand ein Prachtstück vor meiner Hoteltüre, ein Besen, wie ich ihn noch nie gesehen hatte, dunkelrot lackiert mit echten langen Borsten. Ich freute mich sehr über den geglückten Spaß. Auch einen ganzen Schinken brachten wir von der Reise mit nach Hause. René sagte: „Gebt mir das Schinkenbein, ich koch euch eine tolle Erbsensuppe." Als Ludi Linkmann und ich nach der Probe zum Essen kamen, mußten wir einen komischen bitteren Geschmack feststellen. Auf unsere Frage, wieso dieser bittere Geschmack, sagte René nur: „Da war im Garten so eine hübsche Blume, ich dachte, die kann nur gut schmecken, und hab' sie mitgekocht."

René Deltgen, Ludwig Linkmann, mit dem ich später auch bei Gründgens spielte, Liselotte Schreiner, Werner Hinz und seine Frau Ehmi Bessel, Karl-Heinz Martin, Oberspielleiter der Volksbühne, wurden meine engsten Freunde. Wir wohnten nicht allzuweit voneinander, was bei den Berliner Entfernungen sehr wichtig ist.

Ich spielte fast in jedem Stück. Zur Volksbühne gehörte auch das Theater in der Saarlandstraße, das spätere Hebbel-Theater. Während eine Vorstellung einen Monat auf dem Spielplan stand, wurde das nächste Stück vormittags probiert. Die Anfahrt vom Grunewald mit der S-Bahn bis zur Volksbühne in Berlin-Mitte dauerte fast eine ganze Stunde, zum Saarlandtheater war es mit der U-Bahn ein bißchen kürzer. Ich lernte meine Texte fast nur während der Fahrten. Später, während der Verdunklung, wurde auch das schwieriger.

Mein nächstes Stück war „Das Prinzip" von Hermann Bahr, die Premiere war für den 18. November 1941 angesetzt.

Am 6. November 1941 passierte das Entsetzlichste, das ich nie vergessen kann. Unser Kollege Joachim Gottschalk kam nicht zur Probe. Man bat René Deltgen, der in seiner Nähe wohnte, nachzusehen. Nachdem niemand öffnete, stieg René, Schlimmes ahnend, durch die Oberlichte in die Wohnung ein. Joachim Gottschalk war mit Frau und Sohn in den Tod gegangen. Niemand hatte geahnt, was in dem zauberhaften großen Schauspieler vorgegangen war, Gottschalk mußte Entsetzliches durchgestanden haben. Seine heißgeliebte Frau, Meta Gottschalk, war Jüdin.

Den Juden waren die Geschäfte weggenommen worden und die Bankkonten gesperrt, sie durften kein Telephon, kein Radio haben. An den Eingängen der Restaurants stand: Juden unerwünscht! Es läuft einem beim Beschreiben dieser Zeit noch heute die Gänsehaut über den Rücken. Man hatte Joachim Gottschalk von vielen Seiten geraten, sich scheiden zu lassen, aber er wußte, daß dann seine Frau und sein Sohn vogelfrei gewesen wären.

Es war für die ganze Künstlerschaft ein furchtbares Erlebnis. Goebbels ließ in allen Theater- und Filmateliers verbreiten, es wäre unerwünscht, an Gottschalks Beerdigung teilzunehmen. Es sollen auch hinter den Büschen Gestapoleute gestanden und photographiert haben, wer gekommen war.

Die Zeiten wurden immer schlimmer und gefährlicher, man konnte kaum jemandem trauen. Im Haus Erdener Straße 8 wohnte außer mir nur noch ein Hausmeisterehepaar Müller. Mein Instinkt hat mich noch nie getäuscht, und ich fühlte mich vor ihnen nicht ganz sicher. Es war klar, daß man nachts heimlich den englischen Sender hörte; aber auch unter befreundeten Kollegen nahm man sich kein Blatt vor den Mund. Ich kannte nicht einen einzigen Nazikollegen, was allein schon verdächtig sein konnte, und viele Freunde verkehrten in meiner Wohnung.

So kam einmal Ferdinand Marian aufgeregt zum Tee und erzählte uns, er wäre in der Reichsfilmkammer vorgeladen gewesen und man hätte ihm gesagt, er solle den Jud Süß in dem gleichnamigen Film spielen; danach bekäme er drei sympathische Rollen. Marian war ein großer, einmaliger Schauspieler am Deutschen Theater, übrigens auch Wiener; zu dieser Zeit spielte er gerade den Jago in der in die Theatergeschichte eingegangene „Othello"-Aufführung mit Ewald Balser in der Titelrolle, Regie Erich Engel. Wir alle, und es waren einige Freunde da zum Tee, verstanden seine Ängste, wußten aber keinen Rat. Absagen war ausgeschlossen; wenn das nach dem Krieg auch kaum einer glauben wollte, man hätte sofort Auftrittsverbot bekommen und wäre an die Front geschickt worden. Marian sagte: „Der einzige Ausweg ist, ich spiele den Jud Süß so freundlich, so sympathisch, als ich nur kann." Ich habe den Film damals nicht gesehen, man sah sich diese Art Filme freiwillig nicht an. Erst viel später, nach dem Krieg, nahmen mich Haeusserman und Zuckmayer in eine Sondervorführung mit, und ich war zutiefst betroffen. Diese Liebenswürdigkeit, die Marian in die Rolle eingebracht hatte, kehrte sich um und machte die Figur noch scheußlicher, als sie vielleicht hätte sein müssen. Zum Unterschied von Werner Krauss, der in dem Film fünf kleine verschiedene Juden-Rollen spielte; man wußte von ihm, daß er nicht gerade ein Freund der Juden war, man konnte über seine Figuren lachen und wurde nicht abgestoßen.

Alles, was Marian befürchtet hatte, war nach dem Krieg eingetreten, er mußte sich vor der Entnazifizierungskommission rechtfertigen. Man weiß nicht, ob es ein Autounfall war oder ob er in seiner Verzweiflung freiwillig seinen Tod gesucht hat. Ein ungeheurer Verlust für die ganze Theaterwelt.

Tournee durch Holland

Auch die UFA machte Wehrmachtsbetreuung und bot mir eine Tournee mit dem Zweipersonenstück „Karl III. und Anna von Österreich" durch Holland an; mein Partner war der junge Filmschauspieler Heinz Engelmann. Zur selben Zeit ging auch ein Kabarettprogramm mit uns mit. Die Hauptattraktion war die durch den Film sehr bekannte und entzückende Rotraut Richter.

Nachdem ich wußte, daß ich mit diesem Stück Erfolg haben kann, es für eine Tournee sehr geeignet ist – ein Zimmer, ein Partner, einfacher geht's gar nicht – und ich auch gerne Holland kennenlernen wollte, nahm ich an. Man fragte mich, nachdem ich schon mit diesem Stück gastieren war und es doch genau kannte, ob ich nicht auch die Regie übernehmen könne. Das war für mich eine erste, aber auch reizvolle Herausforderung.

Es wurde uns eine Reiseleiterin zugeteilt, ihr 15jähriger Sohn sollte der Requisiteur sein. Natürlich hatte der Kleine keine Ahnung und mußte erst von mir angelernt werden, aber auch Heinz Engelmann, der schon zwei oder drei Filme mit Erfolg gespielt hatte, stellte sich bei den Proben hilflos an, wußte nichts von den einfachsten Theatergesetzen. Ich kam mir vor wie die Lehrerin in einer Theaterschule. Als er meine heimliche Skepsis merkte, gestand er mir, daß er noch nie auf einer Bühne gestanden sei, eigentlich Autoverkäufer gewesen war, als man ihn für den Film entdeckt hatte. Ich fiel aus allen Wolken. Es blieb nichts anderes übrig, als Tag und Nacht im Zimmer seiner Pension, wo er wohnte, zu arbeiten; besonders schwer fiel es ihm, still zu sitzen und mir zuzuhören, während ich mein dreistrophiges Lied zu singen hatte. Das ist auch wirklich schwer, zuhören und nichts tun; aber mit seinem Drängen, zwei Strophen wegzulassen, konnte er bei mir nichts erreichen.

Es war mühsam, und trotzdem machte es auch wieder Spaß; man wird sich über Wirkungen und Selbstverständlichkeiten klar, die man sonst gar nicht beachtet, man erfaßt plötzlich, wie schwer doch Theatermachen ist. Es war für mich eine höchst interessante Herausforderung. Mein Einsatz und sein guter Wille schafften es dann doch. Bei der ersten Vorstellung ging am Ende ein ungeheures Pfeifen und Gejohle los, und ich war zu Tode erschrocken, denn für mich war das neu. Ich wußte nicht, daß es Applaus, Fröhlichkeit und Freude bedeutete. Für die Soldaten waren wir eine schöne Abwechslung.

Aber die holländische Bevölkerung spottete hinter uns her, wenn wir mit einer Tüte vom Zuckerbäcker kamen oder sonst etwas Eingekauftes trugen. Man fiel auf; es gab auch so viel zu kaufen, ich werde die Butterkekse nie vergessen, nur der Demel in Wien hatte viele Jahre später ähnliche anzubieten. Ich schickte jeden Tag Feldpostpäckchen davon zu meinen Eltern. Es gab fast noch alles: Kaffee, Schokolade, herrlichen Eierlikör, der allein eine Mahlzeit ersetzen konnte, denn es gab ihn auch mit wenig Alkohol, Sardinen, Honig, alles, alles, wie im Schlaraffenland. Wer konnte da widerstehen! Als wir uns in Eindhoven alle wieder trafen und unsere Schätze in den großen Autobus verstauen wollten, bog er sich unter dem großen Gewicht rückwärts nach unten, und man konnte die Türen nicht mehr schließen. Die Bewohner des Ortes standen um uns herum und lachten höhnisch über die vielen Dinge, die wir mitnahmen.

Rotraut Richter zum Beispiel hatte sich einen wunderschönen Ohrenfauteuil gekauft, die meisten, so wie ich, Kisten voller Konserven. Es blieb nichts anderes übrig, als eine Wäscheleine zu kaufen und von Tür zu Tür den Bus zu verschnüren. Die Kiste mit den Konserven schickte ich damals von der Grenze schon nach Österreich als eiserne Reserve zu meinem Onkel und zu meiner Tante Hedwig Eulenhaupt, die eine Dienstwohnung im Bahnhof in Rekawinkel hatten. Rekawinkel ist ein kleiner Ort an der Westbahn. Da wird nie eine Bombe hinkommen, dachte ich; daß ein Tunnel ganz in der Nähe ist und auch eine Gefahr bedeuten könnte, das wäre mir nie eingefallen.

„Winterballade" von Gerhart Hauptmann „Die kluge Wienerin" von Friedrich Schreyvogl

Karl-Heinz Martin war wie ein väterlicher Freund zu mir, ich konnte mich mit ihm über alles unterhalten. Er machte mich auch mit seinen Freunden, dem einzigartigen Arzt Hans Oskar Schäfer und seiner Familie bekannt. Dr. Schäfer war nicht nur ein hervorragender Arzt, vor allem war er ein unglaublich hilfsbereiter und mutiger Mann. Er liebte das Theater und seine Schauspieler. Viele Kollegen verdankten ihm, daß sie nicht an die Front oder zum Arbeitsdienst mußten, ihm fiel immer ein Rat ein, und er setzte ihn in die Tat um. Mich nahm man liebevoll auf, und bald war ich wie ihr viertes Kind neben ihren drei Söhnen. Viele große Schauspieler, auch von anderen Bühnen, traf ich in ihrem Haus, und es waren immer hochinteressante Gespräche, Diskussionen ohne Angst und Scheu, über Gott und die Welt.

Ich hatte wenig freie Zeit; abends Vorstellung und vormittags Probe, dazu die langen Fahrten, aber ich ging ganz darin auf. Es war mein Leben. Meine Rollen waren schön und vor allem sehr vielseitig, genau was ich mir wünschte. Ein Stück war „Die Zirkuskomödie"; Werner Hinz und ich spielten ein

50 Elsalil in „Winterballade" von G. Hauptmann,
Volksbühne, Berlin, 18. 1. 1942

Hochtrapez-Paar, unser Freund Ludi Linkmann war der traurige Clown. Ganz oben, auf dem Trapez, hatte ich ein Lied zu singen. Als ich aus meinen Höhen herunterkam, sagte der Regisseur Willi Hanke zu mir: „Sie haben sich eine wunderschöne Rolle jetzt erspielt." Auf meine Frage, wieso, erzählte er mir, Klöpfer hätte im Zuschauerraum gesessen und gesagt: „Ich suche in ganz Berlin nach einer Elsalil und habe die Beste für diese Rolle ja im Haus."

Es handelte sich um das Stück von Gerhart Hauptmann „Die Winterballade". Karl-Heinz Martin sollte Regie führen. Ich hatte noch nie mit ihm gearbeitet und freute mich sehr, denn er war ein ganz bedeutender Regisseur. Nachmittags kam er bei mir vorbei, was er öfter tat, und das erste war: „Du sollst ja die Elsalil spielen, wie wirst du das machen?" Ich: „Das wirst du mir schon sagen." Er: „Na, denk dir halt was aus, lispeln oder stottern." Es sollte wohl ein Witz sein, aber ich war nur empört und enttäuscht.

Voll Zorn ging ich am nächsten Tag zur Probe, auch noch geschwächt durch eine schwere Zahnbehandlung in aller Früh. Aus dieser nervlichen Anspannung fielen mir unglaublich schöne Dinge zur Gestaltung der Figur ein. Das ist auch eines der merkwürdigen Geheimnisse am Theater. Man denkt: Heute geht es aus Erschöpfung oder aus Kummer nicht und das wird oft die beste Vorstellung.

Es wurde eine wunderbare Probenzeit, ein herrliches Stück, eine großartige Besetzung und dann ein riesiger Erfolg. Geheimnisse am Theater, darüber könnte man ganze Artikel schreiben. Als Elsalil hatte ich in einer Szene ganz oben auf einer Stiege zu stehen. Ich hatte im Stück die Stimme verloren, als ich zusehen mußte, wie Sir Archie meine Milchschwester Berghild umgebracht hatte. Ich sah ihr zum Verwechseln ähnlich und verfolgte den Mörder Sir Archie, Werner Hinz, wie sein schlechtes Gewissen, bis er den Verstand verlor. Plötzlich schrie ich auf und stürzte mich die lange Stiege hinunter. Natürlich war ich am ganzen Körper voller blauer Flecke, aber nach einigen Vorstellungen – wir spielten immer einen Monat lang ein Stück – hatte ich keine mehr. Der Körper spielte anscheinend mit. Ich liebte diese Rolle, und auch die Presse war wunderbar.

In einem großartigen Buch über das Berliner Theater aus dieser Zeit stand ein langer Artikel über die Vorstellung, und die Elsalil wurde ganz besonders gelobt. Ich freute mich sehr, aber es stand nicht Gusti Wolf, sondern Gusti Huber als Elsalil.

Nach dem Film „Die unentschuldigte Stunde", bei dem die Reklame auf den beiden Gustis aufgebaut war, wurden unsere Namen häufig verwechselt. So steht in einem schönen Buch über die Wiener Philharmoniker, ich hätte mit Paul Hörbiger die Papagena gesungen; es war aber Gusti Huber. Gusti Huber ging nach dem Krieg nach Amerika. Ihre Vakanz am Burgtheater wurde frei, und dadurch konnte man mich engagieren. In Amerika spielte sie in dem Film „Anne Frank" die Mutter und war, wie immer, großartig. Das war das letzte Mal, daß ich sie gesehen habe.

Während ich abends die herrliche Rolle der Elsalil in der „Winterballade" spielte, das war im Jahr 1942, probierte ich vormittags die nächste Rolle in dem Stück „Die kluge Wienerin" von Friedrich Schreyvogl die Hauptrolle, die Dasvina hieß; Wilhelm Borchert, Ehmi Bessel und Carl Kuhlmann waren meine Partner. Kenter führte Regie.

Es war Februar, und es war sehr kalt, nirgends war genügend geheizt, denn Heizmittel waren in diesem Kriegswinter bereits spärlich. So war es auch keine Wunder, daß ich am Tag der Premiere mit hohem Fieber im Bad ohnmächtig wurde. In Berlin-Pankow lebte eine durch meine zweite Mutter angeheiratete Cousine Erna und ihr Mann Max Wienicke. In meiner Verzweiflung rief ich bei ihnen an, und Erna kam sofort zu mir. Als sie meinen Zustand sah, rief sie gleich bei Klöpfer an: Die Vorstellung könne unter keinen Umständen stattfinden. Ich lag weinend im Bett, unfähig, einen Entschluß zu fassen. Klöpfer war entsetzt und sagte nur: „Du mußt spielen. Der Arzt wird im Theater sein. Du wirst einen Riesenerfolg haben. Das Weinen kenn' ich schon bei euch Wienerinnen! Ich schick dir unser Auto."

Am Tag der Premiere war immer am Vormittag die öffentliche Generalprobe, es handelte sich daher um zwei Vorstellungen an einem Tag. Es fing an zu schneien und kein Auto kam. Die Zeit wurde immer kürzer. Ich nahm in meinem Zustand das alles gar nicht richtig wahr. Plötzlich kam ein Drei-rad-Lieferwagen ohne Dach mit vielen Decken, in die man mich einge-wickelt und zugedeckt hatte; so brachte man mich ins Theater. Das richtige Auto hatte unterwegs eine Panne gehabt, und der Lieferwagen war der ein-zige Ausweg. Im Theater bekam ich Spritzen und einen merkwürdigen Saft zu trinken.

In dieser Rolle hatte ich auch zum Teil nur ein ganz dünnes Hemdchen an, die Beine bis über die Knie wurden mit einem flüssigen Strumpf ange-strichen. Nylonstrümpfe kannte man noch nicht, und andere dünne Strümpfe gab es wegen des Krieges nicht mehr zu kaufen. Es war eine Art hellbraune Schminke.

Klöpfer brachte mir eine heiße Suppe ins Theater, und bei jedem Abgang von der Bühne stand er in der Kulisse mit einem ausgebreiteten Taschen-tuch. Das legte er mir über den Kopf, anscheinend damit ich mich nicht er-kälten sollte. Mir war so elend, daß ich nicht einmal darüber lachen konnte, so komisch es auch war. Auch die zweite Vorstellung, die eigentliche Premiere, ging vorbei; wie, weiß ich nicht mehr. Es war wirklich ein Riesen-erfolg, so daß wir dieses Stück gegen alle Gepflogenheit zwei Monate lang gespielt haben. Tagsüber lag ich im Bett, und abends brachte man mich ins Theater; trotz schwerer Lungenentzündung, wie Dr. Schäfer feststellte, ließ ich keine Vorstellung ausfallen.

Von den künstlichen Strümpfen bekam ich bald einen schlimmen Aus-schlag an den Beinen; aber da muß man eben die Zähne zusammenbeißen, und während des Spielens spürt man den Schmerz nicht. Auch das gehört zu den Geheimnissen des Theaters.

Nach dieser zweimonatigen Serie war ich ziemlich erschöpft, denn man darf die nächtlichen Luftangriffe nicht vergessen. Dr. Schäfer bestand dem Theater gegenüber darauf, daß ich vier Wochen Urlaub bekommen müsse. Er wüßte in Bad Gastein ein Hotel, das im Winter offen hätte und wo man gut verpflegt würde. Es war das Regina-Hotel neben der Bahn. Das Theater übernahm die Kosten, mir wäre eine Erhöhung der Gage lieber gewesen,

51 Dasvina, mit Carl Kuhlmann als Marc Aurel, in „Die kluge Wienerin" von F. Schreyvogl,
Volksbühne, Berlin, 15. 2. 1942

aber das war nicht möglich, denn es war damals schon Gagenstop. Man schlug mir vor, ein Spielgeld zu bewilligen von hundert Mark ab der hundertsten Vorstellung. Ich war selig und sagte so nebenbei, „… schön wär' es, wenn man das schon rückwirkend auf das vergangene Jahr ausdehnen könnte …", und zu meinem großen Erstaunen ging das Theater darauf ein. Da wurde mir erst richtig klar, was für einen Erfolg ich hatte.

52 Horlacherlies in „Der G'wissenswurm" von
L. Anzengruber, Theater in der Saarlandstraße, Berlin, 4. 2. 1943

Gastspiel in Warschau

Polen war besetzt, den Nachrichten im Rundfunk und in den Zeitungen konnte man nicht wirklich glauben, und ich war mit meinem Beruf vollkommen ausgefüllt. Ich war nur interessiert, mich in Kunst und Theater weiterzubilden, mich mit Menschen zu umgeben, von denen ich etwas lernen konnte. Politik lag mir fern; durch die Einblicke, die ich erlebt hatte, wollte ich auch nichts damit zu tun haben.

In Warschau sollten Theaterfesttage stattfinden. Ich bekam den Antrag, drei Tage als Nonne mit dem Stück „Der Lügner und die Nonne" von Curt Goetz in Warschau zu gastieren, eine Rolle, die mir besonders lag, die ich schon in München und auch in Bremen mit großem Erfolg gespielt hatte. Drei Tage Warschau war natürlich bei meiner großen Wißbegierde und Neugierde sehr verlockend. Ich sagte zu ohne die leiseste Ahnung, auf was ich mich eingelassen hatte.

Meine Bettnachbarin im Schlafwagen nach Warschau sagte nach der Begrüßung als erstes: „Hoffentlich kommen wir gut an. Gestern ist der Zug auf eine Mine aufgefahren." Der Schlaf war weg, sie erzählte mir dann noch viele grauenhafte Details, die zum Fürchten waren. Ihr Mann war anscheinend in Warschau ein hoher Offizier, sonst hätte sie ihn auch wahrscheinlich gar nicht besuchen dürfen.

Wir kamen gut an. Ich wurde von den deutschen Kollegen, die dort am Theater engagiert waren, abgeholt und zur Probe gebracht. Polnisches Theater und Oper gab es nicht mehr: später sah ich die entzückenden Ballettmädchen im Café den Kaffee servieren. Ich mußte mich ganz fest zusammennehmen, um mein Entsetzen und meine Gedanken nicht merken zu lassen. Ich äußerte den Wunsch, mir Warschau anzusehen. Man umringte mich, zur Vorsicht, und führte mich in die Altstadt. Die Eindrücke, die mich überfielen, waren erschütternd und ich weiß nicht, wie die Vorstellung zu Ende ging. Ich weiß nur noch, daß ich nach der Vorstellung zum Essen eingeladen war, aber keinen Bissen herunterbekommen konnte.

Ich wundere mich noch heute, wie ich als alleinstehende junge Frau durch alle diese Wirren davongekommen bin und sie überstanden habe.

Das Leben wurde immer schwieriger. Ich war oft so müde, daß ich bei Fliegeralarm gar nicht von meinem Dachgeschoß hinuntergegangen bin. Es hätte nicht viel genützt, denn wir hatten keinen Luftschutzkeller, nur ein ganz normales Untergeschoß, das voll Papier war, anscheinend Noten, denn nachdem Gottfried Bermann-Fischer emigriert war, ist der Verlag J. Oertel-Fürstner einzogen, der Richard Strauss verlegt hat; aber auch von denen war niemand mehr da.

Nur das Hausmeisterehepaar Müller wohnte im Souterrain. Ich bekam oft Feldpostpäckchen von Soldaten, besonders von einem sehr lieben Bekannten, Josef Arendts, der in Frankreich stationiert war und viel für mich getan hat. Einmal lag vor meiner Türe, in ein Leintuch eingewickelt, ein halbes Kalb; weil es schon ein bißchen roch, mußte ich es die ganze Nacht auf meiner einzigen Kochplatte einwecken. Um die vollen Gläser vor den Bomben sicherzustellen, stellte ich sie mit Müllers Erlaubnis ins Untergeschoß. Aber ich habe nie etwas davon bekommen. Als ich nach längerer Zeit ein Glas holen wollte, waren alle mit Rüben voll, aber kein Fleisch darin. Auch mit den in Kalk von mir eingelegten Eiern, die mir Soldaten geschickt hatten, ging es genauso. Die vollen Gurkengläser waren leer, als ich ein Ei holen wollte; dabei hatte ich Müllers immer beteiligt an meinen Geschenken. Ich habe mich nicht getraut, etwas zu sagen, denn mein politisches Gewissen war nicht das beste, und man war ihnen ausgeliefert.

Der Maler Willi Klier

Eines Tages traf ich zu meiner großen Überraschung den Maler und Freund von Hartas, Willi Klier, am Kurfürstendamm. Willi Klier war ein sehr guter, anerkannter Maler, Mitglied der Künstlervereinigung „Der Hagenbund" in Wien. Nach meiner überraschten Frage, wieso er in Berlin sei, erzählte er mir, er sei hier eingezogen, um die Bombenbrände zu löschen, und zeigte mir seine geschwollenen Hände. Er dürfe auch nicht malen, sein Großvater gefalle Hitler nicht. Willi Klier war ein sehr gefühlvoller Mensch, er kam aus Karlsbad in der Tschechoslowakei. Ich nahm ihn sofort auf und richtete ihm in meiner Wohnung eine Ecke zum Malen ein. Farben und Pinsel konnte ich durch das Theater besorgen, und vor allem machte ich ihn mit meinen Freunden, dem Arzt Hans Oskar Schäfer und dessen Familie, bekannt, die großen Gefallen an ihm fanden und ihn oft zum Essen einluden. Schäfers bekamen von den am Land lebenden Patienten eßbare Geschenke. Lebensmittel gab es nur noch wenig und nur auf Marken, und die waren selten, aber das Wichtigste in dieser Zeit.

Willi Klier malte ein wunderschönes Portrait von mir, daß er dann aus Dankbarkeit dem Ehepaar Schäfer schenkte; auch als Ophelia zeichnete er mich während der Pause in der Vorstellung. Das Bild hat einen Ehrenplatz in meiner Wohnung und wird viel bewundert.

Willi Klier ging nach Kriegsende zurück in die Tschechoslowakei zu seiner alten Mutter und zu seiner Schwester. Er mußte aber sehr bald von dort wieder als Sudetendeutscher fliehen. Er führte dann ein kümmerliches Leben in Chieming am Chiemsee. Man erzählte mir, um leben zu können, hätte er den Bauern die Zäune angestrichen. Er konnte in seinem Beruf nicht mehr Fuß fassen; er war gebrochen.

Bevor ich endgültig nach Berlin übersiedelte war und meinen Fünfjahresvertrag an der Volksbühne angetreten hatte, drehte ich noch einen Film: „Falstaff in Wien" mit Wolf Albach-Retty, Hans Nielsen und mit

53 Ophelia in „Hamlet" von W. Shakespeare, Volksbühne, Berlin, 29. 8. 1943,
Zeichnung von Willi Klier

Aribert Wäscher als Falstaff. Es war eine musikalische Komödie rund um den Komponisten Otto Nicolai, Regie: Leopold Hainisch.

Dann folgte noch der Film „Herz geht vor Anker", Regie Joe Stöckel, mit einer schönen Rolle. Danach kamen wohl ab und zu Anfragen an mich, ob ich frei wäre, ob ich könnte, ob ich Lust hätte usw., aber es kam nie zu einer näheren Verhandlung. So vergingen drei Jahre. Ich kümmerte mich nicht viel darum, denn ich war mit meinen Aufgaben zufrieden und ausgefüllt, bis ich plötzlich angerufen wurde, und zwar aus einem Büro der TOBIS-Film: Man wünsche, ich solle Probeaufnahmen machen. Ich konnte mir dabei nichts denken und lehnte mit zuviel Arbeit oder Krankheit einfach ab, aber immer wieder trat man mit diesem merkwürdigen Ansinnen an mich heran und behauptete: Der Minister wünsche es. Dieser Spruch war allerdings bekannt in der Branche und wurde immer angewendet, wenn man etwas erreichen wollte. Ich nahm daher auch dies nicht wirklich ernst.

Als man mich wieder bedrängte, ich solle Probeaufnahmen machen, der Minister wünsche es, war meine Antwort: „Ja, aber was wünscht er denn? Ich bin photogen, das hätte ich in meinen vielen Filmen bewiesen, und daß ich etwas kann, das könnte man jeden Abend in der Volksbühne beurteilen. Ich kann mir nicht erklären, was ich machen soll." Ich dachte, nach dieser klaren Antwort von mir würde ich Ruhe haben, denn ich verstand wirklich nicht, was das Ganze zu bedeuten hatte. Am nächsten Tag, es ist kaum zu glauben, wurde ich gebeten, bei Minister Goebbels im Propagandaministerium zu erscheinen. Das war ein furchtbarer Schreck. Ich nahm all meinen Mut und meine Kraft zusammen und marschierte hin. Er kam mir mit ausgebreiteten Armen in seinem riesigen Büro entgegen, fragte mich, wie es mir ginge, erinnerte sich an meinen Film „Fasching", als er das Atelier besucht hatte. Ich war auch sehr freundlich, aber innerlich eiskalt, wie es immer ist, wenn Gefahr besteht. Ich erzählte, daß ich nun seit Jahren in Berlin sei, herrliche Rollen mit Erfolg spiele, aber keine Filmfirma sei mehr an mich herangetreten, und nun auf einmal verlange man von mir, ich solle Probeaufnahmen machen, und man sagt, Sie Herr Minister, wünschten das!

54 In einer Drehpause mit Winnie Markus in dem Film
„Herz geht vor Anker“, 1941

Ich war ganz stolz auf mich, daß ich diesen Mut aufgebracht hatte, denn ich dachte immer noch, es sei nur eine Schikane gegen mich. Umso erstaunter war ich, als er antwortete: „Ja, ich wünsche das!“ Aber was soll ich machen, war meine Frage. Er darauf: „Die Figuren, die Sie gespielt haben, die Enfants terribles, die Sie gespielt haben, gibt es nicht mehr im Deutschen Reich. Zeigen Sie uns in einem kurzen Film, was Sie als richtige Beschäftigung für sich halten.“ Er fügte noch hinzu: „Sehen Sie, ich war unlängst in einem Atelier, und ein berühmter Schauspieler konnte zum Beispiel keinen Frack tragen.“ Viel konnte ich mit dieser Erklärung auch nicht anfangen. Er sagte noch: „Es ist eine große Chance, die ich Ihnen gebe. Sie können sich den besten Regisseur und Kameramann aussuchen.“

Ich wünschte mir natürlich einen der ersten, ich wünschte mir Wolfgang Liebeneiner und den Kameramann Friedl Bengrund. Aber es kam alles anders. Im Büro der TOBIS, das für diese Dinge zuständig war, bot man mir Drehbücher von der Kristina Söderbaum und Ilse Werner an; die ich natürlich ablehnen mußte mit der Begründung, daß ich annehme, daß doch beide Schauspielerinnen die optimale Besetzung seien. Ich erklärte: „Ich werde mir selber ein Drehbuch schreiben." Das jagte den Herren einen gehörigen Schreck ein, denn sie fürchteten, ich würde meine Situation beschreiben. Bei dieser Gelegenheit erfuhr ich auch den wahren Grund der Angelegenheit. Man sagte mir, wenn man meinen Namen bei einer Besetzung eines Filmes nannte, spräche man gegen Watte. Bei jeder Besetzung eines Filmes mußten drei Namen genannt werden; mit anderen Worten, ich war tatsächlich verboten, wie auch manche andere Kolleginnen. Jetzt wollte man uns wieder aufnehmen und arbeiten lassen.

Als ich meinen lieben väterlichen Freund Karl-Heinz Martin bat: „Dreh doch du mit mir den kleinen Film", gab er mir nur die Antwort: „Bist du wahnsinnig, ich bin selbst verboten." So war es, man sprach nicht darüber, aus Angst, man könnte auch im Theater Schwierigkeiten bekommen.

Jetzt blieb mir nichts anderes übrig, als in den sauren Apfel zu beißen, das Drehbuch zu schreiben und den kleinen Film zu machen. Ich ließ mir aber Zeit, denn der Krieg war fortgeschritten, man hoffte nur, daß bald alles zu Ende sein würde. In Berlin wurde schon lange nicht mehr gefilmt, die Ateliers waren zerbombt, und alles war nach Prag verlagert worden.

Da die Äußerlichkeiten anscheinend in dem Film von Bedeutung sein sollten, fing ich so mein Drehbuch an:

1. Szene

Ich stehe in einem großen Abendkleid mit Abendfrisur vor meinen Gästen, während einer Party in meiner Wohnung. Ein Freund fragt mich: „Wie kamst du eigentlich zum Theater?" Ich erzähle von dem jungen Mann im Zug nach Salzburg.

115

Eingeblendete 2. Szene
Im Zug beim Fenster, ich als junges, einfaches Mädchen mit dem jungen Mann im Gespräch über Theater.

3. Szene
Ich verneige mich vor dem Publikum, im Theater, auf der Bühne, in einem entzückendem Biedermeierkostüm mit der passenden Frisur, nach Schluß einer Vorstellung, auch der junge Mann steht unten zwischen den Menschen und applaudiert mir.

4. Szene
Ich erzähle, wieder in meiner Wohnung, daß es mir am meisten Freude macht, wenn ich verschiedene Rollen spielen kann.

5. Szene eingeblendet
Szene aus dem „G'wissenswurm". Ich, als Bauerndirn, Butter stampfend und ein Lied singend.

6. Szene
Wieder in meiner Wohnung: Ich halte mir ein schönes Bild aus „Die kluge Wienerin" vor die Brust, so daß man man meinen eleganten, modernen Kopf sieht und darunter mich im Kostüm und in der Aufmachung als „Die kluge Wienerin".

So waren es sechs verschiedene Vorschläge, aber ich habe nie etwas über diesen sogenannten kleinen Probefilm erfahren. Natürlich hat auch nicht Wolfgang Liebeneiner ihn gedreht; sondern der Regisseur Arthur Rabenalt und ein mir unbekannter Kameramann waren mir zugeteilt worden. Mich interessierte die ganze Sache gar nicht weiter, unser Leben war schon so chaotisch – man dachte nur noch: wie kann ich etwas retten, wie kann ich überstehen. Doch als ich wieder nach einem nächtlichen Angriff verzweifelt in meiner Wohnung stand, rief von unter ein Mann herauf: „Wohnt hier eine Gusti Wolf? Es ist ein Telegramm für Sie da!" Es kam mir wie ein Wunder vor. „Bitte warten Sie, vielleicht können Sie eine Antwort zur Post mitnehmen." Es war eine Anfrage des Regisseur Viktor Tourjansky, ob ich frei sei und den Film „Orientexpress" in München drehen könnte. Meine Antwort: „Komme sofort. Bin ausgebombt." Ich kann niemandem beschreiben, wie glücklich ich war, Berlin für kurze Zeit verlassen zu können.

Am 20. März 1943 war in der Volksbühne meine Premiere der Uraufführung „Minnifie" von Hans Hömberg, der auch Regie führte. Minnifie, die Hauptrolle, war ein einfaches reizendes Mädchen in einem Dorf. Durch Funde alter Aufzeichnungen stellt sich plötzlich heraus, daß sie die einzige richtige Nachfolgerin der ehemaligen Herrscher ist. Das verändert ihr Leben und auch ihren Charakter, sie wird eine herrschsüchtige Führerin. Die große Liebe zu ihrem bäuerlichen Freund geht zugrunde, das ist alles, was ich heute noch darüber in Erinnerung habe. Es war eine schwere Arbeit. Oft sehen Schriftsteller ihre Arbeit ganz anders als der Schauspieler, der die Rolle anschaulich machen muß, und so war es auch hier. Klöpfer übernahm dann die Regie; es wurde nur ein mittlerer Erfolg.

Meine nächste und meine letzte Rolle an der Berliner Volksbühne war die Ophelia; mit Werner Hinz als Hamlet, die wunderbare Liselotte Schreiner, meine beste Freundin später auch in Wien, war die Königin. Klöpfer führte Regie und Traugott Müller, damals der interessanteste Bühnenbildner der Staatstheater, machte die Bühne, allerdings nur aus schwarzen Vorhängen, kaum ein Möbelstück oder ein Requisit. Die ganzen letzten Jahre mußte man sich bei den Ausstattungen irrsinnig einschränken, was oft zum großen Vorteil wurde: Dadurch kam das Wort und damit der Schauspieler zu seiner besten Wirkung. Man legte in dieser Zeit, zum Unterschied von heute, ganz großen Wert auf die Sprache. Horst Caspars Stimme war wie ein Orchester, alle Gefühle, alle seelischen Empfindungen kamen durch die Stimme zum Ausdruck; Liselotte Schreiner, die die großen Heroinnen spielte und berühmt war wegen ihrer wunderbaren Stimme und Aussprache. Will Quadflieg ist einer der letzten aus dieser Epoche; auch Albin Skoda darf man nicht vergessen.

Trotz der fast täglichen Angriffe gingen die Menschen ins Theater, es gab an allen Theatern hervorragende Vorstellungen. Es war wie eine Betäubung, wie ein Vergessenwollen, das man gesucht hat.

Wehrmachtsbetreuung. Theatersperre

Auch ich ging, wenn es meine Zeit zuließ – Montag war immer spielfrei –, zu den Soldaten. Die Organisation „KdF", das hieß „Kraft durch Freude", veranstaltete diese Betreuung. Ich hatte ein paar Liedchen und Gedichte vorbereitet, und damit konnte ich ein bißchen Freude in den traurigen Alltag der Soldaten bringen.

Es war schon im Jahr 1944. Der Krieg und die Zerstörungen in Berlin waren furchtbar, man lebte nur noch von einem Tag zum anderen. Ich weiß nicht mehr genau, wo mein Auftritt sein sollte, ich weiß nur, es war außerhalb von Berlin. Wir wollten gerade die Vorstellung beginnen, da kam eine Meldung: Großangriff auf Berlin. Die Soldaten bekamen eine solche Meldung natürlich früher als die Bewohner. Wir waren in größter Aufregung und wollten gar nicht erst mit der Aufführung anfangen, der Leiter des Unternehmens bestand unbedingt darauf. Es kam zu einem richtigen Tumult, ein junger Kollege, der Frau und Kinder hatte, verlor die Nerven und ging mit einem Messer auf den Veranstalter los.

Alles war in dieser Zeit möglich, niemand hatte mehr seine Nerven in der Gewalt. Dieser junge Mann verließ einfach die Gruppe und ich mit ihm und noch ein paar andere. Als wir nach Berlin kamen, wie, weiß ich nicht mehr, brannte es überall. Es war einer der schlimmsten Angriffe gewesen. Am Zoo trennte man sich, und jeder ging in seine Richtung; ich war die einzige, die zum Grunewald mußte.

Es ist mir unmöglich, diese Nacht, eine meiner schlimmsten, zu schildern. Allein, mit meinem Koffer in der Hand, ging ich den Kurfürstendamm entlang, zwischen den zerstörten Häusern, von Brand zu Brand. Es fuhr keine U-Bahn, keine S-Bahn, keine Menschen waren zu sehen, anscheinend waren alle noch im Luftschutzkeller, ich weiß es nicht.

Eine unbeschreibliche, trostlose Einsamkeit erfüllte mich, nur die Brände erleuchteten den Weg. Es war unschilderbar, unheimlich, mit der Angst im

Herzen: Wird mein Haus noch stehen oder nicht, besonders an der Grenze zu Halensee, dort, wo der Grunewald beginnt, brannte in der finsteren Nacht jede zweite Villa. Im Licht der Brände konnte man gar nicht feststellen, ist der nächste Brand schon mein Haus oder nicht? So tappte ich mich wirklich mit der letzten Kraft von Haus zu Haus, bis ich völlig erschöpft in der Erdener Straße 8 ankam. Die Villa stand, alles war offen, die Haustüre war aufgerissen, die Treppe war voller Steine und Mauerreste, ich konnte mich in dem matten Licht der Feuer rundherum noch bis zu meiner Wohnung hochrappeln, und wie ich war, streifte ich mit meinem Arm, im Mantel, die Glasscherben und Trümmer von meiner Couch, schmiß mich drauf und weg war ich.

Ich weiß nicht, wie spät es war, als ich plötzlich von einem merkwürdigen, unheimlichen Geräusch wach wurde. Es klang wie hundert Tropfen, die an eine Fensterscheibe klopfen. Ich fürchtete mich. Ich war noch so benommen und konnte mir nichts erklären, bis ich die Wassertropfen auf meiner Nase spürte und merkte, daß ich völlig naß war, daß kein Dach über meinem Kopf war und es zu regnen begonnen hatte, wie es oft nach einem Angriff der Fall war. Langsam kam auch das Tageslicht, und da erst konnte ich die ganze Verwüstung feststellen.

Wie immer und überall kamen am frühen Morgen nach einem nächtlichen Angriff die Freunde und Nachbarn, um zu sehen, ob es etwas zum Helfen gäbe. In dieser Zeit war eine unglaubliche Hilfsbereitschaft und freundschaftliches Mitgefühl zwischen den Menschen. Bei mir stand plötzlich Kurt Meisel, er war der Lebensgefährte von Käthe Gold, die als Schweizerin Berlin schon längst verlassen hatte. Er erschrak vor mir, denn was ich nicht wußte, ich sah aus wie ein Rauchfangkehrer, schwarz vom Rauch und Ruß, durch den ich nachts gegangen war. Kurt Meisel, auch ein Wiener, ein lieber Freund von mir, und Melanie Horeschovsky waren an den Preußischen Staatstheatern engagiert.

Von ihm erfuhr ich, daß in dieser Nacht auch die Volksbühne getroffen worden war. Er stieg sofort auf das Dach über meiner Wohnung und fing an mit den Ziegeln, die er finden konnte, mein Dach zu decken. Leider hat es nur bis zur nächsten Luftmine gehalten, aber ich war dankbar. Kurt Meisel hat auch später noch vielen Menschen geholfen, so daß wir ihn mit gutem Recht den „Helden von Berlin" nannten.

Auch meine Cousine Erna und ihr Mann Max, er war bei der Straßenbahn beschäftigt, kamen aus Pankow und machten mir den Vorschlag, meine und ihre Möbel zusammen zu verlagern, da ich Anspruch auf einen Bombenschein hatte, ohne den man nichts aus Berlin hätte herausbringen dürfen. Sie wüßten in Pommern Freunde mit einem Gut in Altvalm, Kreis Neustettin, die unsere Sachen aufnehmen würden. Man dachte nur an die Gefahr der Bomben; damals hat niemand an die Russen gedacht, ich jedenfalls nicht und meine Verwandten Wienicke auch nicht. Sie boten mir an, den ganzen Transport zu organisieren, wenn ich nur den wichtigen Bombenschein besorgen würde. Es blieb mir gar keine andere Wahl, denn meine Wohnung war in einem unbeschreiblichen Zustand. Ich war froh, daß sie mir die meiste Arbeit abnahmen, denn ich mußte Anfang Juni 1944 nach Stuttgart, wo ich einen Gastspielvertrag für den Sommer, in meinen Ferien von der Volksbühne, an der Komödie am Marquardt hatte; wieder mit dem Stück „Der Lügner und die Nonne" und wieder mit Hannes Tannert, Intendant in Bremen von 1936 bis 1943, der schon seinerzeit mein Partner bei meinem Gastspiel im Schauspielhaus Bremen gewesen war.

Ich fing an einzupacken – alle meine schönsten Dinge, die ich mit viel Liebe und dem ersparten Geld erstanden hatte und noch kaum drei Jahre besaß: Meine Bauernküche, mein Schlafzimmer, ein großes Chippendalebett, der Alpacher Schrank, alle meine Bücher und Platten, eine Truhe, die mir meine Ziehschwester Eva Harta bei ihrem Münchner Besuch bemalt hatte und in der ich das Silber und das Porzellan verpackte, usw. usw. Es war schmerzlich, aber ich dachte doch nicht an „Nimmerwiedersehen", wie es dann gekommen ist. Nach dem Krieg wurde Pommern polnisch, die deutschen Besitzer des Gutes mußten fort und alles liegen- und stehenlassen. Ich habe nie mehr etwas von ihnen und von meinen Sachen gehört.

An Horst Caspar, den das Burgtheater nach Wien geholt hatte, wo er den Tasso und andere große Rollen bis zur Theatersperre am 1. September 1944 gespielt hat und der eine wunderschöne Wohnung gegenüber der Staatsoper bekommen hatte, schickte ich meinen bemalten Tiroler Reiterschrank. Für mich war es eine Verlagerung, und er konnte ihn gut gebrauchen.

Meinen großen Reisekoffer, angefüllt mit meinen Seidenvorhängen, mit Kleidern und Eau de Cologne, das mir Soldaten aus Frankreich geschickt hatten, und mit kleinen, geschnitzten Kostbarkeiten, sandte ich nach Reka-winkel zu meiner Tante.

Vor allem sagte Melanie: „Kannst mir Sachen in mein Haus nach Drei-stetten in Niederösterreich schicken." Auch das schien mir eine gute Lösung, immer nur die Bomben vor Augen. An sieben verschiedenen Plätzen habe ich mein Hab und Gut verlagert gehabt, aber nichts ist mir geblieben.

Ich selber konnte Berlin nicht verlassen, mein Vertrag an der Volksbühne ging weiter, da das kleine, zweite Haus, das Theater in der Saarlandstraße, noch stand; aber wer immer von meinen Freunden konnte, ging zurück nach Wien oder München. So konnte ich in Gundel Thormanns Wohnung, die frei wurde, vorübergehend einziehen. Stuttgart verlängerte des Erfolges wegen mein Gastspiel nach den Sommerferien nochmals um vierzehn Tage. Stuttgart war wie eine Oase, das Leben war dort noch erträglich. Ich wohnte in dem schönen Marquardt-Hotel und freute mich über jeden Tag, den ich von Berlin fortkonnte.

Ingolf Kuntze, ein Freund von Klöpfer und von der Volksbühne, war zu dieser Zeit Direktor am Deutschen Theater in Straßburg. Als er erfuhr, daß die Volksbühne nicht mehr bespielbar war – die ganze Bühne war zerbombt, nur der schöne Zuschauerraum, der ganz in Mahagoniholz getäfelt war, war noch unzerstört, er brannte wenig später aus –, machte Ingolf Kuntze mir und Lina Carstens ein Angebot, nach Straßburg zu kommen und auch dort mit „Der Lügner und die Nonne" und mit „Die Schmetterlingsschlacht" zu gastieren. In beiden Stücken spielte auch Lina Carstens; uns konnte nichts Besseres passieren. Vor allem konnte ich direkt nach den vierzehn Tagen

Stuttgart Straßburg anschließen. Es war herrlich. Aber es kam ganz anders. Als ich am Vortag meines Stuttgarter Termins den Zug in Berlin bestieg, erfuhr ich, daß dort nachts einer der schwersten Luftangriffe der letzten Zeit stattgefunden hatte. Ich mußte hin, ich hätte nie gewagt, meine Kollegen im Stich zu lassen, umso mehr als ich schon gewohnt war, nach noch so schweren Angriffen in Berlin Theater zu spielen. Ich war auf alles gefaßt, aber es kam noch viel schlimmer. Weit vor Stuttgart mußten wir den Zug verlassen, und es ging nur mit Bussen und Lastwagen weiter. Als wir in die Nähe der Stadt kamen, lag das meiste in Schutt und Asche, die Innenstadt war ausgelöscht, kein Theater, kein Hotel, nur Trümmer und Brände. Man sagte mir, daß ich die Schauspieler in einem kleinen Wirtshaus treffen könnte, dort gäbe es auch eine warme Suppe. Als ich das Lokal endlich fand, saßen wirklich ein paar Kollegen da. Sowie sie mich sahen, schlugen sie nur fassungslos die Hände über dem Kopf zusammen und schrieen fast: „Weg, weg, weg, du mußt weg! Es kommt ein neuer Angriff!" In der Königsallee stauten sich die Lastautos, voll mit Menschen, die alle aus der Stadt wollten. Es gab ein riesiges Geraufe und Stoßen, um einen Platz zu ergattern. Meine Kollegen hatten mich dahin geführt, packten mich plötzlich, schubsten mich auf eines dieser voll besetzten Autos hinauf und warfen mir den Koffer nach. Ich wußte gar nicht, wie mir geschah. Ich weiß auch heute nicht, wie ich von da wegkam, wo und wie ich in einen Zug nach Straßburg gekommen war. Mein Schutzengel?

Direktor Ingolf Kuntze in Straßburg nahm sich meiner liebevoll an. Ich hatte ein paar Tage, um mich zu erholen. Ich war in einer schönen Villa – natürlich war sie requiriert worden – mit einem wunderbaren Marmorbad untergebracht. Das war ein unbeschreiblicher Gegensatz. Lina Carstens war auch schon da, sie hatte Berlin für immer verlassen. Sie besaß in Gengenbach, das ist ein kleiner Ort zwischen Stuttgart und Straßburg, ein winziges Haus. Lina war eine wunderbare, sehr anerkannte Schauspielerin, wir verstanden uns sehr gut, hatten in vielen Stücken zusammengespielt, da kommt man sich sehr nah. Viel später traf ich sie am Staatstheater in München. Sie

55 Angela, mit Hannes Tannert als Charly/Kardinal, in „Der Lügner und die Nonne" von C. Goetz, Gastspiel in Bremen 1941, Stuttgart 1944

spielte eine schöne Rolle, und sie sagte zu mir: „Sag es niemand, aber ich bin schon 80." Ich fand das rührend, so sind Schauspieler oft.

Das Stück „Der Lügner und die Nonne" spielten wir noch, aber zur „Schmetterlingsschlacht" kam es nur bis zur Generalprobe; das war am 1. September 1944, als die Theater überall geschlossen wurden. Theatersperre!

Lina hatte zur selben Zeit die entsetzliche Nachricht erhalten, daß ihr Sohn, er war Flieger, abgeschossen worden war. Ich konnte die Arme nicht allein lassen, und nun, da ich Zeit hatte, ging ich mit ihr nach Gengenbach in ihr kleines Häuschen. Es lag in einer schönen, fruchtbaren Gegend, ich erinnere mich hauptsächlich an die großen Karfiol- und Krautköpfe, die dort wuchsen. Lange konnte ich nicht bleiben, der Krieg kam immer näher. Nachts war es ganz unheimlich, da hörte man die Geschütze schon ganz nah. Ich dachte an meine Eltern. Mit einem der letzten Züge fuhr ich von Kehl nach Wien. Ich hatte große Angst. Wie wird es weitergehen?

Während der langen Fahrt von Kehl nach Wien hatte ich viel Zeit, mein Leben Revue passieren zu lassen. Es waren fast zehn Jahre vergangen, seit ich Wien verlassen hatte und allein auf eigenen Füßen stand, fast nur meinen Beruf, der mir alles bedeutete, im Kopf hatte. Ich wurde in dieser Zeit im Theater und Film eine anerkannte Schauspielerin, hatte Höhen und Tiefen erlebt, hatte Geld verdient, konnte anderen helfen und fuhr jetzt mit einem kleinen, leeren Köfferchen wieder nach Hause, nach Wien. Allerdings mit der großen Hoffnung, daß meine an verschiedenen Plätzen verlagerten

56 Die Transportbescheinigung zur Auslagerung

Sachen vielleicht nicht ganz verloren sein würden. Der Krieg in Berlin! Dann Stuttgart! Dann die Theatersperre! Viele Kollegen und auch ich fürchteten, daß wir nach diesem entsetzlichen Krieg nie mehr deutsches Theater spielen dürfen. Ich hatte sogar gemeinsam mit Kurt Meisel und Melanie schon darüber nachgedacht, was wir vielleicht machen könnten, um weiterleben zu können. Diese entsetzliche Trostlosigkeit, dieser grauenvolle Schmerz, der alle erfüllte. Die grenzenlose Hoffnungslosigkeit, die große Aussichtslosigkeit. Ich hatte Angst, wie würde ich meine Eltern antreffen? Post hatte man schon lange keine mehr erhalten. Mein Bruder Otto war in russischer Gefangenschaft, das erfuhr ich noch. Mein älterer Bruder Willi war eine Zeitlang in Berlin eingezogen gewesen, das war wie ein Lichtblick für mich, aber auch wir verloren uns, nichts hatte mehr Bestand. Ich übte mich immer im Gedanken mit: „Nicht aufgeben! Nur nicht aufgeben! Nicht krank werden! Du wirst noch gebraucht! Retten! Retten!" Aber es war sehr schwer, immer allein, mit meinen Gedanken und Nöten.

Kriegsende in Wien

In Wien angekommen, atmete ich auf, ich war zu Hause. Hier kann mir nichts passieren, dachte ich immer. Meine Eltern kamen gerade aus dem Luftschutzkeller; sie machten auch viel durch, denn sie wohnten in der Schüttelstraße am Donaukanal, neben der Franzensbrücke. Das war eine Grenzlinie zum ersten Bezirk, wie es sich dann in der Endphase des totalen Kriegs gezeigt hat.

Meine Freundin Liselotte Schreiner war in den letzten Monaten vor der Theatersperre zu einem Gastspiel an das Wiener Volkstheater engagiert worden, wo sie einen sensationellen Erfolg hatte in der Rolle der Medea, in der sie mit der berühmten Charlotte Wolter verglichen wurde. Lothar Müthel, der damalige Direktor des Burgtheaters, holte sie ans Burgtheater. Liselotte Schreiner hatte auch in Berlin, ganz in meiner Nähe, ihr Haus durch Bomben verloren. Von einem ehemaligen Freund und Kollegen, Harry Buckwitz, bekam sie in seiner großen Wohnung im ersten Bezirk, Doblhoffgasse 7, im ersten Stock, zwei Zimmer. Man nahm, wenn man eine große Wohnung besaß, lieber Freunde auf als eine zwangsweise Einquartierung. Sie zog nach der Theatersperre nach Ehrwald in Tirol zu Heinz Woester, Schauspieler am Burgtheater, und zu seiner lieben Frau Anneli. Theaterspielen durfte man nicht mehr, und sie wollte dem Arbeitsdienst entgehen, der aus „Hemden trennen" bestand. Auch ich wurde sofort dafür verpflichtet. Das war aber schon eine besondere Bevorzugung und hauptsächlich nur für Burgschauspieler oder Filmleute. Wozu wir die Hemden, anscheinend von einer großen Erzeugerfirma, auseinandertrennen sollten, also zerstören, konnte niemand erklären. Wir trennten sie auch nicht auf, sondern schnitten sie auf, so daß sie höchstens noch als Verbandzeug zu gebrauchen waren.

Liselotte gab mir ihre Schlüssel, und ich durfte die wunderschönen, mit antiken Möbeln eingerichteten zwei Zimmer von der Buckwitz-Wohnung benutzen. Horst Caspar war in Wien und Melanie Horeschovsky; beide waren ebenfalls zum Hemdentrennen eingezogen worden. Wir lachten wieder, ich fühlte mich geborgen, trotzdem auch hier ein Kuckucksruf im Radio täglich Fliegeralarm ankündigte, aber ich nahm das nicht ernst. In Wien kann mir nichts passieren, war mein fester Glaube. Ich war sehr glücklich, wieder täglich mit Horst zusammensein zu können, meine viele Arbeit in Berlin und seine vielen Gastspiele in Bochum, München, am Berliner Schillertheater, Burgtheater hatten uns die Zeit geraubt für das Privatleben.

Jedes Theater, jeder Regisseur wollte ihn haben, mit ihm arbeiten, man überforderte ihn sehr. Er war, wie auch ich, ein Besessener, dadurch hatten wir viel gegenseitiges Verständnis für die wenige Zeit, die wir für unser Privatleben hatten. Jedes Zusammenkommen war so schön und glücklich, daß es über vieles hinwegtröstete. Unser Beruf verlangt Verständnis für viele, oft schmerzliche Dinge. Horst wollte immer ein Kind, und ich hatte in dieser schweren Zeit nicht den Mut dazu. Als er mir sagte, daß Antje Weisgerber ein Kind von ihm erwarte, und er mich fragte, was er machen solle, gab es nur die selbstverständliche Antwort: heiraten. Unserer Freundschaft tat dies keinen Abbruch, umso weniger, da ich Antje sehr schätzte und sie auch im Theater eine wunderbare Partnerin für ihn war. Ich selbst hatte nie mit ihm zusammen auf der Bühne gestanden. Seine letzte Rolle am Burgtheater war der Tasso, und jeder der ihn gesehen hatte, kann ihn nicht vergessen. Er war wie ein Komet zum größten Ruhm aufgestiegen, aber er hätte geschont werden müssen, er verausgabte sich völlig, er verbrannte sich, es war beängstigend.

In Wien wurde das Leben von Tag zu Tag gefährlicher und bedrohlicher. Wer konnte, verließ die Stadt, um sich in Sicherheit zu bringen. Horst Caspar ging zurück nach Berlin-Dahlem, zu seiner Familie. Er überließ mir seine wunderbare Wohnung im Heinrichshof, gegenüber der Oper. Sie lag im vierten Stock, über dem Café Heinrichshof, die Fenster gingen direkt auf die Oper hinaus. Mein schöner Bauernschrank stand da. Käthe Dorsch hatte Horst einen großen Teppich geliehen, und da war ein riesiger Reiseschrankkoffer mit den Initialen des großen Schauspielers Josef Kainz: J. K., den die

Ehefrau, Grete Kainz, Horst Caspar geschenkt hatte. Er war so groß, daß ich darin hätte stehen können. Horst meinte: „Solltest du etwas retten können, dann bitte den Koffer, ich gebe das Wichtigste hinein." Man dachte immer nur an: Retten! Retten! Retten! Aber niemand glaubte, daß Wien, und vor allem die Innenstadt, je bombardiert werden würde. Deshalb zogen, wenn im Radio die Warnung durch den Kuckucksruf kam, die Menschen aus den Außenbezirken in die Luftschutzkeller in der Innenstadt.

Im Heinrichshof war ein Luftschutzkeller, er bot 500 Personen Platz. Davon wußte ich aber leider nichts, denn ich war so überzeugt, daß man Wien nicht bombardieren würde, und ging deshalb bei Alarm auch nicht hinunter.

Es war Februar und eisig kalt. Die Wohnung, der ganze Heinrichshof, gehörte der gräflichen Familie Drasche. Es war ein eindrucksvolles, großes Haus mit vielen Stiegenaufgängen. Auch Theo Lingen wohnte hier. In der Wohnung war ein großer Kamin, mit Gas zu heizen, aber das gab es nur mehr ein paar Stunden am Tag, und der Druck war so schwach, daß das Feuer im Kamin gar nicht anging. Die Folge war, daß ich eine entsetzliche Erkältung bekam und das Bett hüten mußte.

Am 12. März 1945 rief, wie immer, ein Freund an, um mich zu verständigen, daß der Kuckuck einen Angriff meldete. An diesem Tag meinte er: „Diesmal wird es nicht arg, du kannst im Bett bleiben." Keine zehn Minuten waren vergangen, als eine furchtbare Detonation die Luft erfüllte und das ganze Haus, wie aus den Angeln gehoben, erschüttert wurde, die Fenster zersplitterten; es war ein Krachen und Bersten ringsherum. Wie ich war, stürzte ich hinunter über die Stiegen in den Keller. Das war mein großes Glück, denn im nächsten Moment fielen die gekoppelten Bomben auf unser Haus, rissen die Hälfte meiner Wohnung und die gesamte Stiege herunter. Sekunden später – ich wäre tot gewesen. Mein Schutzengel. Ich danke Gott.

Das Entsetzen läßt sich nicht schildern. Im Keller war alles voll dickem Rauch und Staub. Man sah beim Aufblitzen der Taschenlampen graue Gespenster, in Staub eingehüllt, mit Gasmasken vor dem Gesicht, viele lagen ohnmächtig auf dem Boden, aber niemand schrie. Es war eine unheimliche

Stille, wie in einer Gruft. In der größten Angst schreit man nicht. Man ist erstarrt. Ich wußte nahe dem Kellereingang ein Fenster, das als Ausgang zu benützen war. Als ich mich bis dahin durch die vielen Menschen drängte, war kein Fenster mehr da, nur ein Trümmerhaufen. Eine junge Frau war in dem Haus Luftschutzwart. Ich hatte mich bei meinem Einzug mit ihr bekannt gemacht und erkannte ihre Stimme, als sie rief: „Bitte Ruhe behalten. Wir suchen einen Ausweg, aber erst die Verwundeten. Alle kommen heraus." Die Stimme war nah von mir. Es gelang mir, sie zu erreichen und mich an ihrem Gewand festzuhalten. Ich nannte meinen Namen, und sie sagte leise: „Bleiben Sie in meiner Nähe!" Nun begann ein unheimliches Geschiebe durch die Menschenmassen, wie durch Hunderte verzweifelter Gespenster. Man hatte ein Loch in den Schutt gemacht und begann die Tragbahren hinauszuschieben. Im selben Moment schrie die bekannte Stimme: „Zurück! Zurück! Die Bomben, die Bomben!" Alles schob sich wieder zurück. Aber ich hatte gesehen, daß das Haus brannte, und drückte mich durch das Loch ins Freie. Nun stand ich ganz allein auf der Straße und sah mit unbeschreiblichem Entsetzen die Verwüstung von unserem Haus.

Die Oper brannte lichterloh, das Haus daneben genauso, der Philippshof, der an der hinteren Ecke der Oper stand, war ein Trümmerhaufen, 200 Menschen sind dort heute noch begraben; das Haus rechter Hand vom Heinrichshof brannte. Es war die Hölle. Kein Mensch war zu sehen. Ich stellte mich in das Haustor an der Ecke der Elisabethstraße, ich war wie gelähmt, ich weiß nicht, ob ich etwas gedacht oder gefühlt habe. Ich war dem Tod nahe.

Ich weiß nicht, wie viele Minuten ich in dieser Starre im Haustor gestanden bin, kein Mensch war zu sehen, kein Laut zu hören. Natürlich, es war noch keine Entwarnung! Ich ging vor zum Ring, um zu den Fenstern hinaufzusehen. Da stand ein junger Soldat und photographierte. Das war ein so grotesker Anblick, ich hätte ihm am liebsten die Kamera aus den Händen geschlagen. Auch er war über meinen Anblick erschrocken, und als ich meine Vorhänge, die aus den Fenstern wehten, bemerkte und aufgeregt vor

Freude schrie: „Das sind ja meine Vorhänge!", sagte er zu mir: „Ich helfe Ihnen, vielleicht können wir etwas retten." In diesem Moment kam die Entwarnung, und wie Maulwürfe krabbelten die Menschen aus den Trümmern hervor. Niemand schrie oder heulte, alles war nur starr vor Entsetzen. Der junge Soldat nahm mich bei der Hand und sagte: „Vielleicht kommen wir durch einen anderen Eingang bis in den vierten Stock."

Der rechte Teil des großen Hauses war stehengeblieben, wurde aber später ein Opfer der Flammen. Tatsächlich krochen und stolperten wir über Trümmer und Mauerbrocken bis zu den wehenden Vorhängen. Beide Zimmer gab es noch, daneben ging es steil hinunter; das Vorzimmer, die Küche, das Bad, den Flur und die vier Stockwerke gab es nicht mehr. Bei diesem Anblick wurde mir klar: Es hatte sich um Sekunden gehandelt. War das Glück? War es Schicksal, war meine Zeit noch nicht abgelaufen? Es war mein Schutzengel, und ich danke Gott.

Was ich auch heute nicht begreifen kann: Es packte mich eine unbeschreibliche Kraft, und ich fing ohne jede Überlegung an, was ich erwischen konnte, beim Fenster hinunterzuwerfen, vor allem den riesigen Schrankkoffer, an dem Horst so gelegen war. Ich rollte den Teppich von der Dorsch samt dem Schutt darauf zusammen und warf ihn hinunter. Ich bat den Soldaten von den Büchern etwas zu retten, aber er stand und hatte sich in ein Buch vertieft, als wäre nichts geschehen. Das war alles so unbegreiflich! Melanie tauchte plötzlich auf, sie sprach kein Wort, ein großer Männerhut hing ihr bis zu den Ohren herunter. Das war nicht unkomisch, wenn es nicht so traurig gewesen wäre. Von unten rief ein Polizist herauf: „Holt die Verrückte von da oben herunter!" Ich war gerade im Begriff gewesen, eine gepolsterte Sitzbank aus dem Fenster zu werfen. Ich hatte eine irrsinnige Kraft. Zum Schluß schleppten der Soldat und ich einen Wäschekorb mit Horsts Büchern hinunter, mußten aber schon über brennende Balken springen. Es war der letzte Moment, denn was ich erst später erfuhr, soll genau unter meinen Fenstern im Keller eine nicht explodierte Bombe gelegen sein. Es waren gekoppelte Bomben, wovon die ersten schon auf den Neuen

Markt gefallen waren und diese riesige Erschütterung verursacht hatten. Traute Witt, die hinreißende Kabarettistin, die ich erst in Wien kennen- und gleich lieben gelernt hatte, stand schon unten mit einem kleinen hölzernen Handwagen. Wo sie den aufgetrieben hatte, weiß ich nicht; jedenfalls war er ein Himmelsgeschenk. Wir, drei Frauen und der junge Soldat, luden alles auf, das meiste, was ich hinuntergeworfen hatte, war zerbrochen, besonders die Stühle, manches war auch nicht mehr da. Horsts großer Koffer war ganz, bis auf ein paar Abschürfungen.

Inzwischen war natürlich ein Riesenwirbel auf dem Ring: die Feuerwehren im Großeinsatz, die Rettung und die vielen Schaulustigen. Wir wollten mit unserem kleinen, beladenen Wagen in die Doblhoffgasse fahren, in die Wohnung, zu der ich den Schlüssel besaß. Es lagen viele ganz dicke Schläuche zum Löschen auf der Straße, und wir konnten mit dem Wagen nicht darüberfahren. Da kam ein Soldat, mit zwei jungen Mädchen im Arm, singend daher, sie waren betrunken; ich kann diesen Moment nie vergessen. Ich rief ihm zu: „Bitte, helfen Sie doch!" Er wurde zornig und riß mit aller Kraft den Wagen über die Schläuche, so daß er umkippte, schimpfte und ging weiter. Das bißchen, das noch ganz war, und die Trümmer mußten wir aufklauben und allein weiterfahren.

Der Hausmeister in der Doblhoffgasse war sehr lieb und half uns, die Sachen hinauftragen. Es war inzwischen spät am Nachmittag geworden – der Angriff war mittags gewesen. Ich soll unter dem Ruß und Staub im Gesicht ganz lila ausgesehen haben, wahrscheinlich war mir das Blut zu Kopf gestiegen. Der junge Soldat erzählte dann, daß er nur beurlaubt wäre, weil er zum Zahnarzt gehen müßte und auch kein Quartier hätte. Nun, die Wohnung war groß genug, so daß er bleiben konnte. Ich war so froh, daß ich den Kainz-Koffer gerettet hatte, aber als ich ihn aufmachte, war er zu meinem ganz großen Schreck vollkommen leer. Später konnte ich ihn mit den Büchern vollpacken und ihn zu Horst schicken. Meinen schönen großen bemalten Reiterschrank konnte ich nicht retten, das tut mir heute noch leid.

Das Leben spitzte sich immer mehr zu, die Hoffnungslosigkeit wurde immer größer. Man sprach davon, daß die Russen schon in Ungarn seien. Mein lieber Münchner Freund Eugen Lehmann, Schwiegersohn des berühmten Malers Max Slevogt, kam nach Wien und wollte mich auf sein Schloß Neukastell nach Landau in der Pfalz holen, aber ich wollte nicht. Ich war zu erschöpft von den dauernden Schrecknissen. Man kann es nicht glauben, aber ich habe zehn Tage lang keinen Schlaf gefunden. Ich wollte nur, daß ich den Krieg so schnell als möglich hinter mich bringe.

Politisch hatte ich nichts zu befürchten, und ich wollte doch meine Eltern nicht allein lassen. Aber es kommt oft anders, als man denkt, und vieles ist auch schlimmer, als man es sich vorstellen kann. Die Front rückte immer näher, diesmal von der anderen Seite als damals in Straßburg.

Traute Witt, meine Freundin, war allein, ihr Mann war einer der ersten, der im Krieg gefallen war. Melanie Horeschovsky hatte in Dreistetten in Niederösterreich eine 80jährige Mutter in ihrem Haus. Ich hatte ein Telegramm bekommen von meiner Tante aus Rekawinkel, wir sollten kommen und unsere verlagerten Sachen abholen. Der Bahnhof und der Tunnel sollten in die Luft gesprengt werden. Wir drei saßen in der Doblhoffgasse um den Tisch herum und berieten, was jede von uns tun könne, um sich zu retten. Traute wollte versuchen, mit einem Soldatenauto oder Fluchtauto Richtung Salzburg zu kommen, Melanie zu ihrer alten Mutter und ihrem Bruder aufs Land fahren.

Nachts, in der Finsternis, sah man schon Richtung Steiermark den Himmel ganz rot, von den Bränden dort. Auf unseren Straßen waren plötzlich nachts vollbepackte Autos mit Flüchtlingen, ein ungewohnter Anblick, denn die Autos waren längst eingezogen worden; auf einmal waren wieder viele da. In den Regierungsgebäuden stieg aus den Höfen Rauch auf, und brennende kleine Papierfetzen flogen herum. Es war ein unheimliches Gewirr in den finsteren Straßen, eine von Angst getriebene Hektik. Wer konnte, floh.

Meine Eltern und ich fuhren mit dem ersten Zug in der Früh nach Rekawinkel. Vater nahm einen Koffer, Mama eine große Tasche. Sie fuhren mit dem nächsten Zug wieder zurück nach Wien. Es war der letzte Zug. Ich war nicht imstande zu denken oder etwas zu unternehmen, der Schock von der Bombardierung wurde jetzt erst spürbar. Ich wollte den Zug am nächsten Morgen benützen und vorher Verschiedenes aus meinem großen Koffer eingraben, auch von den Konserven aus Holland, der eisernen Reserve. Aber dazu kam es nicht mehr. Die Russen waren während der Nacht bis Preßbaum gekommen, und es gab keinen Weg mehr nach Wien.

Meine Tante Hedwig und mein Onkel rieten mir in voller Angst, nur schnell weg vom Bahnhof, hinauf zum Haag; das war ein kleiner Berg, den man über einen Waldweg erreichen konnte. Auf dem Haag gab es ein paar kleine Bauernhäuser, dort lebten auch Verwandte meiner Tante. Wir ließen alles liegen und stehen, nur fort, so schnell es ging. Kaum waren wir bei den Bekannten meiner Leute angekommen, stand bereits der erste russische Soldat vor der Tür. Der Hausherr hatte ein weißes Tuch an eine Stange gebunden und damit vor der Türe gewunken, zum Zeichen des Friedens: „Hier ist Frieden!" Der Soldat sah sich im Haus um, ich sagte: „Artista! Artista!"

Man hatte mir erzählt, daß die Russen das verstehen und viel für Kunst übrig hätten. Er aber sah nur die Uhr und den Ring an meiner Hand und nahm sie mir ab. Inzwischen waren mehrere Soldaten da, und wir wurden mit den anderen Bewohnern der kleinen Häuser, hauptsächlich alte Leute, in ein größeres Haus, in einem Stall, zusammengetrieben. Das große Haus wurde als Hauptquartier eingerichtet. Es ging alles so schnell, man kam zu keiner Besinnung. Es lassen sich auch kaum Worte finden für das, was man empfand. Die Nacht mußten wir neben dem Pferdestall, der mit den Soldaten belegt worden war, im Hühnerstall verbringen. Es war nur eine dünne Holzwand zwischen uns, man wagte kaum einen Laut von sich zu geben. Die Hühner, die gebrütet haben, ließen sich aber von uns nicht stören. Dieser Bauernhof muß anscheinend ein Eiervertrieb gewesen sein, denn der Hühnerstall war verhältnismäßig groß, und eine Ecke war angefüllt mit Eierkisten, hinter denen ich mich am Tag verkriechen konnte, nachdem ein Soldat mich entdeckt hatte und in den Stall kam mit der Frage: „Wo ist Mädchen?"

Ich stand, gerade, zitternd, hinter der offenen Türe, so, daß er mich nicht sehen konnte, aber mir und allen anderen blieb das Herz stehen. Ich hatte schreckliche Angst und wollte keine Nacht mehr in dem Stall verbringen, umso mehr, da ich entdeckt war. Meine Leute und ich beschlossen zurückzugehen, auch um nachzusehen, ob die Wohnung noch steht. Mit hoch erhobenen Armen gingen wir an den Soldaten vorbei durch den Wald, in dem Schützengräben ausgehoben worden waren und mit den Seidendecken aus dem bekannten Rekawinkler Sanatorium ausgelegt worden waren. Tote lagen herum, es sah alles nach Kampf aus. Der Bahnhof und auch der Tunnel sowie die Wohnung standen tatsächlich noch, aber es ist nicht zu schildern, was für ein Anblick sich uns bot.

Eine unbeschreibliche Verwüstung! Mein großer Reisekoffer war aufgerissen, und mit den Schminkstiften waren die Wände voll beschmiert worden. BOURGEOIS! stand da zu lesen. Die Tuchenten waren aufgeschlitzt, die Federn zerstreut, meine Konservenbüchsen mit den Bajonetten aufgestochen und der Inhalt in die Zimmer geschleudert, ein halber Meter Dreck bedeckte den Fußboden. Die Töpfe waren auf den Ofen gestellt worden, und man hatte darunter eingeheizt, so daß alle kaputt waren. Angeblich sollen die russischen Soldaten meine Fläschchen Eau de Cologne, die ich von Soldaten aus Paris geschickt bekommen hatte und für bessere Zeiten hatte aufbewahren wollen, anstatt Wodka getrunken haben. Man konnte die Wohnung kaum betreten.

Die Nachbarn meiner Tante hatten ihre Wohnung nicht verlassen, und ihnen war nichts geschehen, im Gegenteil, sie bekamen einen Soldaten, der auch ein bißchen deutsch sprechen konnte, in ihre Küche einquartiert; er soll in Rußland Lehrer gewesen sein. Jedenfalls war es, aber leider nur für drei Tage, ein ganz großes Glück; er bewachte uns paar Frauen, die wir im Zimmer zusammengedrängt zitternd vor Angst saßen. Es war furchtbar, denn immer hörten wir Frauen um Hilfe rufen, und wir haben auch erlebt, daß ein junger Mann, der sich zum Schutz vor seine Braut gestellt hatte, einfach erschossen wurde.

Es war kein Krieg mehr, daher drei Tage ohne Gesetz, die Soldaten durften machen, was sie wollten, so hieß es aus dem Hauptquartier. Nachts schliefen die meisten von uns auf dem Fußboden, ich durfte in der Mitte der Doppelbetten mit vier anderen Frauen liegen. Von Schlafen war keine Rede, im Gegenteil, die meisten von uns vierzehn Frauen waren vor Angst krank geworden, was die Situation noch verschlimmerte. Es war mein Geburtstag, der 11. April 1945, oft ein Schicksalstag in meinem Leben. Wenn ich das schreibe, was sich in seiner Furchtbarkeit gar nicht wirklich schildern läßt, so frag' ich mich: War es Glück, daß ich unbeschadet durchgekommen bin, war meine Zeit noch nicht abgelaufen, oder war es wieder mein Schutzengel, an den ich glaube und für den ich Gott danke.

Ich weiß nicht, waren es zwei oder drei Tage, die ich ohne Hoffnung und Zuversicht in Rekawinkel verbracht hatte; bis plötzlich ein Mann auftauchte und sagte, er wolle versuchen nach Wien durchzukommen. Ich kannte den Mann nicht, aber ich bat ihn, mich mitzunehmen, und ich versprach ihm durchzuhalten, was auch kommen möge, keine Schwierigkeiten zu machen, denn es war klar abzusehen, daß die Frauen keinen Schutz mehr hätten, wenn der russische Lehrer abgezogen würde. Wir gingen zu Fuß, ab und zu nahm uns ein Transporter ein Stückchen Weg mit. Man glaubt es nicht, was ein Mensch aushält, wenn er von Angst getrieben wird. Wie werde ich meine Eltern vorfinden, wie werden sie sich um mich gesorgt haben, wird in Wien noch Krieg sein?

In Wien auf den Straßen lagen tote Menschen, Pferde mit dicken, aufgeblähten Bäuchen und hoch in die Luft gestreckten Beinen, die Stephanskirche ausgebrannt, ohne Dach, die ganze Häuserzeile entlang des Donaukanals gab es nicht mehr. Die Stalinorgel hatte vom zweiten Bezirk aus den ersten beschossen, und meine armen Eltern, weil sie dort wohnten, mußten dies alles hautnah miterleben. Aber sie blieben am Leben, Gott sei Dank, und ich fand sie noch in ihrem Luftschutzkeller. Es war das größte und schönste Wiedersehen, das man sich denken kann. Die Franzensbrücke war stehengeblieben, sonst hätte das Haus, in dem meine Eltern wohnten, keine Chance gehabt.

Als ich in der Doblhoffgasse 7 ankam, war die Wohnungstüre aufgebrochen. Die Verwüstung der Wohnung kann ich nicht beschreiben. Im Vorzimmer lag alles voll leerer Wein- und Likörflaschen. Harry Buckwitz, der vor seiner Einberufung zum Militär ein Hotel außerhalb von Berlin geleitet hatte, hatte anscheinend, solang es noch möglich war, Alkoholisches für spätere Zeiten eingelagert gehabt. Es war immer eine kleine Türe zu einer Kammer im Vorzimmer abgeschlossen gewesen, die aber jetzt aufgebrochen war, und alles, was darinnen war, war leer getrunken. Nach den Spuren, die ich vorfand, muß sich Furchtbares in der Wohnung abgespielt haben. Ich war so erschöpft, daß ich nur die Türe verrammelt habe und mich, wie ich war, auf das verwüstete Bett geworfen habe. Es dauerte aber nicht lange, da wurde mit den Gewehren an die Haustür geschlagen, was hieß: Russen wollen herein! Mein Herz blieb fast stehen. Der Hausmeister, der wußte, daß ich allein war, stellte sich, wie er mir später erzählte, vor meine Türe, und die Soldaten stürmten an ihm vorbei, einen Stock höher, wo sie schon einmal gewesen waren. Dort wohnten ein paar junge Frauen. Es begann ein furchtbares Getrampel, der Luster schwankte hin und her, mir wurde totenübel, ich bekam alle schrecklichen Zustände vor Angst. Diese Nacht gehört wohl zu dem Schlimmsten, was ich erleben mußte.

Als ich mich beim ersten Schimmer des Tages aus der Wohnung getraute, kam der Mann aus der gegenüberliegenden Wohnung heraus. Er hatte nur den zerrissenen Pyjama seiner Tochter in der Hand, den er mir, ohne ein Wort zu sprechen, zeigte. Es war erschütternd. Ich lief, so schnell ich konnte, fort, zum Hochhaus, das auch heute noch so heißt, trotzdem es schon lange nicht mehr, wie damals, das höchste Haus ist. Im Hochhaus wohnten viele Kollegen, besonders Burg- und Josefstadtschauspieler. Dort hoffte ich auf Hilfe.

Das Haus wurde bewacht von einem, wie ich glaube, jugoslawischen Sänger. Man mußte sich ausweisen, wenn man hinein wollte. Ich hatte Glück. Er erkannte mich, und ich erklärte ihm meine Situation. Er meinte: „Vielleicht haben Sie Glück, es sind einige Wohnungen frei geworden, weil die Leute aus dem Deutschen Reich geflohen sind."

Ich setzte mich im Hof auf einen Türstaffel mit dem Vorsatz: Ich gehe nie mehr aus diesem Haus heraus. Es war noch ganz früh am Morgen, in einer Ecke im Hof, er ist ziemlich groß, standen ein paar Männer und sprachen miteinander. Plötzlich löste sich einer aus der Gruppe und kam an mir vorbei. Er erkannte mich. „Sie sind ja die Gusti Wolf?" sagte er erstaunt. „Ja, ich hab' kein Dach mehr über meinem Kopf." – „Sie bekommen eine Wohnung, kommen Sie mit mir." Wir gingen zum Portier, er verlangte einen bestimmten Schlüssel und ging mit mir zur Stiege 4, dann in den vierten Stock und sperrte eine Zweizimmerwohnung auf. Ich weiß nicht, wie mir geschah, dieses Glück! Der Mann war von der Hausverwaltung. Die Wohnung war mit Bett, Schrank, Tisch und Sessel eingerichtet. Ich legte mich sofort ins Bett, denn ich konnte nicht mehr auf den Füßen stehen. Ich glaube, ich habe zwei Tage lang geschlafen. Als ich wieder zu mir kam, wurde mir erst so richtig alles klar, vor allem, daß ich nichts mehr besaß, außer den grünen Ledermantel, den ich in diesen vielen Tagen angehabt habe.

Wie ich nach und nach erfuhr, waren meine eingelagerten Sachen an allen Orten verlorengegangen. Bei Horst im Heinrichshof meine Kleider und mein Schrank, in Stuttgart, im Hotel Marquardt mein Koffer mit Kleidern, die ich für das Gastspiel in Straßburg zurückgelassen hatte, nicht eine Konservenbüchse aus Holland blieb in Rekawinkel ganz, alles aus dem Koffer war zerstört oder verschleppt, vor allem aber die aus meiner Berliner Wohnung nach Pommern verlagerten Sachen. Das Land wurde polnisch, und alles war verloren. Zwei Teppiche, die meine Eltern unter dem Koks in ihrem Keller vergraben hatten, sind mir geblieben. Schmuck besaß ich keinen, ich war damals noch kein Typ dafür, bis auf eine goldene, breite Biedermeier-Halskette, die ich in den Saum meines grünen Ledermantels eingenäht hatte; die ist mir erhalten geblieben. Ein Wunder, daß kein Russe den Mantel haben wollte, der eine Kostbarkeit in dieser Zeit war.

Ich war ganz verstört, verkroch mich in die Geborgenheit der kleinen Wohnung. Wenn das Telephon ging, fing ich an zu zittern; wenn jemand mich ansprach, stotterte ich und die Tränen kamen. Ich hatte keinen Mut mehr, ich wollte auch nichts mehr besitzen, ich war ganz kraft- und mutlos. Das ging ganz lange Zeit so, und ich dachte schon, ich verliere den Verstand. Im selben Stock wohnte ein Psychiater, ich dachte, ob er mir vielleicht helfen könnte? Da sah ich aber Menschen in einer sehr elenden Verfassung aus seiner Türe kommen, und das hat mich wieder abgeschreckt. Wie es weiterging, weiß ich nicht mehr, wie lange mein Zustand der Kraftlosigkeit, der Mutlosigkeit gedauert hat, ist mir unklar. Ich lag in einer tiefen Depression.

Bürgertheater in Wien

Franz Stoß, der Schauspieler und spätere Direktor des Theaters in der Josefstadt, kannte mich noch aus meinem Engagement in Mährisch-Ostrau, denn er war in dieser Zeit viele Jahre Direktor in Mährisch-Troppau gewesen; später übernahm er auch in Berlin sieben kleine Theater. Meine Freundinnen Gundel Thormann und Melanie Horeschovsky haben bei ihm gespielt.

Ich glaube, er war in Wien nach dem Krieg einer der ersten, der wieder ein Theater eröffnet hat. Es war das Bürgertheater, das stehengeblieben und vollkommen intakt war. Leider wurde es später, wie viele andere Bühnen auch, warum, weiß wohl kein Mensch, abgerissen, und heute steht eine große Bank auf dem Areal.

Franz Stoß eröffnete mit dem Stück „Im 6. Stock" von Alfred Gehri, und er engagierte mich für die weibliche Hauptrolle: ein junges Mädchen mit einem kranken Bein, das nie von ihrem 6. Stock herunter kommt und sich in den Bettgeher, den O.W. Fischer spielte, verliebt. Das Stück endet traurig.

Annie Rosar spielte auch eine schöne Rolle. Ich hatte schon seinerzeit in diesem Stück an den Münchner Kammerspielen gespielt, allerdings die Rolle der kleinen Hure, gerade das Gegenteil.

Es war ein wunderbarer Anfang, der mir über viel Kummer hinweghalf. Aber täglich kamen neue Hiobsbotschaften, und man konnte nicht froh wer-

57 Hure Jeanne in „Im 6. Stock" von A. Gehri, Kammerspiele, München 3. 6. 1939

58 Mädchen, mit O.W. Fischer, in „Im 6. Stock" von A. Gehri,
Bürgertheater, Wien, Juni/Juli 1945

den. Meine geliebte Melanie, die auch eine der „Hochhäuslerinnen" war, wie man uns nannte, war nahe daran den Verstand zu verlieren. Ihre 80jährige Mutter war vergewaltigt und ermordet worden, auch ihren Bruder fand sie nach langem Suchen tot auf einer Wiese, nicht weit von ihrem Haus in Dreistetten. Man konnte sie nicht allein lassen. Ich versuchte sie zu zerstreuen und ihr Freude zu machen, aber in dieser Zeit war das fast unmöglich.

Diese kleinen Garçonnieren im Hochhaus besaßen keine Küche; aber es hat damals auch nur für zwei Stunden Gas gegeben. Wir kochten zusammen mit einem kleinen Petroleumheizkörper auf dem Gang – da er sehr stank. Aus den Erbsen, die man zugeteilt bekam, kochten wir Suppen. Die Erbsen mußte man aber erst über Nacht einweichen, damit die schwarzen Käfer, die darin waren, herauskamen; manchmal ergatterten wir ein paar Kartoffeln, und Melanie hatte noch eingetrocknete Marmelade, die füllten wir in den Kartoffelteig und nannten sie statt Powidltaschkerln „Proletenaustern".

Volkstheater 1945

Der Zufall spielt oft eine große Rolle in meinem Leben. Ich traf auf der Straße, in der Nähe des Volkstheaters, Rolf Jahn, den ehemaligen Direktor des Volkstheaters. Er freute sich über diese Begegnung, die für ihn anscheinend wie gewunschen kam, denn er wollte mir die Hauptrolle in „Die unentschuldigte Stunde" zur Volkstheatereröffnung anbieten. Ich dachte, er mache Spaß, so fassungslos war ich. Es fiel mir ein, daß er schon einmal, vor dem Krieg, wollte, daß ich diese Rolle bei ihm spiele, aber damals von meinem Direktor in Mährisch-Ostrau keinen Urlaub dafür bekommen hatte. Ich fiel ihm vor Freude um den Hals; am nächsten Tag sollte ich ins Büro kommen, um den Vertrag zu unterzeichnen.

Neues Oesterreich

Preis 10 Pfennig

ORGAN DER DEMOKRATISCHEN EINIGUNG

Folge 15　　　　　Dienstag, 8. Mai 1945　　　　　1. Jahrgang

Der Krieg ist zu Ende!
Endgültiger Sieg der Vereinten Nationen

Gespräch mit Rolf Jahn

Im Deutschen Volkstheater geht der Vorhang hoch

Im Zuge des Wiederaufbaues des Wiener Kunst- und Theaterlebens wird am 10. Mai der Vorhang auch im Deutschen Volkstheater hochgezogen. Als Leiter wurde Rolf J a h n bestellt, der nach sieben Jahren an seine alte Wirkungsstätte zurückkehrt.

Seine Liebe zu diesem Institut ist groß: er hat in den nicht leichten Jahren 1932 bis 1938 seine künstlerischen Fähigkeiten und sein Organisationstalent erwiesen und einen beträchtlichen Teil seines Privatvermögens ge-

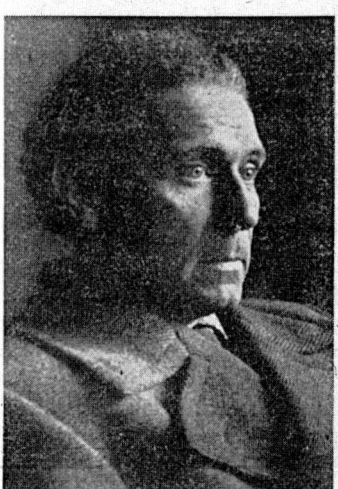

Direktor Jahn

öffnen das Theater mit den ‚Katakomben‘ von Davis, einem Erfolgsstück aus der vorigen Spielzeit, das einer gründlichen Überholung unterzogen wurde und sich einige Umbesetzungen gefallen lassen mußte. Die Proben leitete Egon J o r d a n, der auch eine Hauptrolle spielt. Von der alten Besetzung ist Karl S k r a u p und Inge C o n r a d i geblieben. Neu hinzugekommen sind Otto S c h m ö l e, der uns vom Burgtheater zur Verfügung gestellt wurde, Theodor G r i e g vom alten Ensemble des Volkstheaters in bester Erinnerung, der sieben Jahre auf keiner Wiener Bühne stand, und Eva Z ü l c h e r.

Als zweites Stück werden wir Grillparzers ‚Des Meeres und der Liebe Wellen‘ spielen. Den Abschluß dieser Spielzeit wird ein alter Volkstheatererfolg bilden, das Lustspiel ‚Die unentschuldigte Stunde‘ mit Gusti W o l f in der Hauptrolle, einer Wienerin, die fünf Jahre in München und dann in Berlin tätig war.

In der nächsten Spielzeit wollen wir dann neben österreichischen Dichtern und Autoren auch wieder ausländische Schriftsteller zu Wort kommen lassen. So denken wir daran, den Wienern r u s s i s c h e Autoren zu vermitteln. Wir wollen eine Brücke schlagen vom leidvollen Gestern zum hoffnungsvollen Morgen, wobei wir die Schwere der vergangenen sieben Jahre keineswegs vergessen wollen. Im Gegenteil: aus ihr werden wir die Kraft schöpfen, unser Wiener Theater zum Mittler zwischen Publikum und Künstler zu machen und ihm wieder jene Geltung verleihen, die ihm auf Grund seiner Leistung zukommt.“

Wiedereröffnung des Akademietheaters

Das Akademietheater wird am 15. Mai mit den „Beiden Klingsberg“, mit Raoul A s l a n und Fred L i e w e h r in den Hauptrollen, wiedereröffnet. In Kürze folgt eine Neuinszenierung von Hauptmanns „Elga“ mit Hilde W a g e n e r als Elga und Ewald B a l s e r als Graf Starschenski.

59　Interview mit Rolf Jahn, Neues Österreich, 8. 5. 1945

Ein neuer Anfang, ein neues Leben konnte beginnen! Es war unbeschreiblich nach all dem Jammer! Wieder Theater spielen! Eine wunderbare Rolle, die ich noch dazu so gut kannte und schon damit Erfolg gehabt hatte, in Wien, in einem großen, schönen Theater! Ich wußte vor Glück nicht, was anfangen.

In der Früh, am Dienstag, 8. Mai 1945, erschien die erste Zeitung „Neues Österreich". Auf der ersten Seite stand groß: „Frieden! Der Krieg ist zu Ende!" Auf der letzten Seite war ein Interview mit Rolf Jahn, daß er das Volkstheater eröffnen würde mit dem Stück „Die unentschuldigte Stunde", mit Gusti Wolf in der Hauptrolle. Es war zuviel Freude, denn als ich ins Volkstheater kam und mich in der Dramaturgie bei Fritz Lichtenecker meldete, hieß es, ich möge warten. Nach einer Weile kam aus dem Büro von Dr. Lichtenecker ein älterer Herr mit einer Kollegin von mir heraus, und ich durfte eintreten. Man begrüßte mich freundlich als die Darstellerin der Schülerin Tilde Schreiber, der zweiten Rolle, die ich im Film gespielt hatte. Ich versuchte den Irrtum aufzuklären, aber man sagte mir, Herr Schulbaur, der die Regie führen sollte und gerade Lichtenecker mit einer Kollegin verlassen hätte, sähe mich nicht in der Hauptrolle. Nach kurzer Zeit ging die Tür einen Spalt auf, Herr Schulbaur sah einen Moment herein und schloß gleich wieder die Türe, als er mich sah. Ich rief ihm zu: „Aber bitte, kommen Sie doch herein, ich muß Sie etwas fragen", und öffnete die Türe. „Ich höre, Sie sehen mich nicht in der Hauptrolle? Ja, haben Sie mich überhaupt schon einmal gesehen? Ich komme aus Berlin und habe vier Jahre an der Volksbühne gespielt! Haben Sie die heutige Zeitung und das Interview des Herrn Direktors nicht gelesen? Ich werde hier sitzen bleiben, bis Direktor Jahn ins Haus kommt, und dann soll er sagen, wen er für diese Rolle besetzen will." Jahns Anwort war: „Ich brauche nur aus dem Haus zu sein, und es geht schon alles drunter und drüber!"

Ich spielte die Hauptrolle, die Käthe Riedl, aber es war keine erfreuliche Arbeit. Schulbaur mochte mich nicht, aber ich brauchte auch für diese Rolle keinen Regisseur. Er meinte, wenn er mich links liegenließe, täte er mir genug an, das aber empfand ich nur als ein Glück. Die Besetzung war sehr gut

60 Die Schülerin Käthe Riedl,
mit Egon Jordan als Professor,
„Die unentschuldigte Stunde"
von St. Békeffi, Volkstheater,
Wien, Mai/Juni 1945

und Egon Jordan sehr freundlich. Es wurde trotz allem ein großer Erfolg, wir spielten das Stück ausverkauft zwei Monate lang, gegen die bisherige Gepflogenheit von einem Monat Spieldauer en suite.

Direktor Wälterlin vom Zürcher Schauspielhaus sah mich in der Vorstellung, aber auch Raoul Aslan, der erste Direktor des Burgtheaters im Ronacher nach dem Krieg, und Rudolf Steinboeck, der mich ja seit meinen Anfängen kannte und nun Direktor des Theaters in der Josefstadt war. So geschah es, daß ich an einem Tag von allen dreien ein Angebot bekam.

Für mich gab es kein Überlegen, der größte Wunsch meines Lebens, das Burgtheater, sollte sich erfüllen, ein kaum zu fassendes Glück? Ein unglaubliches Ereignis in einer Zeit, in der jeder vor dem Nichts stand und nicht wußte, wie das Leben weitergehen sollte, in der die meisten Menschen mit allen Mitteln um ihre Existenz kämpfen mußten.

Burgtheater

Mein Vertrag am Burgtheater begann am 1. September 1946. Ich war das erste Engagement nach dem Krieg. Das Burgtheater spielte, nachdem das Haus am Ring in den letzten Tagen des Krieges bei einem Bombenangriff schwer beschädigt worden war, im Ronacher. Raoul Aslan, Direktor des Hauses von 1945 bis 1948, sagte bei Vertragsabschluß zu mir: „Sie müssen wissen, daß Sie mit diesem Vertrag in einen Orden eintreten. Sind Sie mit der Gage von Frau Alma Seidler einverstanden?" Alma Seidler, die größte, von mir hochverehrte Schauspielerin? 1500 Schilling?! Mein Gott, das gibt es doch nicht, ich habe in Berlin an der Volksbühne schon das Doppelte bekommen. „Ja, es gibt eine 10 Prozent Abwertung, müssen Sie bedenken", so war unser Gespräch. Ich wußte nicht, was ich glauben sollte. Aber eines erfuhr ich, die Bezahlung damals war wirklich schlecht. Mir war sie nicht so wichtig, ich konnte auch mit einem Stück Brot, einem Glas Wein und guter Seife zufrieden sein. Ich war überglücklich! Voll Hoffnung und Erwartung!

Ich wartete, wartete und wartete, aber es geschah nichts. Außer der Rolle der Pepi im „Lumpazivagabundus" als Umbesetzung bekam ich nichts zu spielen, was für mich, die ich gewohnt war, täglich zu proben und abends zu spielen, sehr hart war, aber ich blieb voller Zuversicht. So verging eine ganze Saison.

61 Wien 1946

Salzburger Festspiele: „Die Frau des Potiphar"

Im Jahr 1947 kam plötzlich von dem Regisseur Oskar Wälterlin, er war Direktor des Zürcher Schauspielhauses, das Angebot, mit ihm bei den Salzburger Festspielen die Titelrolle in dem Stück „Die Frau des Potiphar" von Alexander Lernet-Holenia zu spielen. Salzburger Festspiele! Eine Hauptrolle! Mit Wälterlin! Was kann es Schöneres geben! Ich freute mich irrsinnig und unterschrieb. Nachdem ich ein Jahr lang nicht gespielt hatte, war ich wieder wie im siebenten Himmel.

Egon Hilbert, der Leiter der Bundestheater und Mitglied des Salzburger Kunstrates, war befreundet mit einer Schauspielerin, deren Mann Redakteur bei einer Salzburger Zeitung und ein Neffe von Lernet-Holenia war; davon aber hatte ich keine Ahnung.

Hilbert lud mich zu sich ein und verlangte, ich solle von dem Vertrag zurücktreten – ich sei eine falsche Besetzung. Das verstand ich nicht und konnte auch nicht einsehen, warum ich freiwillig von einem Vertrag, der gültig und von den Salzburger Festspielen unterschrieben war, zurücktreten sollte, nachdem Wälterlin, der mich schon ein Jahr vorher nach Zürich engagieren wollte, mich jetzt für Salzburg besetzt hatte. Es hieß: Ich sei nicht die geeignete Darstellerin. Das war für mich unfaßbar, ich hatte bisher am Theater noch nichts Vergleichbares erlebt.

Nun ist ein Schriftsteller oft befangen, wenn es um die Darstellung seiner Rollen geht, er weiß nicht immer, wie eine Rolle gespielt werden kann und sollte. Es gibt ja auch verschiedene Auffassungen, wie man das auch heute am Theater immer wieder erleben kann. Also entschloß ich mich, damals im Jahr 1947, zu Lernet-Holenia nach St. Wolfgang zu fahren. Ich war furchtbar aufgeregt, aber ich erzählte ihm ganz genau, wie ich die Rolle spielen wollte und wie sie in meinen Augen für mich passend sei.

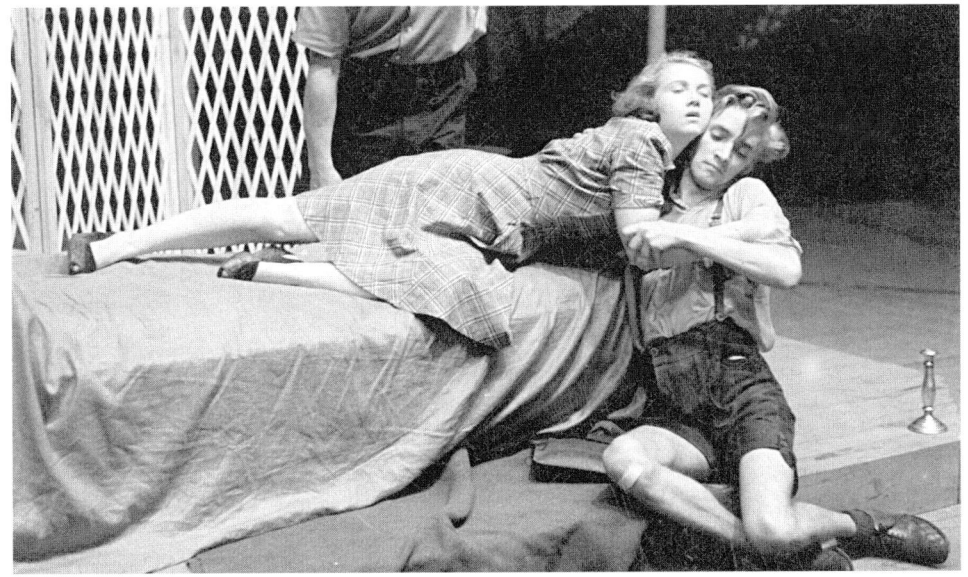

62 Frau des Potiphar, mit Oskar Werner während einer Probe

63 Frau des Potiphar, mit Oskar Werner als Joseph, in dem gleichnamigen Stück von
A. Lernet-Holenia, Salzburger Festspiele, 5. 8. 1947

Die Rolle ist eine kleine Kleopatra-Figur. Am Beginn des Stückes ist sie fast noch ein halbes Kind, sie bohrt in den Zehen, zankt mit ihren Angestellten, komisch und lustig. Später allerdings, nach der Pause, wird sie ein ganz anderer, schwerer Charakter, so daß man sagen könnte, auch eine Charakterdarstellerin könnte diese Rolle spielen. Da war ein Bruch in dem Stück meiner Meinung nach.

Trotzdem fand ich mich absolut sicher, umso mehr als ich Ausbrüche gerne spiele und darin eine weitere Entwicklung für mich zur Charakterschauspielerin sah, die ich anstrebte; daher fuhr ich auch sehr beruhigt von St. Wolfgang nach Salzburg zurück. Ich hatte den Eindruck, daß es mir gelungen war, Lernet-Holenia zu überzeugen. Am nächsten Tag stand zum dritten Mal in einer Salzburger Zeitung ein schrecklicher Artikel gegen meine Besetzung:

„… es wäre doch schade um das schöne Stück von dem großen österreichischen Dichter Lernet-Holenia, wenn es falsch besetzt würde. Gusti Wolf wäre zwar eine gute und bekannte Schauspielerin, aber nicht geeignet für diese Rolle. …"

Nach diesem Artikel ging eine Hetzjagd los – entweder war man für oder gegen mich, es wurde ein Gesellschaftspiel daraus. Viele meiner Kollegen schrieben mir, ich möge durchhalten, ich solle nicht aufgeben …

Zum Essen ging man ins Festspielhaus. Es gab damals noch für die Mitwirkenden der Salzburger Festspiele Essensmarken. Es war Nachkriegszeit, und die Lebensmittelzuteilungen waren rationiert. Die Ausgabe des Essens war im Festspielhaus. Ich merkte die Stimmung ganz genau, wenn ich mein Essen holte – war ein Artikel in einer Tageszeitung gegen mich, dann schaute man mich nicht an, war ein begeisterter Artikel der Festspiele, die zu ihrem Vertrag standen, für mich, dann redete man wieder mit mir und gratulierte mir. Jedes Essenholen wurde ein Spießrutenlauf.

Es war schwierig, aber ich dachte mir, jetzt darf ich nicht nachgeben, mir nichts gefallen lassen! Ich hatte alles verloren und nichts mehr zu verlieren!

Ich mußte noch einmal von vorne anfangen, neu beginnen, und hier gab man mir eine Chance dazu.

Wir hatten eine wunderbare Besetzung: Curd Jürgens spielte den Potiphar, Oskar Werner den Joseph, Johanna Matz, gerade von der Schauspielschule, entzückend anzusehen, spielte eine meiner Dienerinnen und hatte nur einen Satz zu sagen. Gerhard Riedmann spielte den Josaphat – alles Schauspieler, die später eine große Karriere machten. Es waren alle Voraussetzungen für einen Erfolg gegeben! Damals kämpfte jeder gegen jeden, man versuchte mit allen Mitteln, wieder Fuß zu fassen.

Ich hatte aber auch in den Werkstätten nur Schwierigkeiten. Die Kostümabteilung wollte mich anziehen, als ob ich eine Opernsängerin wäre, man gab mir ganz schwere Kostüme. Ich sagte: „Das kann ich in dieser Rolle nicht tragen. Geben Sie mir einfach einen leichten Plisseerock, aus Tüll oder Chiffon, und einen bunten Büstenhalter, mehr brauch' ich nicht!" Aber mir wurde ein Röckchen vom Ballett aus dem Fundus gegeben. Bei der Hauptprobe, bereits mit Publikum, hatten Joseph – Oskar Werner – und ich eine Liebesszene auf einem Diwan zu spielen; und plötzlich war das Röckchen weg. Es war nicht genäht, der Stoff war porös. Ich stand im Höschen da. Daraufhin ging in Salzburg das Gerücht um, der Erzbischof hätte die Vorstellung verboten, weil sie obszön sei.

Ich wollte auch einen kleinen Stein im Nabel tragen – wie die ägyptischen Prinzessinnen –, aber auch den bekam ich nicht. Die Männerkostüme waren mit Perlen und Steinen übersät, also stahl ich mir einfach einen Stein von einem Männerkostüm. Ich versuchte alles, um die Rolle meiner Meinung nach gut darzustellen. Fünf Vorstellungen waren angesetzt, sie waren alle ausverkauft – jeder wollte den Skandal miterleben. Nach der Vorstellung kamen Carl Zuckmayer und Ernst Lothar zu mir in die Garderobe. „Ach Gott, Gusti, hättest du das bloß nicht gespielt! Du hättest dir viel Traurigkeiten erspart. Das Stück ist nicht gut, es ist unspielbar." Es wurde auch nie wieder gespielt, soweit ich weiß. Die Presse war verheerend! Für das Stück und für mich.

Einer schrieb sogar, ich hätte eine Stimme wie ein Papagei. Nur eine Zeitung zollte mir und meinem Einsatz Anerkennung, war mir gut gesinnt. Eine Freundin, die ich sehr geschätzt habe, meinte: „Gusti, nach diesem Mißerfolg gibt es nur eines: abgehen vom Theater!" Heute kann ich lachen über diese Dinge, aber damals, nach dem Krieg, war das sehr bitter und sehr hart. Ich war am Ende.

Für mich begannen neue, ganz schwere Zeiten. Wie konnte ich denn auch erwarten, daß man mich mit offenen Armen aufnehmen würde, nach diesem entsetzlichen Krieg, der alles zerstört hat, Moral und menschliche Beziehungen. Ich war plötzlich ein Eindringling, ein Konkurrent, eine nicht gerngesehene Rivalin. Was nützen Chancen, wenn die Umstände dagegen sind, sie zu nutzen.

Wie sollte es nun weitergehen? Ich ging zu Egon Hilbert, unserem Chef, und sagte ihm, daß ich das Burgtheater verlassen werde, sobald ich den Puck, meine vertragliche Antrittsrolle, gespielt hätte. Hilbert meinte: „Den Puck werden Sie nach diesem Mißerfolg nicht mehr spielen! Herbert Waniek" – er war ein wunderbarer Regisseur vor allem für Raimund und Nestroy – „wird mit Ihnen den Sommernachtstraum sicher nicht mehr machen." Ich war entsetzt und erklärte Hilbert, „dann werde ich eben mit Waniek selbst sprechen, ihm den Puck vorspielen – und wenn er dann ablehnt, dann sehen wir weiter".

Ich rief also Waniek an. „Herr Waniek, ich höre, Sie haben Bedenken. Ich möchte Ihnen den Puck vorspielen, Ihnen meine Auffassung zeigen." Er war sofort mit meinem Vorschlag einverstanden, und wir trafen uns am Nachmittag desselben Tages im Ronacher. Die Bühne war für die Abendvorstellung bereits eingerichtet; sie war mit lauter Treppen aufgebaut. Das war ein großes Hindernis. Aber ich spielte ihm den Puck vor – als ging es ums Überleben! Und es gelang mir, ihn zu überzeugen, ich war gerettet.

Ich gestaltete die Rolle wie einen kleinen Frosch, hockte mit gespreizten Beinen auf dem Boden, die Arme und die aufgespreizten Finger waren die Vorderbeine. Das gab mir die Möglichkeit, mich zu strecken, ganz groß und

64 Puck. Zeichnung von Teo Otto und Maskenphoto, „Ein Sommernachtstraum" von
W. Shakespeare, Burgtheater im Ronacher, 30. 11. 1947

dämonisch zu werden. Mein Kostüm von Erni Kniepert war mit lauter zehn Zentimetern langen, verschieden bunten, grünen Zotteln benäht, die sich dauernd bewegten und sehr drollig wirkten. So tobte ich mit vielen verschiedenen Rufen und Lauten durch das Stück.

Die Premiere von „Ein Sommernachtstraum" war am 30. November 1947, und wir spielten den „Sommernachtstraum" sieben Jahre lang, bis zur Wiedereröffnung des Hauses am Ring am 15. Oktober 1955. Egon Hilbert, der vielleicht an mir etwas gutmachen wollte, verdoppelte nach der Premiere meine Gage.

Der Erfolg der Aufführung war enorm, nicht nur mein Puck allein, sondern da war auch Josef Meinrad, der die Thisbe spielte, die beste Thisbe, die ich je erlebt habe. Die schöne Judith Holzmeister gab die Titania, die bezaubernde Hilde Mikulicz die Helena, die junge Elfriede Ott die Hermia, eine der beliebtesten Schauspielerinnen in Wien. Es war ein Glück, jeden Abend zu spielen. Wir drei, Meinrad, Holzmeister und ich, durften uns als die „Neuen" in drei Vorstellungen vor dem Vorhang verbeugen. Damals gab es noch das Vorhangverbot. Jedes neu engagierte Mitglied des Burgtheaters durfte sich, einem alten Reglement zufolge, in drei verschiedenen Rollen einmal vor dem Vorhang dem Publikum zeigen und sich verbeugen.

Für den Puck hatte ich mir für den Schluß ausgedacht, zu den vielen anderen Vorschlägen von mir, auf die Waniek einging, aus dem Souffleurkasten aufzutauchen, mir die Maske vom Kopf zu ziehen und als private Person, mit meinem langen, offenen, blonden Haar, das ich damals trug, den Schlußmonolog zu sprechen. So geschah es auch, und es gefiel dem Publikum.

Karl-Heinz Martin, der die Leitung des Hebbel-Theaters übernommen hatte, das war das ehemalige Theater in der Saarlandstraße, das kleine Haus der Volksbühne, schrieb mir immer wieder, ich solle kommen, schöne Rollen würden auf mich warten. Aber nach diesem Erfolg war nicht mehr daran zu denken, nach Berlin zurückzugehen. Ich bekam auch am Burgtheater sehr bald viele schöne, verschiedenartige Rollen.

65 Pipinette, mit Josef Meinrad
als Berlitschek, in „Der rosarote Fürst de Ligne"
von M. Costa, Redoutensaal, Wien, 6. 3. 1948

Langsam fühlte ich mich auch in das Ensemble ein. Ich war sehr scheu den großen älteren Kollegen gegenüber und wagte kaum den Mund ungefragt aufzumachen; ich war voll Ehrfurcht und Bewunderung. Es ist sehr schwer, bevor man nicht gespielt hat und quasi seine Visitenkarte damit abgegeben hat, bemerkt zu werden. Hermann Thimig machte mir Mut; wir hatten ja miteinander den Film „Die Austernlilli" gedreht. Alle waren sehr freundlich und lieb zu mir. Mit Maria Eis teilte ich die Garderobe, sie hatte ich besonders ins Herz geschlossen. Sie war, wie auch die große Alma Seidler, immer mein Vorbild; sie waren beide fachmäßig nicht begrenzt. Sie spielten jedes Fach, jung oder alt, komisch oder ernst, das war auch mein Ehrgeiz. So sehe ich den Schauspielerberuf, so wollte ich beschäftigt sein.

Meine zweite Rolle am Burgtheater war die Pipinette in „Der rosarote Fürst de Ligne" von Martin Costa, wieder mit

66 Pützchen, mit
Oskar Werner als Hartmann,
in „Des Teufels General" von
C. Zuckmayer, Burgtheater
im Ronacher, 12. 9. 1948

Josef Meinrad, in der Regie von Philipp Zeska; aufgeführt wurde dieses
Stück im Redoutensaal, der damals oft auch von der Oper bespielt wurde.
Mit Meinrad spielte ich im Laufe der Zeit viele Stücke; er war ein wunder-
barer Partner.

Die dritte Rolle für mich war das Pützchen in der österreichischen Erstaufführung von „Des Teufels General" von Carl Zuckmayer, mit Ewald
Balser, Albin Skoda, Heinz Moog, Käthe Dorsch und Oskar Werner, der mit
dieser Rolle des Hartmann seine große internationale Karriere begann.

Carl Zuckmayer schrieb für ihn das Stück „Der Gesang im Feuerofen";
Premiere war am 16. Februar 1951 im Burgtheater im Ronacher. Auch in die-
sem Stück war ich wieder seine Partnerin, wenn auch in einer stummen
Rolle: Ein junges, stummes Mädchen wird von einem Jungen geschwängert,

67 Blanche in „Der Gesang im Feuerofen" von C. Zuckmayer,
Burgtheater im Ronacher, 16 .2. 1951

er verläßt sie. Sie verfolgt ihn mit großen Augen überallhin wie sein schlechtes Gewissen – durch das ganze Stück –, und am Schluß kommt sie von der
Hinterbühne bis nach vorn gelaufen und wirft sich mit einem einzigen
Schrei der Verzweiflung mit ihrem dicken Bauch platt auf den Boden – das
war ein enormer Effekt in der herrlichen Inszenierung von Josef Gielen, der
damals Raoul Aslan schon als Burgtheaterdirektor nachgefolgt war. Wunderbare Kritiken, und Zuckmayer schrieb mir, ich hätte ihn mit meiner Darstellung weitergedichtet.

Ich war natürlich sehr stolz und konnte auch zeigen, daß man aus einer
kleinen Rolle viel herausholen kann, obwohl sie viel schwerer zu spielen ist.
Bei Falckenberg, an den Kammerspielen in München, hatte ich das gelernt;
jeder Schauspieler hat dort jede Rolle gespielt, ob groß oder klein.

155

68 Adele, mit Käthe Dorsch als Mutter Wolffen, in „Der Biberpelz" von
G. Hauptmann, Akademietheater, Wien, 28. 3. 1950

69 Selma, mit Käthe Dorsch als Frau John, in „Die Ratten" von
G. Hauptmann, Burgtheater im Ronacher, 28. 3. 1950

70 Christine in „So war Mama" von J. van
Druten, Akademietheater, Wien, 22. 5. 1948

71 Christine in „Aber Papa …"
von Roger-Ferdinand, Akademietheater,
Wien, 17. 5. 1949

72 Selma in „ Die Ratten" von
G. Hauptmann, Burgtheater im
Ronacher, 27. 9. 1952

73 Adelheid in „Der Biberpelz"
von G. Hauptmann, Burgtheater im
Ronacher, 28. 3. 1950

Kinderrollen

Ich war mit meiner Beschäftigung am Burgtheater sehr zufrieden, und obwohl ich damals schon 36 Jahre alt war, bekam ich auch noch Kinderrollen zu spielen, was mir besondere Freude machte. Ich spielte in diesen Jahren:

22. Mai 1948 im Akademietheater „So war Mama", eine Bearbeitung von Carl Zuckmayer, Regie: Herbert Waniek, Rolle: Christine

17. Mai 1949 im Akademietheater „Aber Papa" von Roger-Ferdinand, Regie: Max Paulsen, Rolle: Christine

28. März 1950 im Burgtheater im Ronacher „Der Biberpelz" von Gerhart Hauptmann, Regie: Josef Gielen, Rolle: Adelheid

27. September 1952 im Burgtheater im Ronacher „Die Ratten" von Gerhart Hauptmann, Regie: Berthold Viertel, Rolle: Selma.

Zur selben Zeit, als wir im Burgtheater im Ronacher „Die Ratten" spielten, kam im Akademietheater „Ollapotrida" von Alexander Lernet-Holenia unter der Regie von Ulrich Bettac heraus. Ich spielte in dem Stück mit Hans Holt die Rolle Marie Lassarus, und das war genau das Gegenteil der Rolle der Selma in „Die Ratten"; und beide Rollen an einem Abend.

Ich fing mit dem verwahrlosten Kind Selma im Burgtheater an, wurde nach der letzten Szene im zweiten Akt mit dem Auto ins Akademietheater gebracht, spielte dort eine raffinierte junge Frau im Negligé eine Szene im Bett mit Hans Holt, wurde danach wieder ins Burgtheater zurückgebracht, schneller Umzug, und spielte als verwahrlostes Mädchen Selma den wunderbaren traurigen Schluß des Stückes.

Nach einer Vorstellung von „Die Ratten" hörte ein Billeteur eine Besucherin zu einer anderen sagen: „ Du wirst sehen, aus dem Kind in dem Sück wird einmal etwas werden!" Und dabei war ich damals, im Jahr 1952, schon vierzig Jahre alt.

74 Marie Lassarus, mit
Hans Holt als Henninger,
in „Ollapotrida" von
A. Lernet-Holenia,
Akademietheater, Wien,
4. II. 1952

Solche Bravourstücke machten mir großen Spaß, aber sie waren auch notwendig, denn das Ensemble bestand damals nur aus sechzig Darstellern. Heute sind wir mehr als hundert Schauspieler. Damals war auch jeder beschäftigt und jeder zufrieden.

Die Zeit des Burgtheaters im Ronacher, die fast zehn Jahre gedauert hat, war bestimmt eine der interessantesten Abschnitte des Burgtheaters.

Nach dem Krieg gab es wieder die Möglichkeit, ausländische, bis dahin von den Nazis verbotene Stücke zu spielen, wie z. B. „Die Kronbraut" von Strindberg, „Die Glasmenagerie" von Tennessee Williams und viele andere. Auch kamen bedeutende Regisseure aus der Emigration zurück, Berthold Viertel aus New York und London, Leopold Lindtberg aus Zürich, Josef Gielen aus Südamerika, Ernst Lothar aus den USA. Mit Lindtberg kam auch der Bühnenbildner Teo Otto an das Burgtheater im Ronacher; beide waren seit den gemeinsamen Jahren in Berlin und am Schauspielhaus Zürich in der Emigration nicht nur Freunde, sondern auch ein „künstlerisches Team".

Der wichtigste Mensch in meinem Leben

Der Bühnenbildner Teo Otto, in Remscheid geboren, hatte in Berlin sehr schnell Karriere gemacht. Im Alter von knapp 30 Jahren war er aus Gesinnung nach der Machtergreifung der Nazis von Berlin nach Zürich emigriert. Er war seit 1929 Ausstattungschef der Preußischen Staatstheater gewesen. Die Ausstattungen der meisten Uraufführungen am Zürcher Schauspielhaus wurden Teo Otto anvertraut, er machte die Bühne zu Stücken von Brecht, von Max Frisch, von Friedrich Dürrenmatt usw. usw.

Knapp nach dem Krieg, genauer gesagt vom 25. bis zum 27. April 1946, gastierte das Zürcher Schauspielhaus mit „Mutter Courage" im Theater in der Josefstadt; die Zürcher zeigten die Fassung der Uraufführung vom 19. April 1941 in der Ausstattung von Teo Otto in der Regie von Leopold Lindtberg, die große Schauspielerin Therese Giehse spielte damals die Mutter Courage. Anläßlich des Josefstädter Gastspiels sah ich Teo Otto zum ersten Mal, nur ganz kurz, aber es war der entscheidende Augenblick für mein ganzes Leben.

Es waren Monate vergangen. Zur Zeit der Inszenierung der „Kronbraut" unter Berthold Viertel – Teo Otto machte das Bühnenbild, und Premiere war am 29. November 1949 im Akademietheater – klopfte es nach einer „Sommernachtstraum"-Aufführung an meiner Garderobentüre .

Teo Otto zog drei zerquetschte rote Rosen aus seiner Brusttasche und überreichte sie mir: „Das sind die ersten Rosen, die ich verschenke; nur die zauberhafte Mutter von Valeska Lindtberg, Frau Hirsch, hat bisher Blumen von mir bekommen. Und jetzt muß ich fort, schreiben tu' ich auch nicht, also warte auf keinen Brief."

Aber am nächsten Tag kam der erste, und es kam der nächste und jeden Tag wieder – all die Zeit, die er nicht in Wien sein konnte. Später waren es gezeichnete Briefe, die mehr aussagen konnten als so manches Wort, dreizehn Jahre lang.

75, 76 Teo Otto 1949 und 1960

77 Teo Otto und Otto Schenk vor dem Salzburger Festspielhaus, 1966

Das war der Beginn der glücklichsten Jahre in meinem Leben. Mit Teo erfüllten sich alle meine Wünsche, meine Sehnsüchte, meine Träume. Ihm begegnet zu sein ist wie ein einmaliges Wunder. Ich habe niemanden erlebt,
der nicht sofort von seinem ungeheuren Charme, seiner Ausstrahlung hingerissen war. „Eine strahlende Persönlichkeit", nannte ihn ein Arzt, aber
auch – gefährdet. „Geben Sie auf ihn acht!"

Aber das war wohl das schwierigste. Er lebte, erlebte, verausgabte sich jede
Minute. Er war nicht umsonst der Bühnenbildner, von dem Fritz Kortner
sagte: „Dreh' ich mich um, ist Otto bereits im Flugzeug!"

Teo Otto kam oft todmüde von Zürich, Düsseldorf oder Frankfurt/M.,
München, legte sich fünf Minuten flach auf den Teppich, um zu entspannen,
bevor er wieder zur Probe mußte. Es war nach dem Krieg, ich sagte: „Warum
fährst du in der anstrengenden dritten Klasse?" – „Weil es keine vierte gibt!"
Viel später konnte ich ihn überreden, ein Flugzeug zu nehmen, aber dadurch
konnte er nur noch mehr an einem Tag unterbringen. Es gab nie eine leere
Minute, alles war voller Erleben, Phantasie, Emotion, Spannung.

Ich erinnere mich an ein Gespräch über den Zopf. Damals spielte ich das
Kind Adelheid im „Biberpelz" und wollte einen Zopf tragen. Aber was kann
ein Zopf nicht alles ausdrücken! Wie soll er geflochten sein? Dick oder
dünn, locker oder fest? Wie abgebunden, mattes oder fettes Haar? Ich entschloß mich für einen dünnen, matten Zopf mit einem eingeflochtenen
Spagatschnürl, damit er etwas Freches, Kesses, Steifes bekam. Mit ein paar
Sätzen konnte er eine Figur umreißen und dem Schauspieler durch ein kleines Detail am Kostüm den ganzen Charakter der Rolle näherbringen.

Wo immer er sich befand, arbeitete er; auf seinen Knien, im Flugzeug sind
die schönsten Zeichnungen, die schönsten Entwürfe entstanden, Briefe, später Aufsätze zu seinem Buch „Meine Szene". Formulieren wurde für ihn ein
Hauptspaß, und er konnte so fabelhaft Geschichten erzählen, aber es verging auch nie eine Reise ohne ein kleines Erlebnis. Ein Jammer, daß ich diese
vielen kleinen Geschichten, voller Humor, nicht aufgeschrieben habe.

Ich erinnere mich an eine von den vielen, die er mir erzählt hat: Ein bezauberndes, junges, zierliches Mädchen sitzt mir in der Eisenbahn gegenüber und studiert in allen Illustrierten das Horoskop, heimlich zerdrückt sie ein Tränchen. Ich frage sie: „Ist denn Ihr Horoskop so schlecht?" – „Aber nein, das von meinem Bräutigam, es geht nicht, wir müssen uns trennen, wir passen nicht zusammen, hier steht es überall. Ich fahr' jetzt zu ihm, um Schluß zu machen. Er ist Wassermann und nie da, wenn ich ihn brauche. Er ist Bäcker, er arbeitet in der Nacht, und am Tag schläft er. Ich lieb' ihn, aber es geht nicht." Ich versuchte sie zu trösten und sie umzustimmen, aber sie fing erst recht zu weinen an. Dann kam Remscheid, und ich mußte aussteigen. Sie sagte: „Ach, Sie waren so nett zu mir, was sind denn Sie für ein Sternzeichen?" – „Wassermann!"

Josef Meinrad –
50 Jahre Arbeits- und Lebensfreundschaft

Von der Zeit des Burgtheaters im Ronacher wird merkwürdigerweise viel zuwenig geschrieben; trotzdem finde ich, es war eine der interessantesten Zeiten des Burgtheaters.

Axel von Ambesser, dieser zauberhafte, humorvolle Schauspieler und Regisseur, inszenierte am Akademietheater das Stück „Der Färber und sein Zwillingsbruder" von Johann Nestroy, mit Pepi – wie er damals schon allgemein genannt wurde – Meinrad in der Titelrolle und Doppelrolle, ich war das Roserl, die weibliche Hauptrolle, Premiere war am 20. Dezember 1951; es wurde ein ungeheurer Erfolg. Wir spielten das Stück 260mal; damit begann eine wahre Nestroy-Renaissance.

Die Besetzung war einmalig: Hans Thimig als Peter, Wilhelm Heim als Herr von Löwenschlucht, Lilly Stepanek als Gertrud – und jeder war

78 Roserl in „Der Färber und sein
Zwillingsbruder" von J. Nestroy, Burgtheater
im Ronacher, 20. 12. 1951

79 Roserl, mit Josef Meinrad und Hans
Thimig als Peter. Gastspiel in Berlin,
Schiller-Theater 1952

80 Roserl, mit Josef Meinrad als
Kilian/Hermann Blau

81 Roserl, mit Josef Meinrad als Kilian/Hermann Blau

stilgerecht und komisch in seiner Art. Die Inszenierung war im Stil der Aquarelle des Biedermeiermalers Christian Schoeller gehalten, und zusammen mit den herrlichen Kostümen von Erni Kniepert ergab sich daraus ein wunderbares geschlossenes Ganzes. Die Vorstellung wurde auch vom Fernsehen aufgezeichnet und war das erste Gastspiel des Burgtheaters bei den Berliner Festspielen, damals West-Berlin, am 5. September 1952. Trotz Wiener Dialekt gefiel die Vorstellung dem Publikum so sehr, daß wir durch die vielen Lacher und des Applauses wegen eine Viertelstunde länger spielten als in Wien. Boleslaw Barlog, Intendant des Schiller-Theaters, meinte: „Wir könnten diese Aufführung in Berlin zwei Jahre lang ausverkauft spielen."

Pepi Meinrad war mit einem Schlag einer der beliebtesten und erfolgreichsten Schauspieler, der unter vielen anderen Auszeichnungen von Werner Krauss in dessen Testament am 23. November 1959 zum Iffland-Ring-Träger ernannt wurde; die höchste Auszeichnung für einen Schauspieler im deutschsprachigen Raum.

Pepi Meinrad war nicht nur ein großer Schauspieler, er war auch ein hervorragender, liebenswerter Mensch mit einer ganz wunderbaren Ausstrahlung. Die Herzen flogen ihm zu, man liebte ihn, dabei war er im Leben ein ganz einfacher, bescheidener Mensch, der er auch geblieben war trotz seiner großen Erfolge.

Wir spielten in vielen Stücken zusammen, was ein reines Vergnügen war. Und dabei entstand eine große, wunderbare Freundschaft zwischen uns und seiner Frau Germaine. Wir verstanden uns, hatten dieselben Interessen und Empfindungen. Wir beide kamen aus einem ähnlichen Milieu, es war wie eine Wahlverwandtschaft, eine Freundschaft, die bis zu Pepis Tod am 18. Februar 1996 in der schönsten Harmonie dauerte und mit Germaine heute noch weiterbesteht. Fünfzig Jahre lang Lebensfreunde, die meinem Leben Lebensfreude gebracht haben, mein Dasein bereicherten.

Was haben wir nicht alles erlebt! Wir waren am Anfang, mußten neu aufbauen und ergriffen jede Gelegenheit, um nebenbei etwas dazuzuverdienen. Minna von Alth, eine Dramaturgin am Burgtheater, organisierte in Schulen,

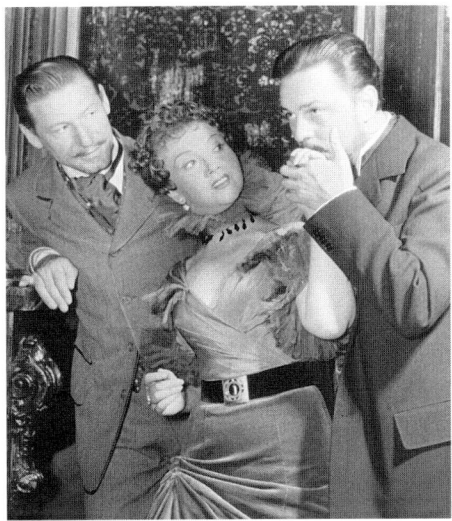

82 Bianca, mit Josef Meinrad als Max,
Hans Holt als Anatol, in „Anatol" von
A. Schnitzler, Akademietheater,
Wien, 13. 6. 1952

83 Evelyn May, mit Josef Meinrad als
Goldstein, in „Herbert Engelmann" von
G. Hauptmann/C. Zuckmayer,
Akademietheater, Wien, 8. 3. 1952

84 Jacqueline, mit Viktor Braun als Lucas, Josef Meinrad als Sganarelle,
in „Der Arzt wider Willen" von Molière, Akademietheater, Wien, 12. 4. 1960

85 Hermine, mit Josef Meinrad als Theodor, in „Der Unbestechliche" von H. v. Hofmannsthal,
Akademietheater, Wien, 12. 1. 1957

Krankenhäusern nachmittags kleine Veranstaltungen für 200 Schilling, Jause inbegriffen. Professor Hans Nüchtern, Regisseur des Hörfunks RAVAG, wie der ORF-Hörfunk damals hieß, holte uns zu vielen Live-Aufzeichnungen, oft auch nachts.

Die erste Zeit nach dem Krieg wollte ich nichts mehr besitzen, der Schock, alles verloren zu haben, was man sich mühsam erspart hatte, war zu groß; so verging die günstige Zeit, in der man im Dorotheum eine Schiele- oder Klimtzeichnung für 120 Schilling kaufen konnte. Man kann es gar nicht glauben, aber es war wirklich so.

Baron Georg Drasche, Mitbesitzer des ausgebombten Heinrichshofs, hatte mir versprochen, daß ich wieder dort eine Wohnung bekäme, wenn das Haus aufgebaut sei. So hieß es sparen und nochmals sparen! Die Sperrholz- möbel in der kleinen Wohnung im Hochhaus wurden abgeholt, und ich richtete sie dann nach meinem Geschmack, billig, aber gewußt wie, ein.

Später gab es dann die Tourneen, die auch viel lukrativer waren. Meine erste Tournee war mit Ewald Balser, seiner Tochter Evelyn, Käthe Gold und Melanie Horeschovsky mit dem Stück „Candida“ von G. B. Shaw. Jahre spä- ter war ich noch einmal mit Ewald Balser und seiner Tochter Evelyn mit dem Stück „Die leichten Herzens sind“ unterwegs.

Die Tourneegagen waren für mich eine wichtige Einnahme. Mit Meinrad machte ich insgesamt drei Tourneen, mit den Stücken u. a. „Der Färber und sein Zwillingsbruder“, „Der Unbestechliche“ von Hugo von Hofmannsthal, „Hadrian VII.“ von Peter Luke, alle gemeinsame Burgtheaterinszenierungen, mit zum Teil anderer Besetzung.

Franz Böheim, der zauberhafte Komiker und liebe Freund, den ich schon vom Kabarett „Der liebe Augustin“ her schätzengelernt hatte, war immer mit dabei; auch seine Frau Edith, die soufflierte, oft auch spielte, unsere beste Freundin war und bis heute ist; mit ihr habe ich nach Franzis plötz- lichem Tod viele wunderbare Reisen gemacht. Alle Kollegen verstanden sich untereinander, darauf wurde geachtet, so daß es trotz der Strapazen wie eine wunderschöne Urlaubsreise durch ganz Deutschland, die Schweiz und

Österreich war. Man erlebte die Städte, man lernte die verschiedenen Theater kennen und sich dabei auch sich jeweils auf die Größe des Raumes mit seiner Darstellung einzustellen.

Meinrads und ich hatten DIE große Leidenschaft: das Sammeln von Antiquitäten. Bei der Einfahrt in eine neue Stadt stürzten Germaine und ich an die Autobusfenster, um zu erspähen, wo ein Antiquitätenhändler oder ein Trödler war, und dann ging es los, das Stierln. Ich hatte durch das Leben bei Hartas einen Blick für Schönheit und Echtheit bekommen, dort hatte ich ja fast wie in einem Museum gelebt; Germaine und ich, wir steigerten uns immer mehr in diese Leidenschaft, aber auch die Erfahrung, der Geschmack wuchsen. Als ich einmal Germaine erzählte, daß unser Vorzimmer in der Wohnung von Hartas voll mit Hinterglasbildern auf gelber Wand wie eine Tapete aufgehängt waren, fing sie an, diese zauberhaften Exvotos zu sammeln, die in dieser Zeit preislich noch leicht zu erwerben waren. Heute kosten diese alten, echten, schönen Hinterglasbilder mindestens schon das Zehnfache und sind inzwischen sehr schwer zu finden.

So erlebten wir neben den großen Anstrengungen und Erfolgen, die wir überall hatten, viel Freude und Spaß. In Mannheim, wo wir den „Färber" spielten, natürlich im Wiener Dialekt, hörte Franz Böheim zwei Besucherinnen nach der Vorstellung sagen: „Es war wunderschön, aber ein bißchen liederlich haben sie schon gesprochen."

Inzwischen hatte sich auch in Wien der Film gemeldet, und ich habe jede Rolle angenommen. Es waren meistens Lustspiele, die sogar heute noch öfter im Fernsehen gezeigt werden und die Menschen erfreuen; um nur einige zu nennen: „Das Riesenrad", „Singende Engel", „Die Regimentstochter", „Alles Lüge", „Es schlägt Dreizehn", „Saison in Salzburg" usw. usw. Die jeweiligen Regisseure waren Ernst Marischka, Viktor Tourjansky, Gustav von Ucicky, Karl Hartl – das waren hervorragende, richtige Könner, die wußten, worauf es ankam, um erfolgreich zu sein.

86 Vera Brenkow in dem Film „Melodie des Herzens", 1950

87 Hansi Gerstner, mit Paul Hörbiger als Seidenfabrikant Franz Jungwirt, in dem Film
„Das Riesenrad", 1951

88 Mizzi, mit Lotte Lang und Hans Moser, in dem Film „Es schlägt 13", 1950

Gustaf Gründgens

Im Jahr 1951 war ich wieder bei den Salzburger Festspielen eingeladen, für die Rolle des Käthchens in „Wie es euch gefällt" von Shakespeare, Premiere im Landestheater war am 28. Juli 1951. Es war eine wunderbare Besetzung, und Gründgens sollte dieses Stück inszenieren mit Raoul Aslan, Käthe Gold, Ewald Balser, Kurt Meisel, Franz Böheim, Ludwig Linkmann und vielen anderen. Ich spielte das Mädchen „Halt dich grad Käthchen!". Aber in derselben Zeit spielte ich auch in dem Film „Der schweigende Mund", der in Graz gedreht wurde, die zweite wichtige Rolle unter der Regie von Karl Hartl; besetzt waren außerdem Curd Jürgens, Albin Skoda, Gisela Uhlen. Durch schlechtes Wetter hing ich mit fünf Drehtagen. Wie sollte ich den Salzburger Festspielen beibringen, daß ich noch einmal von den Proben wegmüßte?

Tassilo Nekola war der Generalsekretär der Festspiele, ich ging also zu ihm und erklärte ihm meine Sorgen: daß ich für fünf Tage zum Drehen nach Graz müßte.

„Ausgeschlossen! Frau Wolf, was glauben Sie! Gründgens verläßt Salzburg, wenn er das hört. Das würde er nie erlauben! Wir können das wirklich nicht zulassen. Bitte machen Sie, was Sie wollen, aber wir können Ihnen nicht helfen."

Ich war verzweifelt; die erste Probe kam. Ich hatte – natürlich – die Rolle von vorne nach hinten, von hinten nach vorn gelernt, damit ich ganz perfekt in die Probe einsteigen konnte. Ich stand am Bühnentürl und wartete auf Gustaf Gründgens mit großem, bangem Herzen. Ich verehrte und bewunderte ihn sehr, ohne ihn persönlich zu kennen, denn während meiner Berliner Jahre bin ich ihm nie begegnet. Als er mich sah, kam er mit ausgebreiteten Armen auf mich zu: „Gusti Wolf, wie freu' ich mich, daß ich Sie, daß ich diese schöne Besetzung habe."

89 Käthchen,
mit Ludwig Linkmann
als Probstein in „Wie es euch gefällt"
von W. Shakespeare, Salzburger Festspiele,
28. 7. 1951

Ich sagte: „Ach, Herr Gründgens, ich …" – „Ja, Sie müssen zum Film, so
etwas habe ich mir schon gedacht. Na, wir werden sehen, was sich machen
läßt." – „Aber ich muß noch fünf Tage weg!" – „Wir wollen sehen, wir wollen sehen!"

An diesem ersten Probentag kam ich leider nicht dran; ich stand in der
Kulisse und wartete – und draußen stand der Chauffeur mit dem Auto –
und wartete, wartete …

Es war eine schreckliche, eine aufregende Situation. Am nächsten Tag war
ich, endlich, angesetzt zur Probe. Ludwig Linkmann, Probstein, und ich
fingen an zu probieren; Gründgens war von uns sehr angetan, vielleicht weil
wir alles auch schon so gut vorbereitet hatten. Er vertiefte sich immer mehr
in unsere Darstellung; das steigerte wieder uns, Ludi Linkmann hob mich
hoch, machte Purzelbäume, wir kugelten uns auf der Erde herum, immer
wieder fielen uns neue Ideen ein, es war einfach herrlich. Ich glaube,
Gründgens wollte mit unseren Figuren das Bodenständige darstellen, sein

Einfallsreichtum war enorm und forderte uns zu einem besonderen Einsatz heraus. Es war eine herrliche Probe.

Nekola stand in der Kulisse; Gründgens sah ihn und rief ihm zu: „Die Frau Wolf kann zu ihrem Film fahren!" Ich wußte gar nicht, was ich tun sollte vor Freude! Das war so typisch für Gustaf Gründgens, daß er daran gedacht hat! Ich fuhr zu den Dreharbeiten nach Graz. Am nächsten Tag bekam ich einen Anruf von Peter Gorski, dem Freund, Sekretär, Vertrauten, der rechten Hand von Gustaf Gründgens. „Gusti, Sie können acht Tage in Graz bleiben und Ihre Rolle fertig drehen."

Was war in Salzburg passiert? Es hatte Differenzen gegeben zwischen Raoul Aslan, Jacques, und Gustaf Gründgens; daraufhin hatte Gründgens Salzburg verlassen. Doch vorher hatte er Peter Gorski noch aufgetragen: „Ruf die Gusti an, sie soll ihren Film ruhig fertig drehen!"

So war Gründgens! Ein Mann von seiner Größe, mit seiner Verantwortung, den vielen Dingen, die er im Kopf hatte, hat sich an meine Schwierigkeiten erinnert und mir geholfen. Ich werde das nicht vergessen und habe es in dieser Form auch nicht wieder erlebt. Also drehte ich in aller Ruhe und Gelassenheit meine fünf Drehtage fertig und fuhr dann nach Salzburg zurück, wo die Proben weitergegangen waren. Zur Freude von Gründgens waren wir alle großartig in Form. Dann kam die Generalprobe, die natürlich glänzend ohne Probleme verlief. Doch plötzlich hieß es: „Gusti und der Ludi sollen nach der Probe nicht weggehen." Was war geschehen? Wir waren voller Spannung. Nach dem Ende der Probe kam Gustaf zu uns und sagte: „Kinder, es tut mir sehr leid, aber ich habe einen Fehler gemacht. Ihr beide habt viel zuviel Bedeutung in dieser Inszenierung bekommen, wir müssen streichen!" Für uns war das natürlich ein Choc, aber wenn Gustaf sagte, wir hätten viel zuviel Bedeutung, dann stimmte das auch; und von uns gab es nur das vollste Einverständnis dazu. Also hatten wir noch einmal eine Probe, es wurde wirklich viel gestrichen, was uns natürlich leid tat, aber es mußte sein. Die Premiere wurde ein rauschender Erfolg.

90 Dorine, mit Heinz Moog als Tartuffe, in „Tartuffe" von
Molière, Akademietheater, Wien, 7. I. 1955

Als Gründgens 1955 von Düsseldorf nach Hamburg ging, engagierte er
mich für drei Gastrollen: Dorothy Fitch in „Das kalte Licht" von Carl
Zuckmayer, diese Rolle habe ich dann auch am Burgtheater gespielt, Dorine
in „Tartuffe" von Molière und eine kleine Rolle in „Über allen Zauber die
Liebe" von Calderón.

Ich war überglücklich über dieses Angebot, so sehr, daß es mir auch gar
nichts ausmachte, daß ich dadurch den Festakt in Wien, am 14. Oktober,

91 Dorine, mit Sebastian Fischer als Cléante, in „Tartuffe" von
Molière, Deutsches Schauspielhaus, Hamburg, 7. 10. 1955

versäumte und die feierliche Eröffnung des wieder aufgebauten Burgtheaters
mit der Premiere von „König Ottokars Glück und Ende" von Franz Grillparzer am 15. Oktober 1955.

Die Eröffnungsvorstellung in Hamburg war am 3. September 1955 mit
dem Stück „Das kalte Licht" von Carl Zuckmayer. Es war wieder eine wunderbare Arbeit; dieses Engagement bedeutete für mich ein ganz besonderes
Glück. Nicht nur, daß ich in Gründgens einen der größten Theatermänner

verehrt habe, ich war direkt ein bißchen verliebt in ihn, weil er ein unbeschreibliches Gespür hatte für alles hatte. Er fühlte, was man dachte; er besaß eine ungeheure Ausstrahlung. Man spürte im ersten Stock, wenn er im Parterre das Haus betrat. Als Schauspieler hatte man immer das Gefühl, er versteht jeden von uns wirklich – sogar ohne Worte. Es geschah während der Kostümprobe zum „Kalten Licht“. Ich bekam für das Stück ein weißes Tüllkleid mit einem sehr weiten Rock für das Fest, an dem Dorothy Fitch teilnimmt. Ich ging also mit diesem rauschenden Kleid über die Bühne und dachte so bei mir: „Irgendwie ein bißchen Ballett!“ In dem Moment kommt aus dem Zuschauerraum die Stimme von Gründgens: „Nein, Gusti, Sie sind doch nicht an der Wiener Oper! Sie sind in Hamburg!“ Das war unwahrscheinlich! Und so war es oft zwischen uns.

Als ich die Dorine im „Tartuffe“ unter der Regie von Willi Schmidt probierte, hatte ich Probleme. Kurz zuvor hatte ich nämlich diese Rolle unter der Regie von Raoul Aslan am Akademietheater gespielt. Raoul Aslan hatte für seine Arbeit eine Versübersetzung des Molière-Textes benutzt. Bei Willi Schmidt wurde auf Wunsch von Gustaf Gründgens Bierlings Prosa-Übersetzung der Originalfassung in der Bearbeitung von Willi Schmidt benutzt, eine sehr harte Übersetzung, fast ein Lessing-Text. Es war sehr schwer für mich umzulernen, vor allem da ich knapp vorher die Versfassung gespielt hatte. Das Umlernen bereitete mir große Schwierigkeiten, und ich hatte auch Angst davor, daß ich nicht mehr die gewohnte Wirkung erreichen könnte. Willi Schmidt wollte alles genau, exakt, kühl und distanziert, in grobes Leinen gehüllt, gespielt haben, das Komödiantische war ihm fremd, und so mußte ich in meiner Rolle mit beiden Beinen in dieser Welt stehen, mitten auf der Bühne, mit verschränkten Armen, wie ein Fels in der Brandung.

Raoul Aslan hatte zuvor am Burgtheater das genaue Gegenteil inszeniert – alles war Rokoko, mit Perücken, Seide, Musik, Parfum … An einer Stelle im Text sagte ich zu Willi Schmidt: „Hier hatte ich doch immer einen Szenenapplaus.“ Willi Schmidt darauf: „Hier werden Sie eben keinen haben!“

Vor der Premiere war ich sehr aufgeregt. Ich stand in der Kulisse. Gründgens kam, um uns anzuspucken, wie es am Theater üblich ist. „Ich hab' solche Angst", sagte ich, „hoffentlich hab' ich keinen Hänger!" – „Angst, das gibt es nicht!", er gab mir einen Klaps, stieß mich hinaus auf die Bühne und rief: „Vorhang hoch!" Es war wunderbar, es war für mich eine solche Überraschung, ein solcher Sturz in die Rolle! Unfaßbar, nie wieder erlebt!

Vor der Pause schicke ich, als Dorine, das Liebespaar mit dem Satz „Wann hätt' ein Liebespaar sich jemals ausgeschwätzt? Hinaus ihr beiden!" hinaus, das Mädchen nach rechts – nach links den Burschen. Diesen Satz konnte ich nie zu Ende sprechen, weil schon stürmischer Applaus einsetzte. So geschah es fast in jeder Vorstellung. Ich war sehr glücklich.

Auch im Sommer 1952 spielte ich bei den Salzburger Festspielen unter der Regie von Axel von Ambesser die Doppelrolle der Thekla/Frau Gertrud in Nestroys „Träume von Schale und Kern". Es war, wie immer mit Ambesser, eine herrliche Arbeit und eine Traumbesetzung: Susi Nicoletti, Jane Tilden, Maria Kramer, Inge Konradi, Hermann und Hans Thimig. Der Erfolg war so groß, daß die Aufführung dann ins Burgtheater übernommen wurde. Es war ein ereignisreiches Jahr.

Jane Tilden lud mich eines Abends zu ihren Freunden, Veola und Ludwig Lederer, die mich kennenlernen wollten, nach der Vorstellung ein. Sie lebten in New York und kamen fast jedes Jahr nach Österreich. Veola hatte seinerzeit in Salzburg Harfe studiert, er war Wiener und Besitzer der berühmten Taschen- und Accessoiregeschäfte in Wien, Paris, London, New York usw., beide hinreißend liebe, ganz besondere Menschen. Es war – wieder – auf den ersten Blick eine innige, große Freundschaft. Ludwig war ein hochgebildeter Mann, neben seinem Beruf ein Gelehrter, ein Schriftsteller, er wollte mir unbedingt ganz Nordamerika zeigen. Er drängte darauf, seine Einladung nicht zu oft zu verschieben, als hätte er geahnt, wie schnell er von uns gehen würde.

In diesem Sommer erfuhr ich durch die Frau des Kollegen Bruno Hübner, wir nannten ihn das Gruftkasperl, weil er so mager war, aber lieb – er spielte auch in unserem Stück –, daß Horst Caspar in Berlin schwer erkrankt sei. Man sagte es Antje Weisgerber, seiner Frau, nicht, um sie während der Arbeit – sie spielte damals den Glauben im „Jedermann" – nicht zu beunruhigen. Als Antje es von mir erfuhr, flog sie sofort nach Berlin. Als sie zurückkam, gingen wir eine ganze Nacht auf dem Gaisberg auf und ab – wir wohnten beide dort oben – und hatten ein ergreifendes, berührendes Gespräch, voll gegenseitiger tiefer Liebe und Sorge um Horst, aber auch um Fränkli, den Sohn der beiden. Noch konnte man nicht ahnen, wie schlimm alles kommen sollte. Unser gemeinsamer Freund, Dr. Hans Oskar Schäfer, behandelte Horst, aber man hat nie erfahren, welche Krankheit er wirklich hatte; es hieß immer: Virusgrippe. Es war der Anfang von dem, was ich immer gefürchtet hatte. Er war ein Frühvollendeter, wie es auch in den Nachrufen stand, er wurde nur 39 Jahre alt. Er starb am 27. Dezember 1952.

Die ganze Theaterwelt war zutiefst erschüttert und trauerte um ihn, aber die schreckliche Tragödie war noch nicht zu Ende. Frank, beider heißgeliebter Sohn, folgte ihm sieben Tage später nach. Er lag während Horsts Krankheit mit Krebs, einer bösartigen Geschwulst an den Mandeln, im Krankenhaus; es ist unbegreiflich. Ich sah ihn damals noch in Salzburg, ein bezauberndes Kind, ein blühend aussehender Bauernbub, im Stall mit den Kühen, pausbäckig, strahlend. Was Antje durchmachen mußte, dafür gibt es keine Worte.

Später, es war im Jahr 1957, saß ich bei Gründgens in der Loge, um mir die Premiere von „Der Besuch der alten Dame" von Friedrich Dürrenmatt mit Elisabeth Flickenschildt in der Titelrolle anzusehen. Ich war sehr stolz, daß Gründgens mich dazu eingeladen hatte. Kaum war ich nach der Premiere daheim, rief Peter Gorski an: „Gusti, können Sie sich freimachen in Wien?" Wie immer hatte ich im Vertrag drei Monate Urlaub für Gastspiele. „Ja, um was geht es?" – „Die Hilde Krahl ist krank geworden, und sie sollte bei uns eine wunderbare Rolle spielen, ‚Sommer der 17. Puppe' von Ray Lawler, und während wir noch einen Ersatz suchen, da kommt Gustaf nach Hause und sagt, ihr braucht nicht weitersuchen, die Gusti soll es sein. Können Sie kommen?" Zum Glück konnte ich wirklich wieder weg vom Burgtheater und spielte die Rolle der Olive in der Regie von Ulrich Erfurt, Premiere war am 7. Februar 1958. Es war meine erste Rolle, die mich aus dem jungen Fach herausführte; aber nicht nur das, es war auch eine wunderbare Aufgabe. Das Stück spielt in Australien, geschrieben von einem australischen Autor. Jedes Jahr kommen zwei Zuckerrohrschneider nach der Ernte zu ihren Freundinnen, um die Freiheit der Liebe ohne feste Bindung zu genießen; mein Liebhaber brachte mir immer eine Puppe mit. Sechzehn Jahre lang geht alles gut – im 17. Sommer zerbricht das Idyll.

Während dieses Hamburger Gastspiels drehte ich nebenbei im Fernsehen „Liebelei" von Arthur Schnitzler mit Hans Moser und Elfriede Ott sowie das Stück „Die Heiratsvermittlerin" mit Inge Meysel, mit der ich mich besonders gut verstand; wir wurden richtige Freundinnen. Ihr Mann, John Olden, war der Regisseur der beiden Stücke. Eines Tages sagte Inge zu mir: „Komme mit mir, ich will mir ein Grundstück ansehen an der Elbe. John will zwar nur an die Donau, am liebsten in die Wachau, aber ich würde ihm gerne den Kaufvertrag unter den Kopfpolster legen." Wir fuhren zur Elbe, plötzlich lief eine schwarze Katze über den Weg. Ich erschrak, dachte, das ist kein gutes Omen. Inge jubilierte: „Herrlich, das bringt Glück!!!" Und es war ein Glück. Das Grundstück, 3000 m², am Ufer der Elbe, ein Überschwemmungsgebiet davor, wie es auch an der Donau gibt; die Elbe macht dort eine Biegung, und man könnte sich absolut vorstellen, man sei an der Donau. Ich war so überzeugt, daß Olden nur begeistert sein konnte und kaum ein schönerer Platz zu finden wäre. Voller Überzeugung und Begeisterung redete ich Inge zu, nur ja den Vertrag abzuschließen. Inge Meysel wohnt heute noch dort und sicher sehr glücklich. Später habe ich auch gesehen, mit wieviel Geschmack und Liebe sie das Haus gebaut und eingerichtet hat. Ich war sehr beeindruckt, meine ganze Schaffenskraft war plötzlich geweckt, und ich fragte mich, ist das nicht ein Wahnsinn, das schwer erarbeitete Geld für die Wohnung auf der Bank liegen zu lassen. Es waren schon Jahre vergangen und keine Rede von einem Aufbau des Heinrichshofs.

92 Olive, mit Max Eckart als Roo, in „Der Sommer der 17. Puppe" von R. Lawler, Deutsches
Schauspielhaus, Hamburg, 7. 2. 1958

93 Olive in „Der Sommer der 17. Puppe" von R. Lawler, Deutsches Schauspielhaus, Hamburg,
7. 2. 1958

Laab im Walde

Eines Nachmittags fuhren wir wieder mit Frau Alth auf Tour. Sanatorium in Laab im Walde war vorgesehen; wir fuhren durch Kalksburg, die Breitenfurter Straße entlang, mir wurde bewußt, daß ich mehr vom Ausland kannte als von Österreich. Es war der Weg, wo einst Kronprinz Rudolf mit der Vetsera beim Gasthof „Grüner Baum" die Pferde gewechselt hatte, als sie beide nach Mayerling fuhren, wo sie starben. Plötzlich öffnete sich die Straße, und eine wunderschöne Landschaft, umgeben vom Wienerwald in den schönsten Herbstfarben, lag vor uns; ich war von dem Anblick so überwältigt, daß ich nur den einen Gedanken hatte: „Hier möchte ich wohnen!"

Heute steht lustigerweise genau an der Stelle eine Tafel mit der Aufschrift „Dein schönes Österreich". Von der Breitenfurter Straße biegt man dann rechts ab nach Laab im Walde, damals noch ein kleiner, bäuerlicher Ort, umgeben vom Wienerwald mit einer wunderbaren Luft.

Im Sanatorium angekommen kam uns der Primar der Anstalt entgegen. Es war zu meiner größten Überraschung Janek Merkel, ein Jugendfreund von mir, der Sohn des berühmten Malers Georg Merkel. Das war natürlich eine große Freude. Oft spielt eben der Zufall in meinem Leben eine ganz besondere Rolle.

Nach der stürmischen Begrüßung war meine erste Frage: „Glaubst du, kann man hier ein Grundstück für mich finden?" Diese Gegend war nach dem Krieg von den Russen besetzt gewesen und daher noch nicht so überlaufen und noch billig. Am nächsten Tag rief mich Janek an: „Hab' schon was für dich!" Es war aufregend, ich fuhr sofort nach Laab, und Janek Merkel und ich sahen uns das Grundstück an. Ich hätte es sofort genommen, aber Janek wollte vorher noch seine Eierlieferantin, die daneben in einem kleinen Holzhäuschen wohnte, über die Bewandtnisse der Gegend fragen – und wie recht er hatte. Sie riet uns, sich mit dem Bauer Schmatz in

Verbindung zu setzen, der würde mir sicher einen Acker am Hang vom Roppersberg abtreten, und es wäre viel schöner dort, eine tolle Aussicht bis ins Dorf und auch billiger. Frau Schmatz war anfangs nicht bereit, etwas zu verkaufen, als sie aber hörte, ich sei Schauspielerin am Wiener Burgtheater, willigte sie ein, und am Rückweg nach Wien war ich Besitzerin eines Kartoffelackers am Fuße des Roppersberges außerhalb des Dorfes Laab im Walde. Ich kann gar nicht beschreiben, wie mir zumute war.

Als Teo Otto zu seiner nächsten Inszenierung nach Wien kam, überraschte ich ihn bereits mit meinen Ideen, wo das Haus stehen würde, wie der Garten angelegt werden sollte – meine Gedanken drehten sich Tag und Nacht um nichts anderes: Teo war nicht nur von meinem Mut überrascht, er freute sich mit mir, bewunderte meinen Unternehmungsgeist und meine Ideen.

Aber erst waren es Gedankenspielereien, Phantastereien. Mein Bausparvertrag und mein Bankkonto waren durch den Grundstückskauf erschöpft. Auf dem Acker stand kein Baum, kein Strauch, nur einen Tümpel mit Wasser gab es, daraus tranken die Kühe, wenn sie auf der Weide waren. Ich fing an, Bäume zu setzen, obwohl man das erst tut, wenn das Haus steht, aber daran war noch lange nicht zu denken, da mußten erst einige Tourneen gemacht werden. Meine Freundin Liselotte Schreiner schenkte mir sieben kleine Birken; sie waren der Anfang, und mit dem Wasser aus dem Tümpel wurden sie von mir gegossen – jedes neue Blatt war eine große Freude und eine Sensation und wurde bestaunt.

Das Burgtheater war immer im Sommer zu verschiedenen Festivals, z. B. auch nach Holland, eingeladen. Meinrad und ich waren mit „Der Färber und sein Zwillingsbruder" und ein anderes Jahr mit „Der Unbestechliche" dort. Da gab es viele Dinge, die bei uns nicht zu finden waren. Ich kaufte damals zwei aufblasbare Liegestühle, wunderschöne Wolldecken und Bettwäsche, Pullover, Kochtöpfe, die heute noch tadellos sind, und vieles mehr. Als im Hotel jeder von uns voller Freude die erworbenen Schätze ausbreitete, stellte sich heraus, daß nichts aus Holland stammte, sondern aus

Leverkusen, made in Germany oder wie die Pullover, made in Vienna, Firma Altmann; aber bei uns in Wien konnte man diese Dinge nicht bekommen. Alles wurde von mir schon im Hinblick darauf erworben, daß es einmal ein Häuschen in Laab im Walde geben würde.

Der schmale Fußweg zu meinem Grundstück hatte damals noch keinen Namen; es stand auch noch kein Haus. Jetzt ist er eine kleine Straße und heißt Roppersbergweg. Die rechte Seite des Wegs ist die Grenze zu Laab im Walde und die linke ist der Beginn des Ortes Wolfsgraben, was auch sehr schön klingen würde: Gusti Wolf in Wolfsgraben! Aber aus Wien kommend, muß man Laab im Walde passieren, und so ergibt sich für mich die Bezeichnung: Laab im Walde.

Ein lieber Kollege, Helmuth Randers, den ich beim Rundfunk getroffen hatte und der viel von Gartenarbeit verstand, bot sich an, mir zu helfen; von ihm konnte ich viel lernen, denn ich war ein richtiges Stadtkind und völlig ahnungslos. Aber das erste und das Wichtigste war der Gartenzaun, dann kam die Bodenbearbeitung.

Ich spielte in diesem Jahr 1957 vier Premieren, aber es hinderte mich nicht, zwischen den Proben und Aufführungen auf mein Grundstück zu fahren und dort zu arbeiten. Es ist vom Burgtheater nur 24 km weit entfernt, und damals gab es noch nicht so großen Verkehr, so daß man in einer halben Stunde dort sein konnte. Meine Freunde schenkten mir zu jeder Gelegenheit einen Baum oder Strauch, oft auch die Weihnachtstanne; so legte ich ganz nach meinem Geschmack den Grundstein zu einem späteren Park an. Helmuth war oft nicht ganz einverstanden mit mir, aber ich bestand auf meiner Meinung und muß sagen, es war richtig, denn auch als der Bungalow 1961 gebaut war, mußte kein Baum oder Strauch versetzt werden, bis auf eine einzige Birke, die sonst in die Aussicht gewachsen wäre und heute die Mitte des Gartens in ihrer Größe und Schönheit beherrscht. Aber bis dahin mußte noch viel Zeit vergehen.

Wir hatten viel Spaß und Freude, es gibt auch nichts Schöneres, als etwas zum Entstehen und Wachsen zu bringen, aber ich glaube die größte Freude

94 Teo Otto im Garten, Laab im Walde, um 1960

hatte meine geliebte Mutter. Sie stammte aus dem nahen Rekawinkel, und nun besaßen wir selbst einen eigenen, großen Grund. Mein Bruder baute mir eine kleine Holzhütte für die Werkzeuge und Liegestühle, und so konnten wir schon schöne Tage im Freien verbringen. Auch Helmuths Mutter kam immer mit heraus; sie verstand sich mit meiner Mutter sehr gut und war für sie eine geliebte Gesellschaft. Teo fand dort nach seiner anstrengenden Arbeit richtige, geruhsame Erholungsstunden.

Es lag nahe, daß ich mir einen Entwurf für meinen zukünftigen Bungalow von Teo Otto wünschte, aber als ich seine Entwürfe den Baumeistern zeigte, erklärten sie mir, sie wären für sie viel zu phantasievoll und es würde viel zuviel Geld kosten, sie zu realisieren. Doch soweit war es noch lange nicht; ich mußte erst das nötige Geld beisammenhaben, und das war nur durch den Film oder Tourneen möglich, mit der Gage vom Burgtheater hätte ich es nie geschafft.

Als ich endlich dazu kam, die Traumeinladung von Veola und Ludwig Lederer nach Amerika anzunehmen, waren Jahre vergangen. 1958, in meinen Ferien, war ich tatsächlich zwei Monate mit den beiden auf einer wunderbaren Amerikareise, Hollywood, Grand Canyon, die Redwoods, San Francisco – eine Reise, so schön, daß man sie gar nicht wirklich schildern kann.

Auf ihrer riesigen Farm lernte ich zum ersten Mal, daß man das Getreide schneiden, dreschen, trocknen, bündeln kann, alles in einem Gang; ich sah, daß man, wieder in einem Gang, auf Straßen Teer auftragen, asphaltieren, trocken, walzen kann – es war damals alles für mich wie ein Wunder. Ich sah und lernte viel, ich kam aus dem Staunen nicht heraus. Später war ich dann noch fünfmal nach Ludwigs Tod bei Veola in New York, dazwischen war sie jedes Jahr bei mir in Wien, bis sie viel zu früh an der schrecklichen Legionärskrankheit starb. Für mich ein fürchterlicher, unersetzlicher Verlust.

Ludwig wollte mir ganz Nordamerika zeigen, alle Fortbewegungsmöglichkeiten – mit dem Santa-Fé-Zug fuhren wir zum Beispiel durch die Wüste, wir flogen auch mit einem kleinen Flugzeug über die Rocky Mountains nach Yu Semeti, dem Grand National Park, und da kam mir das Magazin „Better Home and Garden" in die Hände, und darin fand ich unter anderem einen für mich geeigneten Bungalow-Entwurf. Was für ein Zufall! Ein Einraumhaus, aus Holz für die dortigen Temperaturen richtig, mit einer sehr geschickten Unterteilung der einzelnen, kleinen Räume. Ich war ganz begeistert davon, auch den Lederers gefiel es gut, und so wurde es dann gebaut.

.

Meine Teo Otto-Sammlung – „Capriccios"

Wir verlebten wunderschöne Jahre. Teo war viel in Wien, Leopold Lindtberg und er machten die großartigsten Inszenierungen – „Maß für Maß", die Königsdramen von Shakespeare, viele Komödien von Ferdinand Raimund und anderen, eine vielumjubelte „Fledermaus" an der Wiener Staatsoper. 1960 wurde das Große Salzburger Festspielhaus mit „Der Rosenkavalier" von Richard Strauss feierlich eröffnet, Herbert von Karajan dirigierte und inszenierte, und Teo Otto hatte die Bühne gemacht. Diese wunderbare Aufführung wurde auch verfilmt. Es folgten dann für die Salzburger Festspiele „Don Giovanni", „Der Troubadour", „Carmen", „Elektra" und mit Leopold Lindtberg „Faust I. und Faust II." – alles hervorragende Vorstellungen. Die Salzburger Probenzeiten waren auch immer unsere gemeinsamen Ferien.

Er freute sich über mein Verständnis an seiner Arbeit, freute sich, wenn ich auf den Proben war und meine Meinung kundtat, die er akzeptierte. Für mich war es ein großes Glück, daß ich mich wieder mit der bildenden Kunst auf diese Weise befassen konnte, die für meine Arbeit am Theater so wichtig ist. So ergänzten wir uns auch auf diesem Gebiet, und es verband uns, wie vieles andere, unbeschreiblich. Über Empfindungen, Liebe, zu schreiben ist sehr schwer. Teo war der Mensch meines Lebens. Jedes Zusammentreffen war für uns beide Hoch-Zeit. Es gab kein Arg, kein Mißverständnis, kein Mißtrauen, nur innigste Verbundenheit in allem. Das sagen zu können ist wohl das größte Glück auf Erden und kann für ein ganzes Leben reichen, wenn mir auch nur dreizehn Jahre vergönnt waren.

Nach dem Krieg hatte sich für Teo Otto die Theaterwelt geöffnet, er und Caspar Neher waren die gefragtesten und erfolgreichsten Bühnenbildner. Teo, der in der Emigration am Zürcher Schauspielhaus in der Woche drei Ausstattungen machen mußte, war gewohnt, schnell zu arbeiten, seine Phantasie sprühte; damals waren seine Entwürfe oft nur auf Bierdeckeln,

Servietten und Skizzenzettel gezeichnet, wie das Büchlein „Skizzen eines Bühnenbildners" Zeugnis gibt.

Zu seinem 60. Geburtstag überraschte ich ihn mit einem Werkverzeichnis, das ich erkundet hatte und das 600 Arbeiten aus der ganzen Welt erfaßt hatte. Das war eine mühsame Arbeit, denn er hatte, so wie ich auch, nie Zeit, Notizen zu machen. Heute weiß man, daß er insgesamt über 800 Ausstattungen in seinem viel zu kurzen Leben gemacht hat. Ganz abgesehen von den vielen Zeichnungen, die er mir täglich, wenn er nicht in Wien sein konnte, geschickt hat, es sind ungefähr 400 Blätter. Gezeichnete Briefe nannte er sie. Ich wunderte mich: „Wann machst du sie?" Er: „Vor dem Einschlafen." Später waren es nicht gespielte Rollen, lustige, komische Blätter, vielleicht wollte er damit auf meine Vielseitigkeit aufmerksam machen. Leider habe ich niemanden gefunden, der den passenden Text dazu geschrieben hätte, es hätte ein schönes Kabarettprogramm ergeben.

Eines Tages fragte ich Teo: „Wo kommen denn deine Bühnenbildentwürfe hin, wenn die Premiere vorbei ist?" Er: „Ich weiß es nicht, bin doch schon meistens weg." Ich war entsetzt. Die einmaligen Blätter von „Peer Gynt", die Königsdramenentwürfe – jeder Entwurf ein Bild –, alles war verschwunden. Ich ging der Sache nach, suchte Spuren und rettete, was noch zu retten war. Von da an brachte er sie mir aus den Werkstätten nach Hause und freute sich über mein Verständnis, die Sorgfalt und Sammelleidenschaft. So entstand meine große Teo Otto-Sammlung, die allein an die 500 Bühnenbildentwürfe umfaßte und die er mir schriftlich-testamentarisch zueignete mit dem Ausspruch: „Du weißt am besten, sie zu bewahren."

So war es mir möglich, dieses wertvolle, künstlerische Gut zu erhalten und nach seinem Tod in insgesamt acht Ausstellungen dem Publikum zugänglich zu machen. Heute sind aus meiner Sammlung 240 Blätter im Österreichischen Theatermuseum, Wien, 99 Blätter der Inszenierungen mit Karajan für die Salzburger Festspiele im Herbert von Karajan-Centrum, Wien, und über 100 Blätter in der Akademie der Künste, Berlin, untergebracht; er war seit 1958 Mitglied der Akademie der Künste, Berlin.

Großer Auftritt

Dicke Töne

Das Gedicht

Ohne mich

Die Trompete

Das Photo

Gusti Wolf
Traum-Rollen

Dank

Der Ruhm

95 Nicht gespielte Traum-Rollen, gezeichnet von Teo Otto.
Aus dem Buch: Künstler erzählen. Hg. von Künstler helfen Künstlern, um 1965

Ich darf sagen, daß ich stolz bin, die Fähigkeit zu besitzen, die Verantwortung der großen Kunst Teo Ottos gegenüber erfüllen zu können und so den nachkommenden jungen Bühnenbildnern sein Wissen zugänglich zu machen.

Anläßlich der ersten Ausstellung, die ich in der Galerie Welz in Salzburg gemeinsam mit dem Österreichischen Theatermuseum machte, ist auch ein Katalog erschienen mit den wichtigsten Artikeln, die er über Theater und seine Arbeit geschrieben hat, aber auch ganz wunderbare Nachrufe von Friedrich Dürrenmatt, Günter Rennert, Herbert von Karajan, Max Frisch, Leopold Lindtberg, Oscar Fritz Schuh u. v. a.

Ein kleines Buch „Capriccios" mit Teo Ottos Zeichnungen der von mir nicht gespielten Rollen habe ich herausgebracht; ich habe es vielen Freunden geschenkt und ihnen damit Freude gemacht.

„I hab a Haus baut …"

Zwischendurch hatte ich die Filme „Schwarzbrot und Kipfel", eine schöne Hauptrolle, „Meine schöne Mama" mit einer kleineren Rolle und „Willi, der Privatdetektiv" mit Willy Millowitsch in der Hauptrolle in Köln gedreht.

Im Jahr 1960 begann das Bauen. Otto Niedermoser, ein großartiger Bühnenbildner vom Burgtheater und der Josefstadt, der auch Architekt war – ihm und Hans Weigel ist es zu danken, daß das Theater an der Wien noch heute in seiner alten Pracht steht –, übertrug mir das Holzmodell in winterfestes Material – für unsere Gegend geeigneter. Auch bestand ich darauf, daß es unterkellert wird, die Bauaufsicht übernahm ich selbst. Ich hatte mich so viel mit den Dingen befaßt, daß es mir Niedermoser, schon um Geld zu sparen, zumuten konnte. Allerdings hab' ich eines nicht bedacht: Jeden Tag fuhr ich mit meinem Auto vor der Probe mit einer Kiste Bier für die Arbeiter nach Laab, und es konnte passieren, wenn ich am Nachmittag, nach der

Der Bühnenbildner
TEO OTTO
Salzburger Inszenierungen

GALERIE WELZ SALZBURG · 6.4.–30.4.1977

Österreichisches Theatermuseum Wien, Hanuschgasse 3 · 19. April–4. September 1977
Der Bühnenbildner Teo Otto – Wiener Inszenierungen

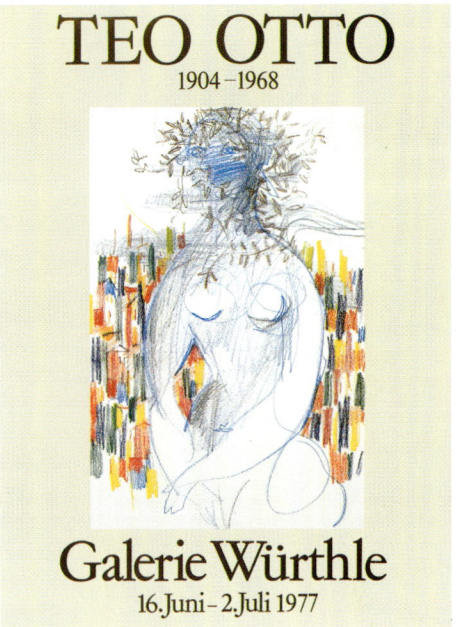

TEO OTTO
1904–1968

Galerie Würthle
16. Juni – 2. Juli 1977

Galerie über dem Café Mozart
Salzburg, Getreidegasse 22, III. Etage (Aufgang im Durchhaus), Tel. 0 66 2/43 7 46/15

Teo Otto
Bühnenbilder und Zeichnungen
vom 21. Juli bis 10. September 1983

Öffnungszeiten: Montag bis Freitag von 10.00 bis 12.30 Uhr und von 15.00 bis 18.30 Uhr,
Samstag von 10.00 bis 17.00 Uhr, Sonntag von 9.00 bis 13.00 Uhr

HERBERT VON
KARAJAN
CENTRUM

TEO OTTO
BÜHNENBILDNER UND MALER 1904–1968
Arbeiten für
die Salzburger
Festspiele,
das Burgtheater
und die Wiener
Staatsoper aus
der Sammlung
Gusti Wolf

4. - 23. November 1999

5, 6, 7, 8 Vier Plakate aus Wien und Salzburg, von 1977–1999, von den acht Ausstellungen, die
ich mit den Bühnenbildern und Zeichnungen von Teo Otto gemacht habe

9 Annette, mit Aglaja Schmid in dem Film „Die Regimentstochter", 1953

10 Mit Jane Tilden und dem Regisseur Peter Sämann,
der Serie „Schloßhotel Orth", ORF 1995

11 Vor dem Plakat als Miß Marple. Gastspiel, Kleine Komödie Wien, Regie: Helmuth Sideritz

12 Eva und Claudius Harta, meine Ziehgeschwister,
bei meiner letzten Reise, in Florida 1993

13 Das ist mein Bungalow in Laab im Walde

Probe, wieder hinauskam, daß ein Fenster schief eingesetzt war. Ich mußte streng in meiner Kontrolle werden, denn das Bier tat leider seine Wirkung, und einmal hörte meine Mutter, wie ein Arbeiter sagte: „Oje, jetzt kommt die Kleine wieder Läuse suchen!"

Es war eine sehr anstrengende Zeit, denn ich hatte täglich Proben und abends oft Vorstellung, ein Autounfall, mein erster, war die Folge. Aber über allem war die große Freude – ein Haus entsteht, und es gehört mir, ich hab' es mir geschaffen. Wenn Teo kam, staunte er nur über die Fortschritte und freute sich mit mir. Wir waren glücklich.

Alle unsere Freunde umgeben jetzt das Haus und leben mit mir, als Baum oder als Strauch, im Garten. Liselotte Schreiner machte den Anfang mit den sieben Birken, Pepi Meinrad ist der große Lorbeerstrauch. Mein Bruder Otto setzte sieben Pappeln ein als Wächter beim Garteneingang. Helmuth Randers setzte die Spitzfichte, die Magnolie ist Hermann Schomberg, mein Tartuffe und Freund, der weiße Flieder ist der Hochzeitsstrauß von Hans Jaray und seiner Frau. Der Rhododendron ist von Aglaja Schmid und Rudolf Steinboeck.

Meine geliebte Mutter pflanzte eine große Papiernuß, heute schon ein Riesen-Baum mit herrlichen Nüssen. Die schlanke Silbertanne im Mittelpunkt des Gartens ist die Gusti, sollte auch Christbaum sein, und nicht weit davon ist die Silbertanne Teo. Eine Silbertanne pflanzten meine Kollegen, als wir in der Kleinen Komödie, neunzigmal ausverkauft, Agatha Christies Stück „Mord im Pfarrhaus" spielten, sie heißt nach meiner Rolle „Miss Marple" und wurde mit Sekt eingegossen.

Im Jahr 1961 stand mein Bungalow. Das Einrichten des kleinen Hauses machte mir die allergrößte Freude, es ist inzwischen meine vierte Wohnung. Einrichten ist eine Leidenschaft von mir. Meine erstirlten Dinge fanden hier einen geeigneten Platz. Teo schenkte mir die Kitchenette; ich wollte sie in Rot haben, was damals noch gewagt war, aber zu dem schwarzen Kachelfußboden sieht es sehr gut aus. Bei der letzten Tournee, als ich schon wußte, daß ich ein Häuschen bauen würde, kaufte ich in Ansbach, Bayern, einen eingelegten Bauerntisch und die passenden Sessel dazu, auch bei einem großen abgelaugten Bauernschrank konnte ich nicht widerstehen. In Recklinghausen sah ich bei einem Antiquitätenhändler einen Christus Corpus, den wollte ich haben, aber der Händler meinte, der ist noch nicht ganz fertig; er wollte ihn restaurieren. Er ist romanisch, lächelt und hat einen Schnurrbart, ganz seltsam. Ich kaufte ihn, wie er war und wollte ihn Teo schenken, aber er meinte: „Wenn ich nicht da sein kann, muß er dich beschützen"; so bewacht er heute mich und mein Haus.

Teo machte zu dieser Zeit die Ausstattung am Burgtheater zu „König Hirsch" von Carlo Gozzi, in dem Inge Konradi und Ernst Anders ganz hinreißend waren. Zwischen den einzelnen Akten der Komödie ging ein zauberhafter, von Teo Otto gemalter Vorhang herunter. Commedia dell'arte Figuren ziehen einen Wagen mit Tieren. Wunderschön! „Den Vorhang muß ich haben", war mein erster Gedanke. Teo malte ihn mir im Sommer 1961 im Großen Festspielhaus in Salzburg, während seiner Arbeit zu „Faust I.", dort war Platz auf dem Fußboden dafür, auf acht Meter weißem grobem Leinen, das unser Wohnungsvermieter Hoffmann besorgen konnte.

Der Vorhang gibt dem Haus eine ganz besondere Note und wird von vielen sehr bewundert. Für die Hausfront entwarfen wir einen Christophorus, den mir der liebe Schlosser Herbert Kratochwil im Theater anfertigte. Die Stunden, sich gemeinsam alles auszudenken, zu entwerfen, zu überlegen, waren eine große Freude für uns.

Viele Sommerwochenenden haben wir glücklich in Laab verbracht. Meine geliebte Mutter, meine Freundinnen, Margarethe Gutherz, vielen noch bekannt von unzähligen schönen Sendungen im Österreichischen Rundfunk, mit ihrer Mutter, die mich besonders ins Herz geschlossen hatte, Lisl Kammel und Traute Witt. Teo meinte immer: „Das Land und die gute Luft werden dein Leben verlängern." Ich bin davon überzeugt, denn bei meiner Mutter war es der Fall. Sie war so glücklich dort draußen, trotz ihrer schweren Coxarthrose, ihrer großen Schmerzen, nie eine Klage, sie suchte sich immer eine Beschäftigung. Heute finde ich immer noch kleine Aufmerksamkeiten von ihr. Mit 80 Jahren fing sie an zu malen und zeichnete wunderschöne Blumenbilder, die mein Haus schmücken. Inge Konradi schenkte mir für mein Haus einmal einen von ihrer Mutter bemalten Teller. Das regte den Ehrgeiz meiner Mutter an, und zu Weihnachten bekamen ich und meine Brüder von ihr bemalte Teller. Sie war eine großartige Frau, wir liebten sie sehr, und sicher mußte sie nie bereuen, daß sie uns drei Kinder mit in ihre Ehe genommen und großgezogen hat.

Sehr viele Wünsche in meinem Leben haben sich erfüllt, wenn es auch dazwischen sehr schwere Zeiten gab, aber ich habe daraus gelernt. Lernen, lernen, aus allem lernen, das ist das Wichtigste. Es ist verdammt schwer, auf eigenen Füßen zu stehen und den Anforderungen im Beruf und im Leben gerecht zu werden. Schauspielerin zu sein beruht nicht allein darauf, Menschen darstellen zu können, die Glaubhaftigkeit muß vorhanden sein, der Charakter; dazu muß man die Menschen beobachten, in der Straßenbahn, beim Einkaufen, in allen Situationen. Das ist auch sehr interessant. Man muß viel sehen, die Augen offenhalten, den Instinkt üben, durch Erfahrung klug werden.

Schau-Spiel

Schauspieler
Schau - Spiel
Schau - Spielen
Ist es ein Spiel?
Spielen wir denn?

Was für ein merkwürdiger, was für ein aufregender, was für ein wunderbarer Beruf! Spielen wir denn?

Es soll für das Publikum so wirken, die Leichtigkeit, die Selbstverständlichkeit muß dasein. Das Publikum muß es so empfinden.

In Wirklichkeit ist es ein schwerer Beruf, der ohne Voraussetzungen gar nicht möglich ist, und diese müssen einem gegeben sein, sind nicht zu erlernen.

Aber wenn man einmal damit angefangen hat, ist es wie ein Rausch, wie eine Droge, von der man nicht mehr loskommt.

Man muß lernen, sich selbst aufzugeben, damit man andere Menschen, Charaktere glaubhaft darstellen kann.

Text kann man erlernen, aber das Geheimnis, die Faszination zu erreichen, daß das Publikum wahrnimmt, was man meint, was man darstellt, ist schwer.

Es ist wie ein Strom, der die Verbindung mit dem Zuschauerraum herstellt, „senden" muß man können wie eine Antenne.

Der Schauspieler spürt genau, ob er beim Publikum ankommt. Der Strom kommt vom Publikum zurück, das ist das richtige Spiel im Theater – in meinen Augen.

Es ist ungeheuer viel Zauber in diesem Beruf, und er fordert viel Wissen um Liebe, Schmerz, Trauer, Jugend, Alter – mit einem Wort – um das

Leben. Wahrhaftigkeit, Gefühlsfähigkeit, Naivität, das scheint mir wichtiger als Schulweisheit.

Umsonst ist nichts. Der Beruf fordert viele Opfer, und die Kraft dazu muß man aufbringen.

In jungen Jahren fragte ich einen großen Schauspieler: „Glauben Sie, daß aus mir was werden kann?" – Er: „Wenn du durchhältst – dann wirst du auch was!"

Ich habe durchgehalten.

Welttournee

In der Ära Ernst Haeusserman fand 1967/68 die Welttournee des Burg-theaters statt. Das Burgtheater als „Botschafter der Republik Österreich" – denn das Gastspiel wurde vom Staat finanziert, und die Organisation lag in den Händen eines großen, allgemein bekannten Agenten, Gerd von Gontard, der seit vielen Jahren in New York eine Agentur besaß und auch so berühmte Kollegen wie Elisabeth Bergner vermittelte. Ernst Haeusserman kannte ihn seit seinen New Yorker Emigrationsjahren. Für die Organisation auf österreichischer Seite war Prof. Dr. Heinrich Kraus zuständig. Es war be-wunderungswürdig, wie alles funktionierte; ihm ist man zu großem Dank verpflichtet.

Welttournee des Burgtheaters! Das war ein überwältigendes Ereignis! Sie dauerte im ganzen fast ein halbes Jahr, Stücke und Schauspieler wechselten sich ab. Wenn man nicht gerade Vorstellung hatte, lasen wir in den größten Universitäten österreichische und deutsche Literatur. Ich hatte das große Glück, mit dem Stück „Das Konzert" von Hermann Bahr an dem Ereignis beteiligt zu sein. Es war unsere herrliche Burgtheaterbesetzung: Susi Nicoletti, Robert Lindner, Johanna Matz. Das Ehepaar Pollinger auf der

96 Frau Pollinger, mit Hugo Gottschlich als Pollinger, in „Das Konzert" von H. Bahr, Akademietheater, Wien, 10. 10. 1963 und Welttournee des Burgtheaters 1968

Almhütte waren Hugo Gottschlich und ich. Axel von Ambesser vertrat den nicht abkömmlichen Peter Weck als Dr. Jura. Die Regie hatte Pepi Meinrad, ich glaube, es war seine einzige Regie. Dieses Stück spielten wir en suite drei Wochen in New York und drei Wochen in Israel, was für mich überhaupt das allertollste und interessanteste war.

Es war kurz nach dem „Sechs-Tage-Krieg" von 1967, und die Menschen waren wie trunken über den Sieg. Man hörte nichts anderes, alle sprachen nur davon – so, als wäre es gestern gewesen. Das Land war im Aufbau, und bei den Besichtigungen, die wie ein Anschauungsunterricht waren, kam man aus dem Staunen nicht heraus. Alles, was man in der Schule, in der

97 Fräulein Blumenblatt in
„Einen Jux will er sich machen" von
J. Nestroy, Burgtheater, 8. 9. 1967 und
Welttournee 1968

Religionsstunde gelernt hatte, wurde plötzlich Wirklichkeit. Wir lasen auch in den Kibbuzim Nestroy und Raimund, und viele emigrierte Wiener weinten dabei. Vieles war erschütternd und aufregend, man zeigte uns die Bewässerung der Wüste, das Tote Meer. Ich besitze ein zauberhaftes Photo, auf dem Jane Tilden und ich im Meer sitzen, wie in einem Sessel.

Ich photographierte damals die ganze Tournee – viele Kartons voll, leider Dias, und so interessant es wäre, bin ich nur einmal dazu gekommen, diese meinen Kollegen vorzuführen. So viele Jahre sind seither vergangen, wenn ich jetzt Israel im Fernsehen sehe, ist es nicht wiederzuerkennen.

Jericho zum Beispiel, es gab damals dort nur ein paar Hütten und Ruinen, ringsherum nur Dünen, Sand. Eine Kollegin, Lona Dubois, freute sich so auf den Jordan: „Wir sollten uns unbedingt mit dem Wasser besprühen; wie eine zweite Taufe", meinte sie. Als wir dort ankamen und sie photographieren wollte, stürzte sie im Übereifer samt dem Photoapparat in den Fluß. Ich kaufte ein Fläschchen Jordanwasser, das man als Souvenir kaufen konnte, für das damals zu erwartende Baby von Peter Wecks Frau. Ich weiß gar nicht, ob es auch wirklich benützt wurde.

Die Tournee ging auch unter anderem nach Hongkong, und zwar mit dem Nestroy-Stück „Einen Jux will er sich machen". Adrienne Gessner war das Fräulein Blumenblatt. Ich wollte unbedingt mitgenommen werden und machte den Vorschlag, für alle Kosten selbstverständlich selbst aufzukommen. Das war möglich und eine einmalige Chance, billig und im Kreis des Burgtheaters dieses Erlebnis mitzumachen.

Der Arzt von Adrienne Gessner hatte ihr die lange Flugreise aber aus gesundheitlichen Gründen verboten, das Risiko wäre zu groß. Und so kam es, daß das Theater glücklich war, daß ich die Rolle der Blumenblatt übernehmen konnte, und ich war glücklich, daß ich mir das Reisegeld ersparte. Seit damals ist mir diese Rolle geblieben, und ich spiele sie auch jetzt wieder. Ich habe sie inzwischen schon in vier verschiedenen Inszenierungen gespielt, einmal davon als Gast in Köln.

In Hongkong endete für mich die Welttournee. Die Rückreise mit dem Flugzeug dauerte 19 Stunden und war sehr anstrengend. Ich mußte am nächsten Tag nach meiner Ankunft ins Atelier zum ersten Drehtag für die Serie „Der alte Richter" mit Paul Hörbiger in der Hauptrolle; ich spielte seine Wirtschafterin, eine schöne, durchgehende Rolle.

Die ersten sechs Folgen waren noch in Schwarzweiß, dann folgten weitere sechs schon in Farbe. Das war die erste Serie im Fernsehen, und sie wurde öfter wiederholt.

Gott sei Dank! Mein Schutzengel!

Im Burgtheater haben wir immer zwei Monate, Juli und August, Ferien. Einen Monat davon habe ich fast immer gearbeitet, Gastspiele in Melk, z.B. „Liebesgeschichten, Heiratssachen" und „Einen Jux will er sich machen" mit Felix Dvorak zusammen, dem ich dabei zum ersten Mal begegnet bin.

Jürgen Wilke und seine Frau Christine hatten ganz in meiner Nähe ein Haus; er war der Direktor der Sommerspiele in Stockerau und lud mich ein,

98 Lucia Distel, mit Felix Dvorak in „Liebesgeschichten,
Heiratssachen" von J. Nestroy, Sommergastspiel in Melk

bei ihm die herrliche Rolle der Lady Bracknell in „Bunbury" von Oscar
Wilde zu spielen. Die Rolle interessierte mich sehr; die Tochter der Lady,
Gwendoline, war ich schon in meinen jungen Jahren an den Kammerspielen in München. In Stockerau spielt man am Kirchenplatz, im Freien, eine
wunderschöne Kulisse, aber es kann auch sehr kalt sein. So war es auch damals, und ich wurde sehr krank: schwere Bronchitis. Ich spielte trotzdem,
das war für mich eine Selbstverständlichkeit, aber es wurde immer ärger, und
ich konnte mich vor Husten kaum retten. Ein Maskenbildner, er war von

der Volksoper, erzählte, er hätte auf einer Japantournee einen phantastischen Blutdruckmesser gekauft, den wolle er am nächsten Tag zur Vorstellung mitbringen. Am nächsten Tag konnte ich kaum mehr auf den Beinen stehen, und als der tolle Japanblutdruckmesser 260 zu 105 Blutdruck anzeigte, ließ Jürgen Wilke einen Arzt kommen, und dessen Blutdruckmesser zeigte dasselbe an. Die Vorstellung war total ausverkauft, und ich spielte sie zu Ende; wie, weiß ich nicht mehr. Als es mir am nächsten Tag, es war ein Feiertag und keine Vorstellung, nicht besserging, bekam Jürgen Wilke Angst um mich und suchte einen Arzt, der mich ins Krankenhaus aufnehmen sollte. An einem Feiertag ist das ein Problem; eine Freundin empfahl ihm den Primar Dr. Franz Böhmer, der sich sofort meiner annahm und mich ins Rudolfinerhaus einwies. Ich glaube, es war allerhöchste Zeit gewesen, schwere Lungenentzündung, hohes Fieber usw. usw.

Primar Dr. Böhmer war für mich wie ein rettender Engel, und in meiner Hilflosigkeit und Dankbarkeit sagte ich am nächsten Tag zu ihm: „Mich werden Sie nie mehr los" – und so ist es auch bis heute geblieben. Über diese Freundschaft bin ich sehr glücklich, und durch sie fühle ich mich beschützt und lebe beruhigter.

Aber er ist nicht der einzige, der mir in größter Not geholfen hat. Direktor Robert Jungbluth verdanke ich, daß ich gerade gehen kann. Durch einen furchtbaren Sturz in meinem Garten erlitt ich einen schweren Schienbeinspiralenbruch und einen Wadenbeinbruch im linken Bein. Die Rettung brachte mich nach Mödling, wo man mir eine Schiene der Länge nach ins Bein einsetzen wollte. Ich mußte Robert Jungbluth sofort davon verständigen; ich sollte nämlich bei ihm am nächsten Tag einen Film beginnen. Er holte mich mit der Rettung sofort nach Wien und brachte mich zu Prof. Dr. Spengler. Nach sechs Monaten war mein Bein wieder ganz in Ordnung. Ich kann nicht genug dankbar sein; auch er wird mich nicht mehr los.

99 Thekla in „Träume von Schale und Kern"
von J. Nestroy, Burgtheater im Ronacher,
8. 5. 1953

100 Edna in „Empfindliches Gleichgewicht"
von E. Albee, Akademietheater, Wien,
29. 4. 1967

101 Eva von Oynhausen in „Das Phantom"
von H. Bahr, Akademietheater,
Wien, 2. 6. 1959

102 Clotilde in „Durch die Wolken" von
F. Billetdoux, Akademietheater, Wien,
21. 12. 1966

Sieben Direktoren waren inzwischen meine Chefs am Burgtheater gewesen: Raoul Aslan, Josef Gielen, Adolf Rott, Ernst Haeusserman, Paul Hoffmann, Gerhard Klingenberg, Achim Benning; ich bin mit allen verhältnismäßig gut ausgekommen, ich bin ein angenehmes Zirkuspferd, habe nie eine Rolle abgelehnt, bin nie um eine bitten gekommen. Wenn keine Rolle für mich da war, bin ich auf Tournee oder Gastspiele wie zum Beispiel Bremen, München, Hamburg gegangen, oder ich konnte einen Film drehen oder Fernsehen machen. Das war für mich nur von Vorteil, so wurde ich keine Lokalgröße, deren Namen man schon über der Grenze nicht mehr kennt, so gingen meine zehn Jahre Deutschland vor meinem Burgtheaterengagement nicht ganz verloren. Ich konnte mich immer wieder in Erinnerung bringen.

1986 wurde Claus Peymann als Burgtheaterchef eingesetzt. Es ging ihm der Ruf, sehr schwierig und extravagant zu sein, voraus. In Salzburg, bei den Festspielen, hatte er schon von Thomas Bernhard „Der Ignorant und der Wahnsinnige" inszeniert; damals verlangte er, daß das Notlicht im Zuschauerraum während der Vorstellung ausgelöscht sein müsse, was die Behörden natürlich aus Sicherheitsgründen nicht zulassen konnten. Das Stück wurde abgesetzt. Im Burgtheater inszenierte er, auch von Thomas Bernhard, „Die Jagdgesellschaft". Damals wollte er, daß auf dem Dach des Burgtheaters, wenn die Vorstellung angesetzt war, Bäume, die einen Wald darstellen sollten, aufgestellt würden. Mir gefiel diese Inszenierung sehr gut. Ich erinnere mich, daß die Bühne voll mit Hirschgeweihen behängt war, Judith Holzmeister spielte hervorragend die Hauptrolle.

Viele Kollegen versuchten gegen die Ernennung Peymanns zu protestieren, auch unsere Ensemblevertretung; sie wurde aber nicht empfangen und angehört. Darauf verließen sogar Kollegen das Theater oder gingen frühzeitig in Pension; das war ein großer, trauriger Verlust. Andere Kollegen wurden von Peymann, trotzdem er in der ersten Versammlung sagte, wie wichtig ihm der Schauspieler sei, daß er für ihn der König am Theater ist, entlassen oder pensioniert, manchmal ohne sie vorher auf der Bühne gesehen zu haben. Dadurch wurde der Ensemblegedanke zerstört, der für viele hervor-

103 Agnes Sorel in „Die Lerche" von
J. Anouilh, Akademietheater, Wien,
13. 11. 1954

104 Alice Rütterbusch in „Die Ratten"
von G. Hauptmann, Burgtheater,
25. 5. 1962

105 Großmutter in „Geschichten aus dem
Wiener Wald" von Ö. v. Horváth,
Burgtheater, 28. 11. 1987

106 Frau/Tod in „… denn alle Lust will
Ewigkeit" von Franz Wittenbrink, Salzburger
Festspiele, 13. 8. 1999

ragende Vorstellungen verantwortlich war. Das Publikum in Wien ist berühmt dafür, wie sehr es das Theater und seine Schauspieler liebt. Ein Abonnement war so kostbar, daß es vererbt wurde; nun gab es plötzlich freie Abonnements. Das war ungewöhnlich und ergab einen riesigen Bruch.

Die Stimmung im Haus war lange Zeit auf dem Nullpunkt, die Vertrautheit, die so wichtig ist, wollte sich mit den neuen Mitgliedern, und viele waren gekommen, nicht einstellen. Alles, was Tradition war, war unbeliebt und wurde bekämpft. Dafür wehte eine weiße Fahne auf dem Dach mit der Aufschrift „Burgtheater", als wüßten die Wiener nicht, wo ihr Burgtheater steht. Es war vieles traurig; es hieß, die Burgschauspieler schliefen nur auf der Bühne und lebten von ihren Privilegien. Bis heute, und ich bin jetzt 55 Jahre am Burgtheater, habe ich davon noch nichts bemerkt.

Ich hatte Glück, anscheinend kannte mich Peymann von meinen Hamburger Gastspielen. Als Peymann ans Burgtheater kam, war ich gerade in dem Stück „Hochzeit" von Elias Canetti als die alte Gilz beschäftigt, die ihm scheinbar einen guten Eindruck machte. Ich spielte sie rasend gern und hatte einen großen Erfolg damit, auch bei der Presse.

Auf mein Ansuchen gab Peymann mir Urlaub für eine Fernsehserie „Rosa und Rosalind". Ich glaube, sie war im Fernsehen meine beste Leistung, und dafür bin ich ihm dankbar. Das Drehbuch war von Christine Nöstlinger, Regie führte Anton Reitzenstein mit seiner Beate Biedermann. Beide zählen zu meinen besten Freunden nach dieser erfolgreichen Arbeit. Es war eine Rolle, wie ich sie mir nur erträumen konnte: eine Großmutter mit Enkelin, es spielt in den Nachkriegsjahren, die Verwandten wollen sie ins Altersheim bringen, um die Wohnung zu bekommen. Die Großmutter ist eine hinreißende, herzenskluge, rührende Frau. Als mein Bruder Otto den Film sah, es waren sechs Folgen, kamen ihm heimlich die Tränen und er sagte: „Du bist wie unsere geliebte Wawo in dem Film"; das war für mich das höchste Lob.

Peymann gab mir, ob daraufhin, das weiß ich nicht, die Großmutter in „Geschichten aus dem Wiener Wald" zu spielen. Karlheinz Hackl war der Alfred, Inge Konradi die Trafikantin, Aglaja Schmid die Mutter. Schade,

107 Rosa in „Rosa und Rosalind", Fernsehserie von Christine Nöstlinger, ORF 1986

108 Großmutter, mit Karlheinz Hackl als Alfred, in „Geschichten aus dem Wiener Wald" von Ö. v. Horváth, Burgtheater, 28. II. 1987

109 Mumie, mit Walther Reyer als Der Alte, in „Die Gespenstersonate" von A. Strindberg, Akademietheater, Wien, 7. 5. 1988

dem Bühnenbild fehlte meiner Meinung nach die Atmosphäre, das Klein-häuslerische, das Horváthische.

Ich hatte in Hamburg bei Boy Gobert am Thalia-Theater unter Jürgen Flimm in „Geschichten aus dem Wiener Wald" schon die Trafikantin ge-spielt. Jürgen Flimm hatte mit uns und unserem wienerischen Horváth-Dia-lekt große Schwierigkeiten, er war ihm damals noch ganz fremd.

Vieles ändert sich

Im Lauf der Zeit hat sich das Leben verändert, und das Theater hat mitgehalten; der Beweis dafür ist, daß man jungen Regisseuren Chancen gegeben hat. Der Slogan „Großvaters Theater" machte die Runde.

Schon Direktor Achim Benning holte im Jahr 1977 für das Stück „Victor oder die Kinder an der Macht" von Roger Vitrac den jungen Regisseur Hans Neuenfels, der bereits damals mit einigen aufsehenerregenden Inszenierungen aufgefallen war, an das Burgtheater.

Ich spielte gerade in dem Nestroy-Stück „Umsonst". In der Pause kam Hans Neuenfels in meine Garderobe und bot mir die Rolle der Ida Totemar an. Ich war etwas skeptisch, da diese Rolle sehr prekär ist und ich das Gefühl hatte, daß ich nicht die geeignete Besetzung sei. Aber schon nach der ersten Stellprobe war ich von seinem Arrangement so hingerissen, daß mir klar wurde, wie er die Rolle sah und ich sie zu spielen hatte. Sie war für mich ein Ereignis, und die Aufführung war großartig.

Das Stück war glänzend besetzt, mit Klaus Maria Brandauer, Erika Pluhar, Annemarie Düringer, Paola Loew, Bibiane Zeller …

Danach arbeitete ich noch mit Hans Neuenfels, 1978, in „Franziska" von Frank Wedekind; Elisabeth Trissenaar spielte die Hauptrolle und ich die Frau Eberhardt. 1992 inszenierte er „Käthchen von Heilbronn" mit der bezaubernden Anne Bennent in der Titelrolle und ich spielte die alte Amme Brigitte, die vorher von der großen, erblindeten Schauspielerin Dorothea Neff im Rollstuhl am Burgtheater gespielt worden war. Die Rolle ist ein großer Monolog.

Nach vielen Proben verschiedenster Auffassungen fand einen Tag vor der Hauptprobe eine Abendprobe mit mir statt, bei der ich erfuhr, daß Neuenfels will, daß ich den Monolog der alten Amme als einen in weißen Damast gekleideten Pierrot spielen soll. Ich war über diese Umstellung erstaunt und erschrocken, aber Neuenfels konnte mich überzeugen, daß auch diese Auffassung stimmig sein kann.

110 Ida Totemar, mit Klaus Maria Brandauer als Victor,
in „Victor oder die Kinder an der Macht" von Roger Vitrac,
Akademietheater, Wien, 21. 12. 1977

Die Szene spielt in Wetter von Strahls Kinderzimmer, ein riesiges Pferd stand in der Mitte. Der Monolog der Brigitte kann also auch wie ein Phantasiegeschöpf aus seinem Kindertraum dargestellt werden.

Nach der Hauptprobe kam der damalige Bühnenbildner Reinhard von der Tannen zu mir und erzählte mir, daß in einer Kölner Inszenierung in dieser Szene im Zimmer eine Puppe saß, die diesen Text gesprochen hat.

Nachdem ich fast mit allen großen Regisseuren gearbeitet hatte, war es für mich eine Bereicherung und eine große Herausforderung, daß auch die jungen Regisseure mit mir arbeiten wollten.

Leander Haußmann, Regisseur, von 1994 bis 1999 Direktor am Bochumer Theater, inszenierte am Burgtheater „Drei Schwestern" von Anton Tschechow; ich spielte darin die Anfissa. Es war eine überaus interessante und erfolgreiche Arbeit. Ich schätze Leander Haußmann sehr, vor allem wegen seiner enormen Phantasie, seiner knabenhaften Unbekümmertheit, seinem Lachen, seiner hohen Gestalt, seiner Art sich zu bewegen – es gab Momente, in denen er mich stark an Horst Caspar erinnerte. Als wir darüber sprachen und er erfuhr, daß ich eine der vier Totenmasken von Horst Caspar von Antje Weisgerber bekommen hatte, arrangierte er sofort eine Ehrung für ihn in seinem Bochumer Theater. Die Totenmaske sollte, wie es auch im Burgtheater üblich ist, auf einem Postament im Foyer stehen, zusammen mit einer Ausstellung von Photos, die Horst Caspars unwahrscheinlichen Aufstieg, seine Erfolge, beginnend am Bochumer Theater, zeigen sollten.

Am 11. April 1997, es war mein Geburtstag, fuhr ich nach Bochum, um an der Feier teilzunehmen. Am Düsseldorfer Flughafen, beim Blumenladen, sollte mich der Chauffeur des Theaters erwarten. Da ich zum ersten Mal an diesem Flughafen ankam, der sehr groß ist, irrte ich erst lange herum, bis ich endlich das Blumengeschäft fand. Gott sei Dank stand der Chauffeur da, und wir konnten den Flughafen verlassen, denn wenige Minuten danach brach genau an dieser Stelle die ganze Decke des Flughafens brennend herunter, und der aufgestaute Ruß und Rauch, die Hitze erfüllten im Nu die ganze Flughafenhalle. Es gab kein Entkommen. Als ich in Bochum ankam, erfuhr ich, daß der ganze Flughafen in Flammen stehe und es Tote gegeben hätte. Eine Lötarbeit oberhalb der Decke soll die Kabel in Brand gesteckt haben, und niemand hatte es rechtzeitig bemerkt. Es war mein Geburtstag, ich hatte ein ungeheures Glück, es hatte sich wieder einmal – um Minuten gehandelt. Es war ein merkwürdiges Zusammentreffen zweier Ereignisse, die ich nie vergessen werde. Mein Schutzengel! Gott sei Dank!

Die Arbeit mit Leander Haußmann in den „Drei Schwestern" war für mich sensationell. Als er mir für den Sommer 1996 die Oberelfe im „Sommernachtstraum" bei den Salzburger Festspielen in der Felsenreitschule anbot, gab es für mich kein Überlegen, trotzdem ich wußte, daß es nur eine ganz kleine Rolle am Anfang des Stückes ist; es machte mich glücklich und neugierig.

Schon mein Auftritt allein zu Beginn des Stückes war so traumhaft inszeniert, daß meine Erwartungen kaum übertroffen werden konnten. Über die gesamte Länge der Bühne war ein strahlend roter Seidenvorhang gehängt, und bei meinem ersten Auftritt, durch den Schlitz in der Mitte, hielt ich die beiden Teile des Vorhangs in den Händen, kreuzte sie vor meiner Brust, trat nach vorn, und der Vorhang, in seiner ganzen Breite, sah aus, als hätte ich ein riesiges Kleid mit Schleppe an.

So begann das Stück mit dem Elfe-Puck-Dialog.

Andreas Eisermann spielte den Puck. Im Laufe der Proben, die zu sehen für mich ein großes Erlebnis waren, bekam die Oberelfe immer wieder neue Auftritte, so daß sie am Schluß gar keine kleine Rolle mehr war. Außerdem bekam ich noch den Hofzeremonienmeister zu spielen und so sprach ich auch die Schlußworte und beendete das Stück.

Es war eine hochinteressante Vorstellung geworden, über die man diskutieren konnte, die modern und heutig war und sehr viel Anklang fand beim Publikum und bei der Presse. Trotzdem es keine leichte Aufgabe war, in der Felsenreitschule, auf dieser enormen, riesigen, kalten Bühne Zauber entstehen zu lassen.

111 Oberelfe in „Ein Sommernachtstraum" von W. Shakespeare,
Salzburger Festspiele, Felsenreitschule, 26. 7. 1997

„Arsen und alte Spitzen" – Ich habe einen Schutzengel!

Als ich nach meinem Gastspiel in Salzburg nach Laab im Walde zurückkam, sah ich mit der größten Bestürzung, daß man während meiner Abwesenheit den Hohlweg hinter meinem Grundstück, den sich das Wasser vom ganzen Roppersberg im Lauf der Zeit gegraben hat, und in dem nach einem Tauwetter im Frühling oder nach einem starken Wolkenbruch das Wasser mit einer großen Gewalt vom Berg herunterstürzt, daß man diesen natürlichen Wasserweg eingeebnet hatte, weil man elektrische Leitungen und wahrscheinlich auch Telephonkabel verlegt hatte zu einem neu erbauten Haus, und um dieses auch leichter mit dem Auto erreichen zu können – denn bis dahin konnte man diesen Weg nur mit dem Traktor befahren. Meine Sorge war berechtigt, denn als ich seinerzeit meinen Zaun gerade gebaut hatte, knapp nachdem ich das Grundstück erworben hatte, erlebte ich, daß im Frühjahr so ein Sturzbach vom Berg herunterkam. Er führte Steine und Geröll mit sich, unterspülte meinen Zaun, verwüstete meinen 4000 m² großen Garten. Das alles kam damals nur daher, weil ein Anrainer sich einen kleinen Teil des Hohlwegs eingeebnet hatte, um besser zu seinem Bauernhof fahren zu können.

Das war für mich damals eine große Aufregung und kostete mich viel Geld. In meiner großen Angst, daß wieder ähnliches passieren könnte – gerade waren in Tirol die schlimmsten Unwetter gewesen und hatten große Überschwemmungen ausgelöst –, machte ich die Behörden darauf aufmerksam. Es dauerte nicht lange, und was ich befürchtet hatte, traf ein. Die Welt hat sich eben verändert. Man kann jeden Tag in der Zeitung lesen, im TV sehen, daß die Unwetter heftiger sind, die Überflutungen immer größer werden und die Menschen ihr Hab und Gut verlieren.

Es war Sommer. Schwere Regenfälle hatten in ganz Niederösterreich Überschwemmungen ausgelöst, Laab im Walde wurde sogar zum Not-

standsgebiet erklärt. Die Kraft des Wassers hat das ganze Material der Weg-
zuschüttung wieder fortgerissen und weggeschwemmt. Der Berg suchte sich
seinen Weg für das Wasser und drückte es in der Mitte meines Hanges
heraus. Ich hatte plötzlich einen kleinen Bach neben meinem Brunnen. In
der Mitte meines Gartens staute sich das Wasser, so daß alle Bäume, die da
wuchsen – und es waren eine ganze Menge: eine große japanische Kirsche,
alle Fliedersträuche, drei Essigbäume, ein ganz großer Nußbaum –, insgesamt zwölf Bäume, ganz braun wurden und ersoffen. Es war plötzlich in
diesem wunderschönen Park, den ich mit so viel Mühe und Freude errich-
tet und gepflegt hatte, ein großes Sterben ausgebrochen. Ich war verzweifelt
und tieftraurig.

In diesem Sommer, in meinen Ferien, sollte ich bei Felix Dvorak in seinem Sommertheater in Mödling „Arsen und alte Spitzen" spielen. Das
Stück, in dem die beiden reizenden alten Damen die Leichen ihrer Unter-
mieter in der Truhe sammeln und nachts mit einem feierlichen Begräbnis-
zeremoniell in ihrem Garten beerdigen. Ich freute mich sehr, ich hatte mir
diese Rolle schon immer gewünscht. Alle Vorstellungen vom 12. August bis
13. September 1997 waren ausverkauft.

Acht Tage vor der Premiere fuhr ich nach der Probe von Mödling nach
Laab im Walde, in meinen Garten. In beiden Händen trug ich volle Taschen
mit Lebensmitteln, über der Schulter hing ein kleiner Teppich. So ging ich
vom Auto zum Haus. Ich wollte aber vorher noch nachsehen, ob das Wasser
in der Mitte des Grundstücks weniger geworden wäre, und plötzlich versank
ich bis zu den Knien im Sumpf, den man nicht sehen konnte, weil Gras darüber gewachsen war. Ich konnte meine Füße mit den Halbschuhen nicht
hochheben und herausziehen und flog mit dem Gesicht nach vorne, direkt
auf die Kante einer dort stehenden Eisenvase; aber – vielleicht – hätte sie nicht
dort gestanden, wäre ich mit dem Gesicht flach in den Sumpf gestürzt und
hätte mich vielleicht nicht mehr erheben können. Ich hätte ersticken können.

So hielt ich mich an ihr fest und konnte mich hochrappeln. Mein halbes
Gesicht war aufgeschlagen, meine Linse im rechten, operierten Auge war

zerschmettert. In diesem Zustand schleppte ich mich bis zum Haus, von oben bis unten mit Schlamm bedeckt.

Ich war ganz allein. Das Blut rann mir über das ganze Gesicht. Es war schrecklich, weil ich gar nicht denken konnte, was tun. Ich riß mir die schmutzigen Kleider vom Leib, schlüpfte in einen alten Kittel. Ich war zu nichts fähig, das einzige, was mir in meiner Not einfiel, war, die Familie Tomc anzurufen, die einzigen Menschen, die ich kannte und die mir schon öfter geholfen hatten. Ich hatte Glück, sie waren gerade vom Urlaub zurückgekommen, und Fritz Tomc, der Liebe, kam sofort zu mir gefahren.

Er brachte mich zu meinem Primar Dr. Böhmer, den er verständigt hatte. Als dieser mich sah, war er natürlich wahnsinnig erschrocken. Er fuhr gleich mit mir in das Spital, zu den „Barmherzigen Brüdern", wo meine Augen schon einmal operiert worden waren. Es sah aus, als würde ich das rechte Auge verlieren. Ich ließ alles über mich ergehen, ich stand unter einem schweren Schock. Mein Gesicht war bis zur Unkenntlichkeit dick geschwollen, und über den ganzen Hals zog sich ein schwerer Bluterguß.

Sobald ich wieder denken konnte, stand vor mir: die Premiere! Was wird geschehen. Nur ein Schauspieler kann, glaube ich, ermessen, wie furchtbar so eine Situation für ein Theater und vor allem für die Betroffenen ist. Am nächsten Tag waren alle Zeitungen voll, sie schrieben über den schrecklichen Unfall, spendeten mir Trost und Hoffnung, wünschten mir eine baldige Genesung und sprachen mit großem Bedauern davon, daß ich die schöne Rolle nun nicht spielen würde können.

Wenn ich Felix Dvorak nicht schon vom ersten Augenblick an, als wir zusammen „Liebesgeschichten und Heiratssachen" spielten, in mein Herz geschlossen hätte, so wäre es jetzt passiert. Er war so rührend lieb zu mir, tröstete mich, trotzdem er am meisten durch mich in Schwierigkeiten gekommen war. Er mußte die große Rolle umbesetzen. Aber das Theater war ausverkauft geblieben, und das war mein großer Trost.

Die Scherben aus meinem rechten Auge konnte man, Gott sei Dank, entfernen, es blieben Narben auch auf der Wange. Aber das Auge war gerettet.

14 Mady Maloni in „Mich hätten Sie sehen sollen?",
Akademietheater, Wien, 30. 12. 1976

15 Festvorstellung von „Einen Jux will er sich machen" zum 65jährigen Bühnenjubiläum und aus Anlaß der 50jährigen Zugehörigkeit zum Burgtheater

16 „Gusti, du bist mein Augenstern …" sang ein Trio aus dem Ensemble während der Feier auf der Bühne des Burgtheaters

Felix Albrecht Harta
Gusti Wolf
1946 -
geb 1912

17 Mein Porträt von Felix A. Harta in der Ehrengalerie des Burgtheaters,
Öl/Lwd. 1935

18 Das alte Weib in „Der Verschwender" von
F. Raimund, Burgtheater, 8. 9. 1976

19 Lucia Distel in „Liebesgeschichten,
Heiratssachen" von J. Nestroy

20 Mady Maloni in „Mich hätten Sie sehen
sollen?", Akademietheater, Wien, 30. 12. 1976

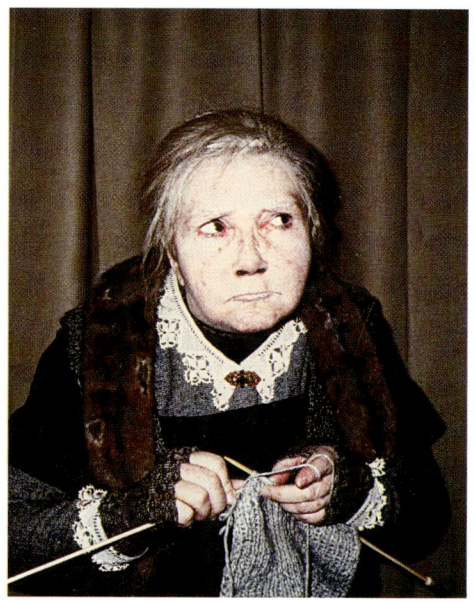

21 Gilz in „Die Hochzeit" von E. Canetti,
Burgtheater, 25. 9. 1985

Nach zehn Tagen Krankenhaus, in denen mir unglaublich viel Mitgefühl und Liebe entgegengebracht wurde, konnte ich nur dankbar sein über die große Kunst der Ärzte in der Augenklinik der „Barmherzigen Brüder". Ich sehe jetzt allerdings viel schlechter, aber ich sehe. Mein Schutzengel!

Noch heute fragen mich die Leute auf der Straße, ob ich wieder ganz gesund bin. Das rührt mich sehr und zeigt mir, daß mein Leben und meine Arbeit Sinn haben.

Mein 85. Geburtstag – „Harold und Maude"

Eines Tages sagte mir ein guter Freund, Herbert Schill, der auch Kostüme für das Theater machte und mich einmal in dem Stück „Hexenschuß" im Akademietheater, Premiere war am 21. Oktober 1953, mit Robert Lindner, bezaubernd angezogen hatte: „Ich wüßte eine wunderbare Rolle für dich. ‚Harold und Maude' von Colin Higgins."

Das Stück war in den Siebziger Jahren zuerst ein Film, dann hatte es die Compagnie Barrault/Renaud mit Madeleine Renaud als Maude mit großem Erfolg auf Tourneen und auch bei den Wiener Festwochen aufgeführt. Ich besorgte mir das Stück und war hingerissen.

Meine 50jährige Zugehörigkeit zum Burgtheater, mein 65jähriges Bühnenjubiläum und mein 85. Geburtstag waren nahe, und es ist üblich, daß das Mitglied eine schöne Rolle für diese Jubiläumsfeier zu spielen bekommt. Ich dachte nur noch an die Maude, doch Claus Peymann hatte eine ganz andere Vorstellung und bot mir das Stück „Die Stühle" von Eugène Ionesco an, ein herrliches Stück; zu jeder anderen Zeit hätte ich es mit großer Freude gespielt. Aber für diesen Anlaß wollte ich kein deprimierendes Stück spielen, in dem sich am Schluß zwei alte Menschen in ihrer Verlorenheit aus dem Fenster stürzen. Auch die Maude stirbt, 80jährig, am Schluß des

217

Stückes, aber freiwillig, mit vollem Bewußtsein, aus ihrer wunderbaren positiven Lebensauffassung heraus. Eine Figur voll Kraft, Humor, voller strahlender Lebensfreude, die damit einem jungen Menschen hilft, den richtigen Lebensweg zu finden. Ein Stück, das jung und alt Freude macht, und das wollte ich, das war meine Absicht – und nichts anderes.

Die Jubiläumsfeier wurde, nachdem ich meinen Verzicht auf eine andere Rolle kundgetan hatte, nach der Premiere von „Einen Jux will er sich machen" mit mir in der Rolle der „Blumenblatt", die ich schon in vier verschiedenen Inszenierungen gespielt hatte, angesetzt. Es wurde, was ich nie nach dem Vorhergegangenen erwarten konnte, ein unglaublich schönes Fest. Das Haus war voll, die Kollegen und die Bühnenarbeiter kamen auf die Bühne. Drei junge Kollegen traten vor, für alle eine große Überraschung, und sangen das Lied „Gusti, du bist mein Augenstern, Gusti wir haben dich von Herzen gern", und das ganze, volle Haus hat mit eingestimmt; dann gab es Ansprachen, Blumen.

Michael Heltau hielt eine hinreißende Laudatio, Direktor Peymann eine ehrenvolle Rede, und er überraschte mich mit dem Versprechen, daß ich als nächste Rolle die Maude in dem Stück „Harold und Maude" spielen werde. Das Publikum sprang auf und applaudierte, als würden sie alle das Stück kennen und sich mit mir freuen.

Dann wurde das Portrait, das Felix A. Harta, mein Ziehvater, in meinem ersten Bühnenjahr von mir gemalt hatte, auf die Bühne gestellt, und Claus Peymann verkündete, daß es mit diesem Tag in die Ehrengalerie aufgenommen wird und daß es ihm selbst so gut gefiele, daß er es gern behalten hätte. Ich war vor Freude tief erschüttert und staune nur, daß ich noch die Kraft gefunden habe, meinen Dank vorzubringen und am Schluß zu sagen: „... daß diese große Ehre für mich gleichzeitig auch ein Dank an den großen Maler Professor Harta sei, dem ich so viel zu verdanken habe, und der damals, als er das Bild malte, zu mir sagte: ‚Vielleicht kommt das Bild einmal in die Ehrengalerie des Burgtheaters! GUSTI, REISS' DI Z'SAMM!'."

Ich glaube, daß ich stolz sein darf, meinem Instinkt vertraut zu haben. „Harold und Maude" wurde ein ganz großer Erfolg, trotz der Schwierigkeiten während der Arbeit, mit denen ich mich abfinden mußte.

In dem Buch „Weltkomödie Österreich. 13 Jahre Burgtheater" von Claus Peymann steht zu lesen:

> „Die Premiere ‚Einen Jux will er sich machen' wird zur Festvorstellung für Gusti Wolf zu ihrem 50-jährigen Bühnenjubiläum. Ensemble und Direktion ‚huldigen unserer Gusti' im Anschluß an die Vorstellung. Claus Peymann verkündet unter großem Beifall des Publikums: Die Direktion erfüllt Gusti Wolfs großen Rollenwunsch. Sie wird die ‚Maude' in Colin Higgins ‚Harold and Maude' spielen. Einen Regisseur und vor allem einen ‚Harold' zum Verlieben würde man ab sofort intensiv suchen. Aus dem Ensemble bewerben sich spontan drei junge Kollegen …"

Ich bin froh, daß ich den Mut hatte, einen jungen Mann, der noch vor seiner Theaterabschlußprüfung stand, für die Rolle des Harold vorgeschlagen habe. Ein großes Risiko, aber es ist geglückt, nach den ersten Unsicherheiten hat er sich in die große, sehr schwere Rolle schnell eingelebt und mit zu dem großen Erfolg beigetragen. Heute ist Steffen Schröder schon ein anerkannter Schauspieler. Claus Peymann hat ihn sehr gefördert und ihn auch in anderen Stücken besetzt, wie z. B. in „Publikumsbeschimpfung" von Peter Handke – und er hat ihn auch nach Berlin mitgenommen.

Die ganze Besetzung, allen voran die bezaubernde Maresa Hörbiger, die eine überkandidelte Mutter spielt, und Florian Liewehr, hinreißend als Pfarrer Finnegan, wo jeder Satz ein Lacher ist, mit seiner köstlicher Körpersprache, die man nur bewundern kann. Peter Wolfsberger, Dunja Sowinetz und Tamara Metelka in den drei verschiedenen, köstlich gestalteten Mädchenrollen; alle waren großartig.

Nach der Generalprobe von „Harold und Maude" ist Claus Peymann zu mir gekommen und sagte: „Nicht ich hab' Ihnen ein Geschenk gemacht,

sondern Sie mir und dem Burgtheater." Das gab mir natürlich für die Premiere einen großen Auftrieb, die nötige Sicherheit und Spielfreude, die die Rolle der Maude braucht. Alle Kollegen gaben ihr Bestes, und das Publikum ging von Anfang an so mit, daß sich die Spielfreude bei uns allen aufs höchste steigerte. Jede einzelne Szene hatte Applaus, und am Schluß gab es Standing ovations, ein kaum enden wollender Applaus.
Alfred Pfoser schrieb in den „Salzburger Nachrichten" am 27. Februar 1996:

> „Für Gusti Wolf-Fans, und deren gibt es zahlreiche, ist Harold und Maude ein Pflichttermin. Sie bekommen in einer Hauptrolle jene Gusti Wolf zu sehen, die sie immer liebten. Die Maude ist quasi eine retrospektive Zusammenfassung ihrer vielen, vielen Rollen, eine Schauspielerinnenbilanz in Kurzform, die die verschiedenen Seiten ihrer Möglichkeiten noch einmal liebevoll beleuchtet. Die Maude war Gusti Wolfs Wunschpartie … Mit der Maude kommt sie noch einmal groß heraus …"

Und in der „Süddeutschen Zeitung" stand:

> „Die Aufführung ist so etwas wie ein Oscar für Gusti Wolfs Lebenswerk."

Wir waren alle sehr glücklich, denn die Probenarbeit war problematisch gewesen. Aber so ist es oft am Theater, wenn etwas schwierig ist und es wenig Zuversicht gibt, dann kann das Gegenteil eintreten.
Wir spielten im Akademietheater 25mal ohne Abonnement, ausverkauft, dann zogen wir der großen Nachfrage wegen etwas skeptisch in das große Haus am Ring, und es hat sich gezeigt, daß der dreimal so große Raum der Wirkung keinen Abbruch tat. Bisher spielten wir 65 ausverkaufte Häuser, und es fehlen noch die Abonnementvorstellungen. Aber nun kommt das Problem, daß mein Harold bei Peymann in Berlin, am Berliner Ensemble im Theater am Schiffbauerdamm stark eingesetzt ist und wir die Vorstellung nur spielen können, wenn er zufällig dort frei ist. Das ist schade, aber auch das ist Theater.

113 Maude, mit Steffen Schröder als Harold, in „Harold und Maude" von C. Higgins,
Akademietheater, Wien, 25. 2. 1998

Die Vögel fliegen nicht

Hermann Beil, der Dramaturg von Claus Peymann am Burgtheater von 1986 bis 1999, hat ein zauberhaftes Buch geschrieben und es mir geschenkt: „Theaternarren leben länger", erschienen im Verlag Paul Zsolnay in Wien. Auf Seite 55 erzählt er folgende Geschichte:

„Theaterherz. Dezember 1989

‚Die Vögel' fliegen nicht. Axel Manthey ist verzweifelt und kämpft gegen Mißstimmung im Ensemble. Viele Vogelstimmen, verwirrtes Gegacker und Geschnatter, nervöses Flügelschlagen, aber kein Flug. Was tun? Also gibt es eine Probe aller Szenen der Aristophanes-Komödie, damit sich jeder ein Bild machen kann, damit alle wieder zur Gemeinsamkeit finden. Gusti Wolf, sie hat nur einen Auftritt als Vogelherold, sieht sich den Durchlauf auch an. Aus ihrem Theaterherz kommt das erlösende Wort: ‚Ich weiß nicht, was ihr habt? Mir gefällt es!' Dieser einfache Satz wirkt beflügelnd, bewirkt ein kleines Wunder. Jetzt fliegen ‚Die Vögel'. Jetzt zieht ein der Welt überdrüssiges Menschenpaar, Ulrich Wildgruber und Wolfgang Gasser, aus, um ein von Göttern und Menschen unabhängiges ‚Wolkenkuckucksheim' zu gründen, die Utopie von Frieden und Glück. Ein Paar, dem schwerlich die Gefolgschaft zu verweigern ist. Und die wunderbare Gusti schwebt mit einer Flugmaschine zwitschernd über die Bühne, bei der Premiere mit Szenenbeifall bedacht, den sie wirklich verdient hat.'

Solche Dinge können passieren. Vor einer Premiere schleichen sich bei einem Schauspieler oft Unsicherheit, Mißtrauen ein, auch zu seiner eigenen Leistung, Hilflosigkeiten, alles bedingt durch die Nervenanspannung, ohne die man aber nicht schöpferisch sein kann. Da erhebt sich wieder der Gedanke Ensemblegeist; bei einem Regisseur, mit dem man schon gearbeitet hat, der einen und den man kennt, passiert es seltener. Man kennt sich, man

114 Erster Vogelbote in „Die Vögel" von Aristophanes, Burgtheater, 13. 12. 1989

hat Vertrauen, das so wichtig ist. Warum gehen heute bekannte Regisseure, die es sich leisten können, mit ihren eigenen Hauptdarstellern in ein anderes Theater? Auch das ist eine Art Ensemble, nur für das wirkliche Ensemble eines Theaters, für die festengagierten Mitglieder kann es ein Nachteil sein. Der Schauspieler ist wie ein Kind, er braucht Liebe, ein gutes, ehrliches Wort kann bei ihm Wunder wirken.

Vor dem Beginn der Proben zu „Die Vögel" sah ich die Entwürfe für das Stück und war begeistert. Ich wußte nicht, daß unser neuer Regisseur auch auf dem Gebiet Kostüm und Bühnenbild ein so großer Künstler war. Meine Rolle war nur ein großer Monolog mit einem schweren Text, aber als ich die Entwürfe sah, machte es mir große Freude, und so sagte ich zu Axel Manthey: „Wenn ich einen Vogel spiele, dann will ich auch fliegen!" Er: „Ja, trauen Sie sich denn?" – „Ich will es versuchen." Ich besprach mich mit den Bühnenarbeitern, sie zogen mich in der Kulisse acht Meter hoch zum Schnürboden.

223

Bei meinem Stichwort flog ich los bis zur Mitte der Bühne, dort ließen sie mich herunter, und ich stand auf der flachen Hand von Ulrich Wildgruber, sprach meinen Monolog zu ihm, flog danach über seinen Kopf auf die andere Seite, setzte mich auf seine Schulter, hatte noch zwei Sätze zu sagen; danach zog man mich wieder hoch, und ich flog im Kreis ab in die Kulisse. Bei der Premiere hatte ich eine solche Angst vor dem schweren Aristophanes-Text, daß ich ganz auf die Gefahr und die Furcht vor dem Fliegen vergaß. Für das Publikum war es ein Spaß und eine Überraschung; man applaudierte kräftig.

Ulrich Wildgruber, den ich bei dieser Inszenierung zum ersten Mal traf und mit dem ich auch später in Salzburg im „Sommernachtstraum" spielte, war ein herrlicher Schauspieler. Ich bewunderte ihn sehr. Wir machten auch eine gemeinsame Radiosendung in Salzburg. Ich gab ihm echte Wiener Wörter zum Raten auf und er mir plattdeutsche Wörter, die für mich kaum verständlich waren; das war ein lustiges Rätselraten. Als wir uns bei mir daheim das letzte Mal trafen, schenkte er mir das wunderbare Buch über Axel Mantheys Arbeiten, seine Inszenierungen, Bühnenbilder und Kostüme. Ein ganz großes Geschenk, über das ich mich sehr freue und in dem ich immer wieder blättere. Diese beiden hervorragenden Menschen sind bald darauf von uns gegangen – oft frage ich mich, ob nicht zuviel Phantasie und Talent einen Menschen zerstören können.

Das war Teo Ottos erster gezeichneter Brief (Abb. 115) an mich. Ist das mein Schutzengel, an den ich so fest glaube und der mir schon oft geholfen hat? Oder ist es der Engel 101, der mir in der Rolle als Sgricia in dem Stück „Die Riesen vom Berge" von Luigi Pirandello immer erschienen ist? Auch er verläßt mich nicht, weil man eine Arbeit mit Giorgio Strehler, wenn man das Glück hatte, sie zu bekommen, nie vergessen kann.

Michael Heltau hat mir so viel von Giorgio Strehler erzählt, er verehrt und liebt ihn sehr; aber auch Teo Otto, der mit ihm am Piccolo Teatro in Mailand „Die Dreigroschenoper" von Brecht/Weill gemacht hat, bewunderte ihn sehr und war von der gemeinsamen Arbeit fasziniert.

115 „… und seine Flügel haben 365 Federn"
Zeichnung von Teo Otto

So muß man sich meine Freude vorstellen, als ich mit der interessanten Rolle der Sgricia besetzt wurde. Eine Figur, die glaubt, daß sie gestorben ist und in diesem Glauben mit den phantasievollsten Bildern vor Augen lebt und erzählt. Eine sehr eindrucksvolle Rolle, für mich eine Traumrolle, trotzdem es gar keine sehr große Rolle war. Ich glaube, daß sie mir auch durch den Zauber Giorgio Strehlers, der nur zwei Sätze zu sagen brauchte und der Funke sprang schon über, gelungen ist.

> „Giorgio Strehler benutzt Pirandellos Text … als eine Warnung. Er protestiert … für die Kunst … [er] inszeniert ‚Die Riesen vom Berge‘ …
> Gusti Wolf. Sie spielt die alte Sgricia. Schon ihr stummes Lauschen, wenn sie, den Kopf stolz erhoben, die Hände ineinander ruhend, wach mit Augen und Ohren verfolgt, was die anderen sagen, ist aufregend. Und wenn Gusti Wolf zu erzählen beginnt von dem Engel Einhunderteins – leise vorsichtig, also völlig uneitel –, dann ist zu spüren, welche Kraft dieser Schauspielerin zu eigen ist. … [so] gab es nach Gusti Wolfs Traumlied Szenenapplaus …“
> [Bernd Sucher], Süddeutsche Zeitung, 17. 11. 1994

Ich bin so froh, daß ich das noch erleben durfte. Ich glaube, es war eine seiner letzten Inszenierungen. Diese Vorstellung war eine Sensation, vor allem auch durch die beiden Hauptdarsteller Michael Heltau als Cotrone und Andrea Jonasson als Gräfin, aber auch alle anderen bis in die kleinste Rolle waren wunderbar. Michael Heltau hat mit Giorgio Strehler in Paris, in französischer Sprache, mit großem Erfolg den Mackie Messer in der „Dreigroschenoper“ gespielt – und das will viel heißen! Das war Giorgio Strehler! Mit ihm konnte man alles wagen, ihm konnte man vertrauen.

Ein guter Freund, Michael Heltau

Mit Michael Heltau spielte ich im Jahr 1975 zum ersten Mal, es war die Madame Schleyer in „Der Zerrissene", Regie führte Otto Tausig. Wir verstanden uns von Anfang an gleich sehr gut. Dann kam im Akademietheater 1979 „Der Leibgardist" von Franz Molnár in der Regie von Loek Huisman heraus, die Titelrolle spielte Heltau. Die Aufführung gefiel so gut, daß wir zu den Bregenzer Festspielen, nach Meran und nach Bozen eingeladen wurden; es spielte die Burgtheaterbesetzung Heltau, Kitty Speiser, Otto Bolesch und Heinz Fröhlich. Für drei Monate gingen wir mit diesem Stück auf Tournee durch Deutschland, die Schweiz und Österreich. In solchen drei Monaten lernt man sich erst richtig kennen. Man lebt auf engstem Raum zusammen. So etwas kann leicht schiefgehen und zur Qual werden; aber nicht in unserem Fall. Wir waren traurig, als die Tournee zu Ende ging und wir uns trennen mußten. Wir sind die besten Freunde geblieben, nannten uns immer die „Vierer-Bande" und hatten eine wunderschöne, erfolgreiche Zeit verlebt.

Michael Heltau, mit seinem großen Kunstverständnis, ist ein Sammler schöner Dinge, und so war kein Antiquitätenhändler vor uns sicher. Es machte ihm auch Spaß, mich zum Kauf eines leichten Innenpelzmantels zu überreden, den ich mir sonst bestimmt nicht gegönnt hätte, obwohl der Preis bereits zweimal reduziert worden war – und den ich heute noch trage, weil ich noch keinen Ersatz dafür finden konnte. Wann immer Michael Heltau einen seiner großartigen Solo-Abende gibt, bin ich dabei. Ich bewundere ihn sehr, liebe seine Art des Vortrags, seinen bezaubernden Charme. Einmal, es war schon im Jahr 1978, saß ich ahnungslos im Zuschauerraum, Michael Heltau sprach in der Conférence über Leute und Freunde, und plötzlich hörte ich: „… de gustibus non est disputandum. Über die Gusti kann man nicht streiten. Alles an ihr ist rund. Ihre Augen sind rund. Sie hat auch sicher eine kugelrunde Seele, und sie wird einmal in den Himmel hineinrollen."

116 Madame Schleyer, mit Michael Heltau als Lips, in „Der Zerrissene" von J. Nestroy,
Burgtheater, 18. 1. 1975

Ich war perplex, und viele Leute sagten nachher, wenn einer so lieb über Kollegen spricht, das muß ein guter Mensch sein. Ja, das ist Michael Heltau wirklich; nicht nur ein guter, ein nobler, ein hilfsbereiter, ein verläßlicher, ein großartiger Mensch, und ich bin stolz, daß er mich mag und ein Freund ist. Seit Jahren ist er mein Sohn – leider nur in „My Fair Lady" in der Volksoper. Jede Vorstellung ist ein Vergnügen für uns.

117 Mit Michael Heltau nach einer Vorstellung

Mein Geburtstag – seltsame Ereignisse

Am 11. April ist mein Geburtstag, ein merkwürdiges Datum. Ich habe eine gewisse Scheu davor, obwohl ich nicht direkt abergläubisch bin, aber oft ereignet sich an diesem Tag etwas Unerwartetes.

Im Jahr 1938 war es das Kennenlernen von Horst Caspar, ein wunderbares Ereignis. 1938 zerbrach, ohne daß jemand in meinem Atelier war, eine wunderschöne, große Glasschale mit lautem Knall mittendurch. Maria Nicklisch hatte sie mir ein Jahr vorher zum Geburtstag geschenkt. Das war sehr merkwürdig. Ein Jahr darauf, 1939, veranstaltete mein Freund Lothar Brühne eine kleine Geburtstagsfeier für mich. Juppy Heesters brachte mich mit seinem Fahrrad nach Grünwald und auch wieder zurück. Als ich wieder daheim war, merkte ich, daß mein Armband fehlte, das ich besonders liebte; das war zu verschmerzen.

Aber als ich dann im Jahr 1945 meinen Geburtstag in Rekawinkel im Hühnerstall mitten im Kampfgebiet der Russen verbringen mußte, wurden mir diese merkwürdigen Zufälle erst richtig bewußt.

Dann kam 1997 der schreckliche Düsseldorfer Flughafenbrand, wo es um Minuten gegangen war, und das geschah wieder genau an meinem Geburtstag. Und am 11. April 2000 sollte ich mit dem Berufstitel „Professor" von der Republik Österreich für meine Verdienste geehrt werden. Da es auch mein 88. Geburtstag war, wollte das Burgtheater aus diesem Anlaß nach meiner Vorstellung von „Harold und Maude" auf der Bühne eine Feier veranstalten. Am Tag davor, am 10. April, fand die Premiere von „Pompes Funèbres" statt, in der ich auch spielen sollte. Beides wäre eine große Freude für mich geworden, aber statt dessen mußte ich mit einer schweren Darmvirusgrippe ins Spital eingeliefert werden.

Wenn man so wie ich jetzt 88 Jahre alt ist, kommen bei solchen merkwürdigen Zusammentreffen von Ereignissen ganz seltsame Gedanken; aber die muß man nur ganz schnell wieder zurückdrängen. Ich muß an meinen Schutzengel glauben, für den ich Gott danke.

In diesem Moment, in dem ich dies niederschreibe, denke ich, vielleicht sollte ich versuchen zu verhindern, daß diese Erinnerungen am 11. April 2001 crscheinen, wie es der Verlag vorhat.

Einmal fragte mich eine Journalistin: „Haben Sie Angst vor dem Tod?" – „Nein, denn so, wie ich in Laab im Walde, inmitten meiner Bäume, die von meinen Freunden stammen, lebe, so werde ich inmitten meiner Freunde beerdigt sein." Das ist möglich durch die für mich schönste Auszeichnung, Ehrenmitglied des Burgtheaters zu sein. Diese Ehrung beinhaltet eine Bestattung im Ehrenhain des Zentralfriedhofs. Warum sollte ich mich da fürchten? Je älter man wird, aber auch wenn man wie ich, in letzter Zeit, in Theaterstücken viel mit dem Sterben konfrontiert wird, umso mehr denkt man darüber nach und bereitet sich innerlich vor.

So wie mein Teo Otto am Tag vor dem tödlichen Herzinfarkt zu Hermann Beil, dem damaligen Dramaturgen am Frankfurter Schauspielhaus und späteren Dramaturgen des Burgtheaters, gesagt hat: „Man muß rechtzeitig lernen, in Würde zu sterben." Das zu hören hat mich tief berührt, ich konnte nicht bei ihm sein in seiner schweren Zeit. Premiere, Ausstellung und ein Vortrag – alles an einem Tag, das war zu vielfür ihn. Man kann sich auch mit Arbeit betäuben und an ihr sterben. Es war am 9. Juni 1968. Ich träumte in dieser Nacht, Valeska Lindtberg, die Frau von Leopold Lindtberg, wäre mit drei gelben Chrysanthemen zu mir gekommen. In aller Früh standen zwei meiner Freundinnen vor dem Gartentor, um mir die traurige Nachricht von Teos Tod zu bringen, die im Radio durchgegeben worden war.

Einmal sagte Teo zu mir: „Ich lieb dich so sehr, mit dir möchte ich beerdigt sein." Er ruht nun bei seinen Eltern im Grab, in seiner Geburtsstadt Remscheid. Seither sind 32 Jahre vergangen. Remscheid bereitet im Moment eine große Gedächtnisausstellung für Teo Otto vor, die auch in Düsseldorf und in anderen Städten gezeigt werden soll.

Mir ist es in diesen vergangenen Jahren gelungen, acht wunderbare Ausstellungen aus meiner Sammlung zu machen und damit sein Vertrauen und meine Verpflichtung seiner großen Kunst gegenüber zu erfüllen.

Ich hab mir nie Notizen gemacht, auch nie meine Rollen aufgeschrieben oder gezählt, dazu hatte ich keine Zeit, fand es auch nicht so wichtig. Was Sie hier lesen, schreibe ich in die Maschine und erlebe alles Schöne und Schmerzliche noch einmal. Es wird mir bewußt, daß ich mein Leben bisher so gelebt habe, wie ich es mir vorgenommen habe zu leben.

Der Sommer 2000 ist bald vorbei und damit mein Urlaub, den ich mir bisher selten geleistet habe. Eine neue Saison beginnt, die zweite von Klaus Bachler, der jetzt mein neunter Direktor ist. Was wird sie dieses Jahr bringen? Es wartet auf mich die Mrs. Higgins in der Volksoper, die Maude im Burgtheater und die Luftballonverkäuferin in Franz Wittenbrinks hochinteressantem, erfolgreichen Stück „Pompes Funèbres" im Burgtheater. Ich gehe mit bunten Luftballons durch das Stück und singe:

> „Kauf dir einen bunten Luftballon,
> Halt ihn fest in deiner Hand,
> Stell dir vor,
> Er fliegt mit dir davon,
> In ein fernes Märchenland!"

Der Luftballon fliegt nicht mit mir in ein Märchenland – er fliegt mit mir hoch hinauf in den Schnürboden des Burgtheaters.

22 Der Luftballon fliegt mit mir in das „Märchenland" – den Schnürboden des
Burgtheaters, in „Pompes Funèbres" von F. Wittenbrink, Burgtheater, 8. 4. 2000

23 Maude, mit Steffen Schröder als Harold, in „Harold und Maude" von C. Higgins,
Akademietheater, Wien, 25. 2. 1998

24 Sgricia in „Die Riesen vom Berge“ von L. Pirandello, Burgtheater, 15. 11. 1994

25 Mrs Higgins, mit Michael Heltau als Professor Higgins, in „My Fair Lady",
Volksoper seit 1993

Kein Nachwort

In der berühmten, oft zitierten Rede von Max Reinhardt „Über den Schau-spieler" heißt es: „… ihre Aufnahmefähigkeit ist beispiellos, der Drang zu gestalten, der sich in ihren Spielen kundgibt, ist unbezähmbar und wahrhaft schöpferisch. Sie wollen die Welt noch einmal selbst erschaffen. … Sie ver-wandeln sich blitzschnell in alles, was sie sehen, und verwandeln alles in das, was sie wünschen …"

So auch Gusti Wolf, als sie sich auf das Abenteuer einließ, ihr Leben noch einmal zu erleben, ohne jemals etwas notiert zu haben, es zwischen zwei Buchdeckel zu bannen. Ich habe sie dabei begleitet, wie sie sich erinnert hat. Sie hat es gemeistert, genauso, wie sie ihr Leben, ihre Kunst gelebt hat: mit Phantasie, großzügig, mutig, mit Liebe, Neugierde, mit Menschlichkeit, im-mer mit Freude.

Diese mitreißende, liebende Intensität hat viele bedeutende Menschen in den Bann von Gusti Wolf gezogen. Sie war mit vielen von ihnen befreundet – Teo Otto, der große, international gefragte Bühnenbildner gehörte zu ihrem Leben wie auch der geniale Schauspieler Horst Caspar.

Von ihnen und anderen Begegnungen erzählt sie in diesem Buch; dieses Buch erzählt von einer Frau und Künstlerin, die ihr Leben selbst in die Hand genommen hat und alle Hürden immer so bewältigt hat, daß sie dar-aus nur noch stärker, intensiver hervorgegangen ist. Sie wollte Freude ver-breiten, und wenn ihr die Menschen auf der Straße sagen: „Ich bewundere Sie, Sie sind mein Vorbild!" – so ist sie glücklich. Auf der Bühne, mit der Kraft ihrer Naivität, mit der Weisheit eines alten, sehr jung gebliebenen Menschen, spielt Gusti Wolf, ist Gusti Wolf das, was sie spielt.

Als Gusti Wolf mich fragte, ob ich sie bei der Arbeit an ihrer Autobio-graphie unterstützen wolle – denn die vielen praktischen Details eines

Buches sind ebenso zeitraubend wie wichtig –, habe ich mit Freuden „JA" gesagt. Aus Neugierde, aus Freundschaft, aus Lust am Neuen, an dem, was ich erleben, lernen konnte – es hätte genausogut schiefgehen können! Es hat ihr und mir Freude gemacht, den Stapel beschriebener Blätter wachsen zu sehen, selbst dann, wenn es schwierig wurde, weil die Phase des Erinnerns besonders schmerzlich war – aber immer war es positiv … – ein offenes Gespräch, und weiter ging der Flug der Phantasie. Darum habe ich diese Zeilen „Kein Nachwort" genannt, fehlt mir doch die kühle Distanz.

Ich schließe darum mit den Worten eines anderen, mit den Worten von Teo Otto, die er Gusti Wolf gewidmet hat, mit dem Schluß seines schönsten Textes – „Über den Schauspieler": „… sie sind die verwundbarsten Kinder der Kunst, … von höchster Empfindsamkeit … Wie jeder Mensch schleppen sie den Pack der zeitbedingten Sorgen, den Kram der Beziehungen, den Plunder des Groschens, die Angst um Brot durch ihr Dasein. Besteigen sie am Abend aufs neue die Bretter, … so vergeßt nie: Was geschieht, ist ungeheuer. Für Stunden schenken sie uns den Triumph des Lebens über den Tod. Es ist ihr Triumph. Es ist unser aller Triumph. Wenn sich so Vergangenheit und Gegenwart umarmen, dann seid behutsam mit ihnen. Sie sind gleich Verliebten und Träumern. Sie leben in einer anderen, sie leben in vielen Welten."

Wien, Jänner 2001   Dagmar Saval

Rollenverzeichnis

ohne Anspruch auf Vollständigkeit

Theater, Abkürzungen

WIEN

Theater an der Wien
Raimundtheater
Wiener Elevenbühne im Theatersaal des
Lehrerhausvereins, Josefsgasse 3, 1080 Wien,
Leitung: Paula Peters, Guido Török
Kammerspiele, Rotenturmstraße
Burgtheater = BTH
Akademietheater = ATH
Der Liebe Augustin im Café Prückel,
Stubenring, 1938 geschlossen
Theater für 49 im Hotel de France,
Maria Theresienstraße 9, 1938 geschlossen
Volksoper
Volkstheater
Bürgertheater und Künstlertheater,
um 1950 geschlossen

BERLIN

Volksbühne, 1933–1945 Horst-Wessel-Platz,
Berlin-Mitte = VB
Theater in der Saarlandstraße,
Berlin-Kreuzberg = TH.I.S.
Renaissance-Theater, Knesebeckstraße,
und Schiller-Theater, Bismarckstraße,
Berlin-Charlottenburg
Freie Volksbühne, Schaperstraße, Berlin-
Wilmersdorf, 1994 geschlossen

BAD HERSFELD

Festspiele

HAMBURG

Deutsches Schauspielhaus
Thalia-Theater

KÖLN

Schauspielhaus

SALZBURGER FESTSPIELE

Felsenreitschule
Landestheater
Residenzhof

TRÜBAU UND KRUMAU

Deutsche Schaubühne

MÄHRISCH-OSTRAU

Deutsches Theater

MÜNCHEN

Volkstheater
Kammerspiele
Die Kleine Freiheit, 1997 geschlossen
Kleine Komödie am Max II. Denkmal

Inszenierung = Insz.
Rolle = R

WIEN

27.1.1934, THEATER AN DER WIEN
Das verzauberte Heinzelprinzeßchen
(A. Bleyer-Grohmann)
Insz.: Emil Janko
R: Titelrolle

0. Dat., RAIMUNDTHEATER
Osterhäschens Abenteuer
R: Titelrolle

BÖHMISCH-TRÜBAU, BÖHMISCH-KRUMAU
Deutsche Schaubühne, Gastspielorte:
Potschmühle, Kalsching 1933/34

4.11.1933
Der letzte Walzer (O. Straus)
Insz.: F. Löring
R: Annuschka

Neu-Heidelberg (O. Lyop) UA
Insz.: Georg Braun
R: Hertha

Der wahre Jakob (F. Arnold, E. Bach)
Insz.: Georg Braun
R: Lotte

Das Veilchen vom Montmartre (E. Kálmán)
Insz.: Ferry Löring
R: Lolette

WIEN

Juni 1934, WIENER ELEVENBÜHNE
Anatol (A. Schnitzler), Abschiedssouper
R: Annie

12.5.1934, BTH
König Richard III. (W. Shakespeare)
Insz.: Franz Herterich
R: Herzog von York, Umbesetzung
nach Heinz Wilfried

21.8.1934, THEATER FÜR 49
Herr Mercadet (H. de Balzac)
Insz.: E. Jubal
R: Juni, Tochter von Mercadet

KAMMERSPIELE

20.9.1934
Scherz, Satire, Ironie und tiefere Bedeutung
(Ch. D. Grabbe)
Insz.: Erich Ziegel
R: Gottliebchen

31.10.1934
Ein glückliches Leben (B. Bosch) UA
Insz.: Erich Ziegel
R: Stubenmädchen

22.(?)11.1934
Die führende Marke
(A. Friedmann, F. Gottwald)
Insz.: Erich Ziegel

16.1.1935
Teddy und Partner/Teddy's Partner (Y. Noé)
Insz.: Miriam Horwitz-Ziegel
R: Lulu, ein Texas-Girl

26.2.1935
Bediene dich selbst
(K. Farkas, F. Grünbaum)
Insz.: Karl Farkas
R: Nesthäkchen

15./16.(?)2.1935
Da stimmt etwas nicht (F. Arnold)
Insz.: Erich H. Altendorf
R: Kammerkätzchen

9.5.1935
Die gestohlene Revue
(K. Farkas, F. Grünbaum)
Insz.: Karl Farkas
R: Erstes Mäderl

DER LIEBE AUGUSTIN

11.1.1935
Die öffentlichen Geheimnisse (G. H. Mostar,
F. Eckhardt, C. Bry, G. Marcus)
Insz.: Herbert Berghof
    Lysistrata, Pausenspiel nach Aristophanes
    R: Hermia

    Kleine Legende, ein Solo (P. Hammer-
    schlag, H. F. Königsgarten, G. H.
    Mostar)
    R: Madönnchen vom Naschmarkt

MÄHRISCH-OSTRAU
Deutsches Theater, 1935/36

Oktober 1935
Märchen im Grand-Hotel (P. Abraham,
A. Grünwald, F. Löhner-Beda)
Insz.: Otto Dewald
R: Marylou

8.10.1935
Das Mädchen Irene (A. u. P. Stuart)
Insz.: Paul Marx
R: Barbara Lawrence

5.11.1935
Lieber reich, – aber glücklich
(F. Arnold, E. Bach)
Insz.: Otto Dewald
R: Mädchen vom Lande

15.(?)11.1935
Ehe in Dosen (L. Lenz, R. A. Roberts)
Insz.: Otto Dewald
R: Henriette, ein Dienstmädchen

26.(?).11. 1935
Scampolo (D. Nicodemi)
Insz.: Paul Marx
R: Titelrolle

3.1.1936
Unentschuldigte Stunde (St. Békeffi, A. Stella)
Insz.: Paul Marx
R: Lilli

23.(?)2.1936
Der König mit dem Regenschirm
(R. Benatzky)
Insz.: Otto Dewald
R: Susanne

März 1936
Liebe – nicht genügend (L. Bus-Fekete)
Insz.: Rudolf Zeisel
R: Annie

März 1936
Alt-Heidelberg
Insz.: Paul Marx
R: Käthi

MÜNCHEN

VOLKSTHEATER 1936/37

20./21.5.1936
Der Kampf mit dem Tatzelwurm
(L. Lenz, R. A. Roberts)
Insz.: Josef Berger
R: Lore Meinhold

11.6.1936
Die drei Dorfheiligen (M. Neal, M. Ferner)
Insz.: Rolf Pinegger
R: Marianne

2.7.1936
Der Etappenhase (K. Bunje)
Insz.: Rolf Pinegger
R: Marie, ein flandrisches Mädchen

November 1936
Quirlequietsch, das verlorengegangene Engelein
(E. Zinke)
Insz.: Rolf Pinegger
R: Titelrolle

Dezember 1936 (?)/Jänner 1937 (?)
Mädel Ahoi! (Th. Halton, W. Kollo)
Insz.: Rolf Pinegger
R: Marlene Mertens

KAMMERSPIELE 1937–1939

7.2.1937
Figaro oder der tolle Tag (Beaumarchais)
Insz.: Otto Falckenberg
R: Barbarina, als Umbesetzung

11.9.1937
Das verwünschte Glück (H. Hömberg)
Insz.: Iwan Schmith
R: Nettel

22.9.1937
Die Primanerin (S. Graff)
Insz.: Willem Holsboer
R: Lilli

7.10.1937
Dame Kobold (Calderón)
Insz.: Friedrich Domin
R: Isabel, Dienerin der Dona Angela

23.10.1937
Gustav Kilian (H. Bratt)
Insz.: Friedrich Siems
R: Gladys, ein amerikanisches Dienstmädchen

11.12.1937
Peterchens Mondfahrt (G.v. Bassewitz)
Insz.: Willem Holsboer
R: Anneliese

23.12.1937
Der Gigant (R. Billinger)
Insz.: Otto Falckenberg
R: Julie, Magd bei Dub

2.2.1938
Juchten und Lavendel (H. Käutner)
Insz.: Helmut Käutner
R: Directrice

25.3.1938
Peer Gynt (H. Ibsen)
Insz.: G. Kiesau
R: Anitra

9.6.1938
Bunbury (O. Wilde)
Insz.: Theodor Dannegger
R: Gwendoline

14.5.1939
Der Lügner und die Nonne (C. Goetz)
Insz.: G. Kiesau
R: Angela
    Gastspiele in Bremen 26.5–19.6.1941,
    Theater der Stadt Warschau 1943,
    Stuttgart, Städtisches Schauspielhaus, Frühjahr
    1944, geplant Straßburg, Deutsches Theater,
    Herbst 1944; Theatersperre am 1.9.1944

3.6.1939
Im 6. Stock (A. Gehri)
Insz.: F. Schnyder
R: Jeanne

6.10.1939
Die gefesselte Phantasie (F. Raimund)
Insz.: C. Wery
R: Phantasie

6.3.1940
Karl III. und Anna von Österreich
(M. Rößner)
Insz.: K. Wessels a. G.
R: Anna

Oktober 1940
Der Blaufuchs (F. Herczeg)
Insz.: Friedrich Neubauer
R: Lisi

KLEINE KOMÖDIE AM MAX II. DENKMAL

3.12.1965
Barfuß im Park (N. Simon)
Insz.: Wolfgang Spier
R: Mrs. Banks, die Mutter

DIE KLEINE FREIHEIT

Nach 1970
Fisch zu viert (W. Kohlhaase, R. Zimmer)
Insz.: Lukas Amman
R: Clementine von Heckendorf

BERLIN

VOLKSBÜHNE UND DAS THEATER
IN DER SAARLANDSTRASSE

17.1.1941, TH.I.S.
Der Diener zweier Herren (C. Goldoni)
Insz.: Heinz Dietrich Kenter
R: Blandine

23.4.1941, TH.I.S.
Die Schmetterlingsschlacht (H. Sudermann)
Insz.: Richard Weichert
R: Roscrl

9.9.1941, VB
Die Zirkuskomödie (B. Graf Solms)
Insz.: Willi Hanke
R: Wanda

18.11.1941, TH.I.S.
Das Prinzip (H. Bahr)
Insz.: Eugen Klöpfer
R: Eva

10.12.1941, VB
Wie die Alten sungen (K. Niemann)
Insz.: Richard Weichert

18.1.1942, VB
Winterballade (G. Hauptmann)
Insz.: Karl-Heinz Martin
R: Elsalil

15.2.1942, VB
Die kluge Wienerin (F. Schreyvogl)
Insz.: Heinz Dietrich Kenter
R: Dasvina

16.3.1942, TH.I.S.
Der Hochtourist (M. Neal)
Insz.: Hermann-Albert Schroeder
R: s'Regerl

11.9.1942, TH.I.S.
Das Paradiesgärtlein (H. H. Ortner)
Insz.: Hermann Heinz Ortner
R: Hannerl Döderbeck

4.2.1943, TH.I.S.
Der G'wissenswurm (L. Anzengruber)
Insz.: Hermann-Albert Schroeder
R: Horlacherlies

3.3.1943, VB
Sappho (F. Grillparzer)
Insz.: Karl-Heinz Martin
R: Melitta

20.3.1943, TH.I.S.
Minnifie (H. Hömberg)
Insz.: Hans Hömberg
R: Minnifie

29.8.1943, VB
Hamlet (W. Shakespeare)
Insz.: Eugen Klöpfer
R: Ophelia

WEST-BERLIN, RENAISSANCE-THEATER
10.9.1953,
Der Blumentopf (R. Gilbert, G. Neumann)
Insz.: Kurt Raeck

WEST-BERLIN, FREIE VB

1.2.1965
Das Mädel aus der Vorstadt (J. Nestroy)
Insz.: Heinrich Schweiger
R: Frau von Erbsenstein

HAMBURG

DEUTSCHES SCHAUSPIELHAUS

3.9.1955
Das kalte Licht (C. Zuckmayer)
Insz.: Gustaf Gründgens
R: Dorothy Fitch

7.9.1955
Über allen Zauber Liebe (Calderón)
Insz.: Heinrich Koch
R: Astraea

7.10.1955
Tartuffe (Molière)
Insz.: Willi Schmidt
R: Dorine

7.2.1958
Der Sommer der 17. Puppe (R. Lawler)
Insz.: Ulrich Erfurt
R: Olive

THALIA-THEATER
30.9.1973
Geschichten aus dem Wiener Wald
(Ö. v. Horváth)
Insz.: Jürgen Flimm
R: Trafikantin

SALZBURGER FESTSPIELE

5.8.1947, LANDESTHEATER
Die Frau des Potiphar (A. Lernet-Holenia)
Insz.: Oskar Wälterlin
R: Frau des Potiphar

28. Juli 1951, LANDESTHEATER
Wie es euch gefällt (W. Shakespeare)
Insz.: Gustaf Gründgens
R: Käthchen

28. Juli 1952, LANDESTHEATER
Träume von Schale und Kern (J. Nestroy)
Insz.: Axel von Ambesser
R: Gertrud/Thekla

26.7.1997, FELSENREITSCHULE
Ein Sommernachtstraum (W. Shakespeare)
Insz.: Leander Haußmann
R: Oberelfe

13.8.1999, RESIDENZHOF
Denn alle Lust will Ewigkeit
(F. Wittenbrink)
Insz.: Franz Wittenbrink
R: Frau/Tod

WIEN

BÜRGERTHEATER

Mai 1945
Im sechsten Stock (A. Gehri)
Insz.: Franz Stoß
R: Mädchen

VOLKSTHEATER

Mai 1945
Die unentschuldigte Stunde
(S. Békeffi, A. Stella)
Insz.: Heinz Schulbaur
R: Käthe Riedl

Juni 1945
Die lieben Nachbarn und ein Mädchen
(W. Schkwarkin)
Insz.: Günther Haenel
R: Olia, ein Dienstmädchen

WIENER KÜNSTLERTHEATER

1946
Céléstine (F. Raymond)
Insz.: Otto Burger
R: Titelrolle

BURGTHEATER/AKADEMIETHEATER
ENSEMBLEMITGLIED: SEIT 1.9.1946
    Das Burgtheater spielte im Ronacher vom
    30.4.1945–30.6.1955; seit 15.10.1955 wird wie-
    der im Haus am Ring gespielt.

Lumpazivagabundus (J. Nestroy) BTH
Insz.: Josef Gielen
R: Peppi, Umbesetzung nach 1947
Premiere war am 1.12.1939

7.9.1946, ATH
Die Frage an das Schicksal /Anatol
(A. Schnitzler)
Insz.: Karl Eidlitz
R: Cora

Gaslicht (P. Hamilton), ATH
Insz.: Adolf Rott
R: Nancy, Umbesetzung und alternierend mit
Susi Nicoletti
Premiere war am 30.11.1946

30.11.1947, BTH
Ein Sommernachtstraum (W. Shakespeare)
Insz.: Herbert Waniek
R: Puck

6.3.1948, REDOUTENSAAL
Der rosarote Fürst de Ligne (M. Costa) UA
Insz.: Philipp Zeska
R: Pipinette

22.5.1948, ATH
So war Mama
(J. van Druten/C. Zuckmayer)
Insz.: Herbert Waniek
R: Christine

12.9.1948, BTH
Des Teufels General (C. Zuckmayer)
Insz.: Max Paulsen
R: Waltraud von Mohrungen, „Pützchen"

23.10.1948, BTH
Der Himmel voller Geigen (R. Holzer)
Insz.: Ulrich Bettac
R: Veilchengräfin

17.5.1949, ATH
Aber Papa …, (Roger-Ferdinand)
Insz.: Max Paulsen
R: Christine

18.9.1949, BTH
Die beiden Nachtwandler (J. Nestroy)
Insz.: O. F. Schuh
R: Therese

23.12.1949, BTH
Faust II. (J. W. Goethe)
Insz.: Josef Gielen
R: Empuse, und seit 1950 Hofdame

28.3.1950, BTH
Der Biberpelz (G. Hauptmann)
Insz.: Josef Gielen
R: Adelheid

7.10.1950, BTH
Der Hauptmann von Köpenick
(C. Zuckmayer)
Insz.: Adolf Rott
R: Plörösenmieze

16.2.1951, BTH
Der Gesang im Feuerofen (C. Zuckmayer)
Insz.: Josef Gielen
R: Blanche

18.4.1951, BTH
Der Raub der Sabinerinnen
(F. u. P. Schönthan)
Insz.: Hans Thimig
R: Rosa
   Festvorstellung für Otto Tressler zum
   55jährigen Bühnenjubiläum; den Striese
   spielte Otto Tressler

11.6.1951, ATH
Zu ebener Erde und im ersten Stock
(J. Nestroy)
Insz.: O. F. Schuh
R: Fanny

20.12.1951, ATH
Der Färber und sein Zwillingsbruder
(J. Nestroy)
Insz.: Axel von Ambesser
R: Mamsell Roserl

Gastspiel bei den Berliner Festwochen am
5.9.1952, Hebbel-Theater.
Tournee durch Deutschland, Mannheim,
Berlin etc. Insz.: Josef Meinrad nach Axel von
Ambesser

8.3.1952, ATH
Herbert Engelmann
(G. Hauptmann/C. Zuckmayer)
Insz.: Berthold Viertel
R: Eveline May

13.6.1952, ATH
Episode/Anatol (A. Schnitzler)
Insz.: Curd Jürgens
R: Bianca

Am 1.9.1952 begann die Aktion „Burgschauspieler kommen in die Schulen". In den fol-
genden acht Jahren wurden in 80 Schulen
dreimal jährlich Klassiker und Volksstücke
gespielt, das ergab im Durchschnitt 240 Aufführungen pro Jahr.

27.9.1952, BTH
Die Ratten (G. Hauptmann)
Insz.: Berthold Viertel
R: Selma

4.11.1952, ATH
Ollapotrida (A. Lernet-Holenia)
Insz.: Ulrich Bettac
R: Marie Lassarus

13.3.1953, ATH
Bobosse (A. Roussin)
Insz.: Theo Lingen
R: Anne-Marie/Gilberte

8.5.1953, BTH
Träume von Schale und Kern (J. Nestroy)
Insz.: Axel von Ambesser
R: Frau Gertrud, Thekla, Löschwiege

21.10.1953, ATH
Hexenschuß (M. u. L. Fekete)
Insz.: Joseph Glücksmann
R: Dominique

3.4.1954, BTH
Hexenjagd (A. Miller)
Insz.: Josef Gielen
R: Mary Warren

12.6.1954, ATH
Komtesse Mizzi (A. Schnitzler)
Insz.: Ernst Lothar
R: Lolo Langhuber

Liebelei (A. Schnitzler)
Insz.: Ernst Lothar
R: Katharina Binder, alternierend
mit Maria Kramer
    Gastspiele: Hollandgastspiel: 1.–11.7.1954
    Wr. Neustadt: 14.1.1955
    Laibach, Zagreb, Belgrad: 14.–19.3.1955
    Paris: 10./11.7.1955

13.11.1954, ATH
Die Lerche (J. Anouilh)
Insz.: Ernst Lothar
R: Agnes Sorel

7.1.1955, ATH
Tartuffe (Molière)
Insz.: Raoul Aslan
R: Dorine

24.2.1955, ATH
Ein Tag mit Edward (H. F. Kühnelt)
Insz.: Ulrich Bettac
R: Eve Turner

15.2.1956, BTH
Das kalte Licht (C. Zuckmayer)
Insz.: Josef Gielen
R: Dorothy Fitch

20.6.1956, BTH
Einen Jux will er sich machen (J. Nestroy)
Insz.: Leopold Lindtberg
R: Marie

10.11.1956, ATH
Donna Diana (A. de Moreto)
Insz.: Hans Thimig
R: Floretta

8.12.1956, ATH
Eines langen Tages Reise in die Nacht
(E. O'Neill)
Insz.: Joseph Glücksmann
R: Cathleen

12.1.1957, ATH
Der Unbestechliche (H. von Hofmannsthal)
Insz.: Ernst Lothar
R: Hermine
    Gastspiele: Den Haag, Amsterdam:
    2.–10.7.1957; Stuttgart: 14., 15.11.1957;
    Zürich: 10., 11.11. 1958; Salzburg: 26.2.1959;
    Helsinki: 10.–12.4.1959; Duisburg, Düssel-
    dorf: 23., 24.5.1959; Meran: 17., 18.9.1960

1.6.1957, BTH
Der Alpenkönig und der Menschenfeind
(F. Raimund)
Insz.: Leopold Lindtberg
R: Lischen, seit 1961

28.6.1957, ATH
Eduard und die Mädchen
(F. Raimund/H. von Hofmannsthal)
Insz.: Karl Eidlitz
R: Mali

21.9.1957, BTH
Wie es euch gefällt (W. Shakespeare)
Insz.: Leopold Lindtberg
R: Käthchen

8.2.1959, BTH
Das irdene Wägelchen (F. Bruckner)
Insz.: Josef Gielen
R: Madanika

21.3.1959, BTH
Volpone (B. Jonson/St. Zweig)
Insz.: Karl Eidlitz
R: Colomba

2.6.1959, ATH
Das Phantom (H. Bahr)
Insz.: Rudolf Steinboeck
R: Eva von Oynhusen
    Gastspiel: Meran: 19., 20.9.1959

29.10.1959, ATH
Das weite Land (A. Schnitzler)
Insz.: Ernst Lothar
R: Marie Rhon

22.12.1959, BTH
Der Schwierige (H. von Hofmannsthal)
Insz.: Ernst Lothar
R: Agathe
    Bregenzer Festspielen 1963

27.2.1960, ATH
Lily Dafon (W. Saroyan)
Insz.: Rudolf Steinboeck
R: Die Mutter

12.4.1960, Doppelabend, ATH
Die wundersame Schustersfrau
(F. García Lorca)
Insz.: Günther Haenel
R: Die rote Nachbarin

Arzt wider Willen (Molière)
Insz.: Hans Thimig
R: Jacqueline

12.5.1960, BTH
Moisasurs Zauberfluch (F. Raimund)
Insz.: Rudolf Steinboeck
R: Trautel, seit 1965

13.2.1961, ATH
Zerbinettas Befreiung
(F. Herzmanowsky-Orlando)
Insz.: Axel von Ambesser
R: Colombina

6.5.1961, ATH
Der Schwan (F. Molnár)
Insz.: Rudolf Steinboeck
R: Symphorosa
    Bregenzer Festspielen 1966

19.11.1961, ATH
Die Irre von Chaillot (J. Giraudoux)
Insz.: Günther Rennert
R: Madame Constance, alternierend mit
Adrienne Gessner

25.5.1962, BTH
Die Ratten (G. Hauptmann)
Insz.: Willi Schmidt
R: Alice Rütterbusch

3.9.1962, ATH
Der Talisman (J. Nestroy)
Insz.: Rudolf Steinboeck
R: Flora Baumscheer
    Bregenzer Festspiele 1962

8.6.1963, THEATER A.D. WIEN, BTH
Tausend Francs Belohnung (V. Hugo)
Insz.: Axel von Ambesser
R: Tochter des Major Gédouard,
alternierend mit Blanche Aubry

10.10.1963, ATH
Das Konzert (H. Bahr)
Insz.: Josef Meinrad
R: Frau Pollinger
    Gastspiele: Bern: 25.4.1964;
    Meran: 12., 13.9.1964;
    Welttournee des Burgtheaters:
    Israel und USA: 27.3.–15.5.1968

8.6.1964, ATH
Die schlimmen Buben in der Schule
(J. Nestroy)
Insz.: Gandolf Buschbeck
R: Stanislaus, alternierend mit Lotte Ledl

21.12.1966, ATH
Durch die Wolken (F. Billetdoux)
Insz.: Axel von Ambesser
R: Clotilde

29.4.1967, ATH
Empfindliches Gleichgewicht (E. Albee)
Insz.: Rudolf Steinboeck
R: Edna

8.9.1967, BTH
Einen Jux will er sich machen (J. Nestroy)
Insz.: Axel von Ambesser
R: Fräulein Blumenblatt, seit 1968
    Welttournee des Burgtheaters:
    Hongkong, Israel und USA: 27.3.–15.5.1968

9.3.1969, BTH
Der Jüngste Tag (Ö. von Horváth)
Insz.: Rudolf Steinboeck
R: Frau Leimgruber

6.6.1969, ATH
Der Selbstmörder (N. Erdmann)
Insz.: Rudolf Steinboeck
R: Serafina Ilinitschina

15.9.1969, ATH
Ein besser Herr (W. Hasenclever)
Insz.: Boy Gobert
R: Frau Schnütchen

29.12.1969, ATH
Der Floh im Ohr (G. Feydeau)
Insz.: Jaroslav Dudek
R: Olympe Ferraillon

21.3. 1970, BTH
Hadrian VII. (P. Luke)
Insz.: Dietrich Haugk
R: Agnes
    Bregenzer Festspielen 1970,
    mit anschließender Tournee

1.10.1971, ATH
Unverhofft (J. Nestroy)
Insz.: Franz Reichert
R: Frau Schnips, ab 1972

10.6.1972, ʙᴛʜ
Haben (J. Hay)
Insz.: Rudolf Wessely
R: Frau des Schulmeisters

16.2.1974, ᴀᴛʜ
So ist es – ist es so? (L. Pirandello)
Insz.: Wolfgang Glück
R: Signora Sirelli

2.6.1974, ʙᴛʜ
Mutter Courage (B. Brecht)
Insz.: Dietrich Haugk
R: Die Bäuerin

18.1.1975, ʙᴛʜ
Der Zerrissene (J. Nestroy)
Insz.: Otto Tausig
R: Madame Schleyer, alternierend mit
Jane Tilden

30.4.1976, ᴀᴛʜ
Der zerbrochene Krug (H. von Kleist)
Insz.: Gerd Heinz
R: Brigitte

8.9.1976, ʙᴛʜ
Der Verschwender (F. Raimund)
Insz.: Leopold Lindtberg
R: Altes Weib, alternierend mit Alma Seidler
    Gusti Wolf 30 Jahre im Ensemble

30.12.1976, ᴀᴛʜ
Mich hätten Sie sehen sollen
Ein Abend für Schauspieler mit Musik von
Paul Abraham
Insz.: Helge Thoma
R: Mady Maloni

2.4.1977, ʙᴛʜ
Umsonst (J. Nestroy)
Insz.: Rudolf Steinboeck
R: Anastasia Mispl

23.12.1977, ᴀᴛʜ
Victor oder die Kinder an der Macht
(R. Vitrac)
Insz.: Hans Neuenfels
R: Ida Totemar

30.11.1978, ᴀᴛʜ
Franziska (F. Wedekind)
Insz.: Hans Neuenfels
R: Frau Eberhardt

30.9.1978, ʙᴛʜ
Der Schwierige (H. von Hofmannsthal)
Insz.: Rudolf Steinboeck
R: Edine

5.5.1979, ʙᴛʜ
Komödie der Eitelkeit (E. Canetti)
Insz.: Hans Hollmann
R: Fräulein Mai

15.9.1979, ᴀᴛʜ
Der Leibgardist (F. Molnár)
Akademietheater
Insz.: Loek Huisman
R: Die Mama, alternierend mit Bibiane Zeller
    Bregenzer Festspielen 1979; Gastspiele:
    Meran: 5.5.1981; Bozen: 6.5.1981 und Tournee

11.9.1980, ʙᴛʜ
Einen Jux will er sich machen (J. Nestroy)
Insz.: Leopold Lindtberg
R: Fräulein Blumenblatt, alternierend mit
Melanie Horeschovsky

24.11.1981, BTH
Barbaren (M. Gorki)
Insz.: Adolf Dresen
R: Pritykina Iwanowa

11.1.1984, ATH
Olympia (F. Molnár)
Akademietheater
Insz.: Rudolf Steinboeck
R: Lina, alternierend mit Lotte Ledl

25.9.1985, BTH
Hochzeit (E. Canetti)
Insz.: Hans Hollmann
R: Die Gilz

20.10.1985, BTH
Burgtheater 1955–1985, 30. Jahrestag der
Wiedereröffnung
TheaterBURGTheater
Gala-Abend mit Liedern und Texten von
Nestroy bis Brecht
Insz.: Martin Waltz
mitwirkend Gusti Wolf

1.1.1986, BTH
Neujahrs-Matinee
Insz.: Fritz Muliar
mitwirkend Gusti Wolf

22.5.1986, BTH
Ein Monat auf dem Lande (I. Turgenjev)
Insz.: Achim Benning
R: Anna Semenovna Islaeva
    Festvorstellung für Gusti Wolf am 11.4.1987
    zum 75. Geburtstag, 40jährigen Burgtheater-
    jubiläum. Ehrenmitglied des Burgtheaters.
    Ausstellung mit Rollenbildern im
    2. Pausenfoyer

28.11.1987, BTH
Geschichten aus dem Wiener Wald
(Ö. von Horváth)
Insz.: Alfred Kirchner
R: Großmutter

7.5.1988, ATH
Die Gespenstersonate (A. Strindberg)
Insz.: Cesare Lievi
R: Mumie

3.12.1988, ATH
Doña Rosita bleibt ledig (F. García Lorca)
Insz.: Alfred Kirchner
R: Mutter der Jungfern

13.12.1989, BTH
Die Vögel (Aristophanes)
Insz.: Axel Manthey
R: Erster Vogelbote

26.9.1991, BTH
Schlußchor (B. Strauß)
Insz.: Hans Hollman
R: Die Beleibte

12.12.1992, BTH
Das Käthchen von Heilbronn
(H. von Kleist)
Insz.: Hans Neuenfels
R: Brigitte

19.1.1993, BTH
Sein und Schein (A. Heller)
Insz.: André Heller
R: Pogazhnik

17.6.1994, BTH
Drei Schwestern (A. Tschechow)
Insz.: Leander Haußmann
R: Anfissa

15.11.1994, BTH
Die Riesen vom Berge (L. Pirandello)
Insz.: Giorgio Strehler
R: Sgricia

16. 11.1996, BTH
Einen Jux will er sich machen (J. Nestroy)
Insz.: Achim Benning
R: Fräulein Blumenblatt
 Festvorstellung zum 65jährigen Bühnen-
 jubiläum und aus Anlaß der 50jährigen
 Zugehörigkeit zum Burgtheater

25.2.1998, ATH/BTH
Harold und Maude (C. Higgins)
Insz.: Klaus Weise
R: Maude

31.12.1999, BTH
Glaube, Liebe, Alkohol
Insz.. Kurt Palm
R: Cafetière Kriebaum

8. April 2000, BTH
Pompes Funèbres (F. Wittenbrink)
Insz.: Franz Wittenbrink
R: Luftballonverkäuferin

VOLKSOPER

27.3.1949
Der Bettelstudent (C. Millöcker)
Insz.: Adolf Rott
Dirigent: Adolf Paulik
R: Richthofen, Kornett, seit 1952

21.12.1950
Gasparone (C. Millöcker)
Insz.: O. F. Schuh
Dirigent: Anton Paulik
R: Marietta, Kammerzofe der Contessa

10.1.1951
Die Fledermaus (J. Strauß)
Insz.: O. F. Schuh
Dirigent: Anton Paulik
R: Ida, Balletttänzerin

5.12.1993
My Fair Lady (A. Jay Lerner, F. Loewe)
Insz.: Robert Herzl
Dirigent: Uwe Theimer
R: Mrs. Higgins
 Gusti Wolf ist seit der Premiere die
 Mrs. Higgins. Peter Minnich war der erste
 Professor Higgins; Michael Heltau übernahm
 die Rolle 1994. Die Eliza haben bisher gesun-
 gen: Dagmar Koller, Guggi Löwinger, Helga
 Papouschek, Julia Stemberger, Martina
 Dorak

KÖLN

SCHAUSPIELHAUS
Einen Jux will er sich machen (J. Nestroy)
Insz.: Otto Tausig
R: Fräulein Blumenblatt

BAD HERSFELD

2.7.1971, 21. **BAD HERSFELDER FESTSPIELE**
Der Tod des Handlungsreisenden (A. Miller)
Insz.: Ulrich Erfurth
R: Die Frau

3.7.1971, 21. **BAD HERSFELDER FESTSPIELE**
Der tolle Tag (Beaumarchais)
Insz.: Reinhold K. Olszewski
R: Marzelline

RECKLINGHAUSEN

15.6.1960, **RUHRFESTSPIELE**
Die Ratten (G. Hauptmann)
Insz.: Willi Schmidt
R: Alice Rütterbusch

ZÜRICH

Mai 1954, **THEATER AM CENTRAL**
Wie rette ich meine Ehre (Roger-Ferdinand)
Insz.: Willem Holsboer
R: Chansonette

30.11.1962, **SCHAUSPIELHAUS**
Der Unbestechliche (H. von Hofmannsthal)
Insz.: Ernst Lothar
R: Hermine

TOURNEEN

14.9.–17.12.1968, 1.10.1968,
Tournee/Landgraf Euro-Studio
Die leichten Herzens sind (E. Williams)
Insz.: Ewald Balser
R: Frau Lothian, Mäzenin

Oktober/November 1974, Tourneebühne 64
Empfindliches Gleichgewicht (E. Albee)
Insz.: Volker Hesse
R: Edna

FILME

3.8.1937 München, 17.8.1937 Berlin
Die Austernlilli
M: Robert Stolz
Insz.: E.W. Emo
R: Lilli Dupont

11.10.1937
Die unentschuldigte Stunde
Insz.: E.W. Emo
R: Thilde Schreiber, Käthes Freundin

10.11.1938, Berlin
Das kleine Bezirksgericht
Insz.: Alwin Elling
R: Mizzi, Kellnerin

24.2.1939 Hamburg, 8.4.1939 Berlin
Das Abenteuer geht weiter/
Jede Frau hat ein süßes Geheimnis
Insz.: Carmine Gallone
R: Anni Heinzelbauer

14.9.1939 München, 12.1.1940 Berlin
Fasching
Insz.: Hans Schweikart
R: Hedi, Tänzerin

26.9.1940
Falstaff in Wien
Insz.: Leopold Hainisch
R: Mizzi Stadlmeier

3.12.1940 München, 13.12.1940 Berlin
Herz geht vor Anker
Insz.: Joe Stöckel
R: Maxi Grusius

1.12.1944 Nürnberg, 8.3.1945 Berlin
Orientexpreß
Insz.: Viktor Tourjansky
R: Sonja

14.10.1949 Frankfurt/M., 18.11.1949 Berlin
Alles Lüge
Insz.: E.W. Emo
R: Uschi

23.9.1949 Krefeld, 28.10.1949 Wiesbaden
Singende Engel
Insz.: Gustav Ucicky
R: Lintschi

31.8.1950
Melodie des Herzens/Wenn eine Frau liebt
Insz.: Wolfgang Liebeneiner
R: Vera Brenkow

22.9.1950
Jetzt schlägt's 13
Insz.: E.W. Emo
R: Mizzi

5.5.1950
Prämien auf den Tod
Insz.: Curd Jürgens

29.8.1951
Das Riesenrad
Insz.: Ernst Marischka
R: Hansi Gerstner

27.9.1951
Der schweigende Mund
Insz.: Karl Hartl
R: Mätzchen

9.9.1952
Saison in Salzburg
Insz.: Ernst Marischka
R: Vroni

5.9.1952
Wir werden das Kind schon schaukeln/
Schäm dich Brigitte
Insz.: E.W. Emo
R: Hilde

17.9.1953
Die geschiedene Frau
Insz.: Georg Jacoby
R: Adeline

31.12.1953
Die Regimentstochter
Insz.: Georg C. Klaren, Günther Haenel
R: Annette

4.5.1954
Rosen-Resli/Rosen-Reserl
Insz.: Harald Reinl
R: Frau Neuhaus

1956
Das Liebesleben des schönen Franz
Insz.: Max Nosseck
R: Gerda

17.5.1957
Tolle Nacht
Insz.: John Olden
R: Frau Lemke

1957
Schwarzbrot und Kipferl
Insz.: R. A. Stemmle
R: Pauline

3.1.1958
Meine schöne Mama
Insz.: Paul Martin
R: Berta

15.12.1960
Willy, der Privatdetektiv
Insz.: R. Schindler
R: Mariechen

17.5.1963
Der Musterknabe
Insz.: Werner Jacobs
R: Frl. Puppernick

1993
Vier Frauen sind einfach zu viel
Insz.: H. Griesmayr
R: Doppel-Oma

1998
Drei Posträuber
Insz.: A. Prochaska
R: Aline

FERNSEHEN

15.12.1955/22.8.1956, NWDR/ARD
Die Heiratsvermittlerin
Buch: Gerhard Bronner
R: John Oldcn
R: Frau von Fischer

29.12.1957, ORF
Dreizehn bei Tisch (M. G. Sauvajon)
Insz.: Theodor Grädler
R: Madeleine Villardier

19.1.1958/9.9.1958, NWRV/ARD
Liebelei (A. Schnitzler)
Insz.: John Olden
R: Frau Binder

10.1.1960, ORF
Das Wunder von Verdun (H. Weigel,
H. Chlumberg)
Insz.: Theodor Grädler
R: Odette

20.5.1960, ORF
Die liebe Familie (F. Douglas)
Insz.: Hans Jaray
R: Barbara Niklisch

22.4.1961
Urfaust (J. W. Goethe)
Insz.: Theodor Grädler
R: Frau Marthe

25.12.1961, BR, ORF, ARD
Der Färber und sein Zwillingsbruder
(J. Nestroy)
Insz.: Josef Meinrad/Erich Neuberg
R: Roserl

23.4.1963, WDR, ARD
Hin und Her (Ö. von Horváth)
WDR/ARD
Insz.: Otto Schenk/Kurt Wilhelm

15.3.1964, ORF
Das Konzert (H. Bahr)
Insz.: Josef Meinrad
R: Frau Pollinger

31.1.1965, ARD
Das große Ohr (P. A. Bréal)
Insz.: Ludwig Cremer

1966, ARD
Arzt wider Willen (nach Molière)
Insz.: Hans Hollmann
R: Jacqueline

20.3.1966/29.9.1967, WDR, ARD
Der Heiratsschwindler heiratet
(O. Danek, J. Hendrich)
Insz.: Wolfgang Spier

9.4.1966
Cristinas Heimreise (H. von Hofmannsthal)
Insz.: Ludwig Cremer
R: Pasca

21.5.1967, ORF
Leni (J. Kay)
Insz.: Hans Hollmann
R: Frau Ladner

1969/1970–1969/1972, ORF, ZDF
Der alte Richter/Serie
Insz.: Edwin Zbonek
R: Frau Vogel

9.8.1969, ARD
Panoptikum (F. Molnár)
Insz.: Hannes Tannert

29.3.1970, ORF
Traumauto Nummer Fünf
Insz.: Bernd Fischerauer
R: Schniff

27.8.1970, WDR
Cigalon (M. Pagnol)
Insz.: Korbinian Köberle

26.10.1974, ORF
Das Konzert (nach H. Bahr)
Insz.: Dietrich Haugk
R: Frau Pollinger

1975, ORF, ZDF
Pfandhaus/Serie: *Derrick*
ORF/ZDF
Insz.: Dietrich Haugk

12.9.1976, ORF
Annoncenmord/Serie: *Tatort*
Insz.: Peter Weck
R: Grete Bändler

25.12.1977, ARD
Geschichten eines Heiratsschwindlers
(K. Čapek)
Insz.: Kurt Hoffmann

25.4.1979, ORF
Geschichten aus Österreich: Die Leute vom
Schloß nach einer Erzählung von Signe Maria
Götzen
Insz.: Niels Kopf

22.1.1980, 22.4.1980, ORF/ZDF
Herr Qualtinger – Wiener Zuständ'
und andere Satiren
Insz.: Wolfgang F. Henschel

19.10.1980, ORF
Mord auf Raten/Serie: *Tatort*
Insz.: Georg Lhotsky
R: Lina Janousek

2.11.1980, ORF
Frauen des Burgtheaters veranstalten eine
Matinee über das Thema Einsamkeit

1982, BR
Polizeiinspektion 1/Serie
Insz.: Zbynek Brynych
R: Tante Paula

1982–1989, ORF
Die liebe Familie/Serie

1982–1984, ORF
Kottan ermittelt/Serie
Insz.: Peter Patzak
R: Mutter Kottan

1984, ORF/BR
Ein Schmetterling in Teplitz Schönau
Insz.: Jürgen Kaizik

19.10.1986, ORF/WDR
Der Aufstand
Insz.: Peter Patzak
R: Mama

17.11.1986, ORF/BR/SWF
Der Leihopa/Serie, Folge 13
Insz.: Otto Anton Eder
R: Großmutter

9.5.1987, ORF
Rosa und Rosalind, Serie von
Christine Nöstlinger
Insz.: Anton Reitzenstein
R: Rosa

22.10.1987, ORF
Höchste Eisenbahn
Insz.: Herbert Grunsky
R: Alte Ehefrau

29.10.1988, ORF
Trostgasse 7, Eine Kindheit in Wien 1934–1938
Insz.: Anton Reitzenstein
R: Tante Olga

1989–1992, ORF
Erichs Chaos/Serie für Kinder
Insz.: P. W. R. Lauscher, G. Wimmer

22.11.1991, ORF
Dame-Edna-Show
Insz.: E. A. Grandits, A. Frohner
R: Madge

1990–1991, ORF/BR/SWF
Wenn das die Nachbarn wüßten/Serie
Insz.: Peter Hajek
R: Oma Susanne Hollein

10.12.1994, ORF
Ich über mich
Portrait von Heide Tenner,
Thomas Bogensberger u.a.

1994–2000, ORF
Rex, der Kommissar, Serie
R: verschiedene Rollen

1996–1999, ORF/ZDF
Schloßhotel Orth/Serie
Insz.: Peter Sämann
R: Hotelgast

Hörfunksendungen wie „Die berühmte
Stimme" oder Hörspiele u.a. „Pygmalion"
(G.B. Shaw), „Scampolo" (D. Nicodemi);
„Karl III. und Anna von Österreich"
(M. Rößner), „Die unentschuldigte Stunde"
(St. Békeffi), Theateraufzeichnungen in
Funk und Fernsehen, Talkshows, Kultur-
sendungen, Kulturnachrichten usw. sind zu
zahlreich und wurden deswegen nicht
aufgenommen.

AUSZEICHNUNGEN

1934	2. Preis – Silberne Medaille, Internationale Filmfestwochen, Wien 1934
1966	Kammerschauspielerin
1972	Burgtheaterring
1977	Österreichisches Ehrenkreuz für Wissenschaft und Kunst I. Klasse
1981	35 Jahre Burgtheater, Pokal
1984	Goldener Anhänger mit Gravur für 40 Jahre Burgtheater überreicht von den Kollegen
1985	Großes Ehrenzeichen für die Verdienste um die Republik Österreich I. Klasse
1987	Ehrenmitglied des Burgtheaters Ehrenmedaille der Bundshauptstadt Wicn in Gold
1988	Becher der Freunde der Senioren
1992	Johann-Nestroy-Ring der Stadt Wien Filmpreis Rosenhügel
1993	ROMY-Preis
1996	Zum 85. Geburtstag Aufnahme des Portraits, gemalt von Felix A. Harta, in die Ehrengalerie des Burgtheaters
1997	Das Goldene Ehrenzeichen für Verdienste um das Land Wien
2000	Berufstitel Professor
2001	Goldener Rathausmann

DER RUHM

118 Der Ruhm. Zeichnung von Teo Otto

Namenregister

Erwähnt werden die Namen im laufenden Text.
Namen im Rollenverzeichnis bleiben unberücksichtigt

Namenregister

J. Weitzmann, Wien (2); Josef Baudny, Wien (3) ; Fayer, Wien (8, 23); E. Schaffranek, Troppau (10); Willinger, Wien (11); Käthi Haenchen, Berlin (15); Paul Macku, Wien (17); Residenz-Atelier, Wien (20, 21); Hanns Holdt, München (36, 37, 39); Tobis-Film, Berlin (44, 47); Helmuth von Kujawa, Berlin (45); Riebicke, Berlin (51); Bavaria-Film, München (41, 54); Fred Lauzensky, Wien (46); Ulrike Schreiber, München (57); Bruno Völkel, Wien (58, 65, 66, 68, 74, 84, 96); Lucca Chmel, Wien (60); Hermann Meroth, Wien (61); Lothar Rübelt, Wien (62); Hertha Schulda-Müller, Wien (64, 81, 90, 103); Dietrich, Wien (67, 70, 71, 72, 73, 78, 99, 101, 102); Ellinger, Salzburg (77), Ilse Buhs, Berlin (79); Rudolf Pittner, Wien (69, 80, 83); Doliwa, Wien (82); Franz Hausmann, Wien (85, 104); Elisabeth Hausmann, Wien (97, 100, 115); Schwertführer, Wiesbaden (86); Rosemarie Clausen, Hamburg (91, 92, 93); Lackinger, Melk (98); Axel Zeininger, Wien (110); ORF (107); Palffy, Wien (105, 108); Victor Mory, Wien (109); Ruth Walz, Berlin (111); Akademietheater (112); Burgtheater und Österreichischer Bundestheaterverband, Wien (113, F 22–25), Peter Kustermann, Wien (F 14, 18, 19, 20): Foto Leutner/privat (1, 12, 14, 16, 18, 19, 24, 25, 27, 31, 33, 34 35, 43, 53, 56, 59, 89, 95, 114, 118; F 1–8, F 17); Privatarchiv der Autorin (4, 5, 6, 7, 9, 22, 23, 26, 28, 29, 30, 32, 38, 39, 40, 42, 48, 49, 50, 52, 55, 63, 75, 76, 87, 88, 94, 106, 116, F 10–13, F 15, F 16, F 21)

Vignette auf dem Vorsatzblatt: Zeichnung von Teo Otto
Cover: Privat/Herta Schulda-Müller/Österreichischer Bundestheaterverband/ORF-First Look

Hermann Beil, „Die Vögel fliegen nicht", publiziert in „Theaternarren leben länger" von Hermann Beil, Paul Zsolnay-Verlag, Wien 2000. Wir danken dem Autor und dem Verlag für die Überlassung des Textes.